사람의 지리학

최창조의 망상록-

최창조의 망상록
사람의 지리학

초판 1쇄 발행 2011년 5월 10일
초판 2쇄 발행 2011년 6월 1일

지은이 최창조
펴낸이 이영선
펴낸곳 서해문집
이 사 강영선
주 간 김선정
편집장 김문정
편 집 허 승 임경훈 김종훈 김경란 정지원
디자인 오성희 당승근 안희정
마케팅 김일신 이호석 이주리
관 리 박정래 손미경

출판등록 1989년 3월 16일 (제406-2005-000047호)
주 소 경기도 파주시 교하읍 문발리 파주출판도시 498-7
전 화 (031)955-7470 ㅣ **팩스** (031)955-7469
홈페이지 www.booksea.co.kr ㅣ **이메일** shmj21@hanmail.net

ⓒ 최창조, 2011

ISBN 978-89-7483-470-8 93900

이 도서의 국립중앙도서관 출판시도서목록(CIP)은 e-CIP 홈페이지(http://www.nl.go.kr/ecip)에서
이용하실 수 있습니다.(CIP제어번호: CIP2011001844)

사람의 지리학

최창조의 망상록

妄想錄

서해문집

차례

하나. 머리말
이 책을 쓰는 까닭은?

짐작컨대 나보다는 조금 아래 세대인 것 같은 명성이 쟁쟁한 두 학자의 글[1]을 읽다가 불현듯 풍수를 저렇게 쓰면 어떨까 하는 생각이 들었다. 새기 발랄하고 아는 것 많으며 일반인이라면 그들과 비교하여 자신의 무식함과 둔한 머리에 낙담할 만한 그들을 비슷하게라도 따라갈 수는 없겠지만 시도야 못하겠는가? 나이든 사람들의 뻔뻔함도 거들어 이런 글을 쓸 엄두를 내게 되었다. 많이 미안한, 그래서 이래도 될까 하는 망설임을 품고 일단 써본다. 출판이 될지는 모르지만 돈이 궁하면 이런 짓까지 하게 된다는 시범을 보이는 셈치고 해 보자.

본래 내용이 부실한 식당일수록 간판이 요란한 법이듯, 책 제목이 너무 거창하다. 그나마 망상록이라 했으니 처음부터 고백과 변명은 한 셈으로 치고 시작하겠다. 그래도 역시 부끄럽다. 또 하나, 처음부터 그럴 생각은 아니었지만 하다 보니 남의 얘기를 인용하는 것만으로도 내 생각을 전할

9

---

1 정재승, 진중권 지음, 《정재승＋진중권, 크로스》, 2009, 웅진지식하우스.

수 있더라는 사실이다. 나 자신도 놀랐다. 내 생각은 이미 남들이 예전에 다 했더라는 것인데, 그렇다면 난 지금까지 무엇을 해왔나 하는 자괴自愧의 마음이 든다. 책을 읽으면 읽을수록 내가 책을 쓴다는 것에 자신이 없어진다.

게다가 지금까지 풍수를 업고 헛소리를 한 게 한두 번이 아니다.[2] 그러면서 왜 쓰게 될까? 허망하다는 것을 알면서도 나 자신을 위해서 쓴다고 느낀다. 읽기만 하면 뭔가 불안하다. 그래서 수시로 생각을 메모하고 쓴다. 쓰다가 보면 어디선가 읽은 것이 많다. 확인해 보면 분명 그렇다. 그래서 제목에 망상妄想이란 말을 집어넣었다. 결단코 겸손이 아니다. 확신도 없고 독창성도 없으며 논리도 떨어진다. 천상 망상록이다. 명색이 풍수를 공부한 사람이니 땅 얘기가 주로 망상으로 드러나는 것은 어쩔 수 없는 일이다.

우리나라 사람들은 땅과 관련된 일이라면, 그러니까 집을 산다든가, 산소 자리를 잡아야 된다든가, 수도나 도청을 옮겨야 된다든가, 사업이 잘 안되는데 그 이유가 사옥의 터 탓이라든가 하는 따위의 일들이라면 거의 어김없이 풍수를 등장시킨다. 이는 마치 여자들이 세일에서 물건을 사는 이유는 남자들이 산에 올라가는 이유랑 똑같아. 그게 거기 있으니까[3]처럼 그저 그런 이유 때문이다. 아니, 이유랄 것도 없다. 그냥 버릇이다. 아주 오래 된 습관일 뿐이다. 이유가 없다고 무시할 수도 없다. 그러면 어딘가 께름칙하다. 그래서 부지불식간에 풍수를 떠올리는 것이다.

2 예컨대, 최창조의 《도시풍수》(2007, 민음사), 《최창조의 새로운 풍수이론》(2009, 민음사) 등이 있고 그 외에도 답사 모음집까지 하면 나 자신도 기억할 수 없을 정도다.
3 스티븐 킹 지음, 장성주 옮김, 《언더 더 돔Under the Dome》, 2010, 황금가지, p. 243.

꼭 기억해 두세요. 중요한 것은 장소예요. 장소를 찾아 그곳으로 가면 되요. 바른 장소를 선택하면 사람은 반드시 바른 행동을 하게 되죠. 오키나와의 무당인 미요의 말이다.[4] 장소 곧 땅, 자신에게 의미 있는 땅, 많은 사람에게 상징성을 갖고 있는 땅은 중요하다. 사실 민족성이란 것도 그들이 사는 풍토에 대한 반응이지, 사람 그 자체의 흐름에 큰 차이는 없다. 그러니까 장소를 중시하는 게 당연하다. 우리에게는 풍수라는 관념이 있다. 그것은 과학도 아니고 지식도 아니다. 물론 그런 면도 있지만 본질적으로 풍수는 지혜이자 관념이다.

풍수 공부를 하면서 나 스스로 무인가를 떠올리고는 그 생각에 감탄한 적이 많다. 비단 풍수뿐만은 아니다. 그런데 독서를 하다 보면 대부분 이미 지난 사람들이 했던 것들이다. 하늘 아래 새로운 것은 없는가? 특히 인문학 분야에서는 말이다. 아마도 그런 것 같다. 아주 좋은 생각을 했다고 느낀 얼마 후 책에서 누군가 그런 생각을 이미 했다는 것을 알면 난처하다. 그래서 망상이란 단어를 떠올린 것이다. 왜냐하면 독창성이 없는 생각은 별로 필요치 않기에 그렇다.

그러나 주의할 일이 있다. 독서를 하면서 내게 필요한 부분만 눈에 들어왔을 가능성도 있다는 점이다. 어떻게 책을 읽느냐에 따라 창의력 향상에 끼치는 영향이 다르다. 2006년 한국 문헌정보학회지에 실린 연구 논문에 따르면 정독, 음독, 다독, 묵독순으로 창의력에 긍정적인 영향을 미쳤다.

11

---

4 다구치 란디 지음, 오희옥 옮김,《콘센트》, 2001, 한숲, p. 288.

반면 필요 부분만을 읽는 '발췌독'은 부정적인 영향을 주었다.[5]

  자생풍수自生風水가 갑자기 최창조라는 사람에 의해 만들어진 것은 아니다. 그건 오래전부터 있었다. 사람들이 잊고 있었을 뿐이다. 많은 논란이 있었다. 논쟁도 많았다. 사실 이런 식의 논쟁은 나로선 아주 지긋지긋한 일이었다. 이미 대학에서 월급을 받고 있을 때부터이니 결코 과장은 아니다. 그것은 마치 '완벽 양(Miss)' 대 '난 다 알아 군(Mr.)'의 싸움 같은 것[6]이었다. 당시 내 태도는 어떤 경우에나, 훌륭한 해명보다는 자신이 보고 들은 것을 더 믿었다[7]와 비슷했다. 이제 와서 하는 생각이지만 유치하고 부끄러운 행동이었다. 그러고는 서울대학교에 사직서를 내고 말았으니, 물론 지금도 그 일에 관한 한 조금도 후회는 없지만, 유치함을 넘어 참담한 행위였다고 고백해야겠다.

  근래 풍수에 관심을 갖는 사람이 많이 늘었다. 하기야 우리나라에서 언제는 그렇지 않을까마는 21세기도 10년을 넘어가는 시점에서 그렇다는 것이 정상은 아니다. 이유와 명분을 어찌 대든 간에 결국은 땅의 덕 좀 보자는 소위 발복發福과 발음發蔭이 목적이다. 이런 현상은 자신감의 결여와 현실이나 미래에 대한 예측 불가능이라는 불안감에 기인하는 바 크다. 프랑스 분자 생물학자이자 노벨상 수상자인 자크 모노는 1970년 인간을 '자연이 주관한 복권에 당첨되었으나 결국은 패배를 인정할 수밖에 없는' 존재로 묘사했다. '인간은 희망과 고통과 범죄에 무심하고, 자신의 소리를

5 《좋은생각》, 2011년 1월호, p. 41.
6 크리스티안 뫼르크 지음, 유향란 옮김, 《달링 짐Darling Jim》, 2010, 은행나무, p. 63.
7 크리스티안 뫼르크 지음, 유향란 옮김, 《달링 짐Darling Jim》, 2010, 은행나무, p. 67.

듣지 못하는 우주의 가장자리에 놓인 집시 같은 존재다.'[8] 그래서 이 책을 통하여 사람들이 땅을 어떻게 보면 되는지, 즉 풍수란 무엇인지를 알게 하는 것이 중요 목표다. 물론 대체로 망상이기는 하지만 말이다.

풍수에는 어떤 이유에서든, 과거 조상들의 우리 풍토에 관한 지혜가 담겨 있다. 과거는 지혜를 축적하며, 그것을 사용하지 않는 것은 어리석다.[9]

지리학의 연구 대상은 당연히 지표 현상이다. 촌락, 도시, 인구, 산업, 사회, 경제, 기후 등, 실로 학문의 잡동사니다. 가만 살펴보면 모두 사람살이에, 그러니까 삶과 관계되는 것이다. 그런데도 지리학은 사람을 떼어 놓고 지표 현상을 객체로 하여 진행한다. 이상하다. 사람의 지리학이어야 되는 거 아닌가? 나는 이 책에서 줄곧 주장해 왔던 자생풍수의 체계를 잡아 볼 생각이다. 하지만 그곳에는 논리가 매우 심각하게 결핍되어 있다. 그래서 망상妄想이란 부제副題를 붙인 것이다.

지적인 논쟁은 행동으로 꽃피우지 않는 한 행동주의로 가는 대기실일 뿐이지만, 글쓰기도 일종의 행동주의임에는 틀림없다. 그동안 많이 이야기되었듯이 어쨌든 펜은 칼보다 강하니까 말이다.[10]

풍수 자체에 주관이 깊이 개입되어 있고, 그 안에 논리랄 게 별로 없기에 당연한 제목인지도 모르겠다. 아니, 바로 그렇다. 앞으로 주관과 망상과, 때로는 아주 드물겠지만, 지혜와 혜안을 가지고 현대의 자생풍수가 무엇을 하자는 것인지, 그 존재 의미는 무엇이며 가치는 있는 것인지를 살펴보

13

---

8 스테판 클라인 지음, 유영미 옮김, 《우연의 법칙Alles Zufall》, 2006, 웅진지식하우스, p. 8.

9 《온전한 생활Living Sober》, 2004, A.A. 연합단체 한국지부, p.133.

10 A. C. 그레일링 지음, 윤길순 옮김, 《새 인문학 사전》, 2010, 웅진지식하우스, p. 165.

겠다. 어떤 학문이든 그것을 공부하는 사람의 인생관이나 세계관, 가치관이 반영되는 것은 당연하다. 그저 하다 보니 그렇게 되었다고 보이는 경우도 마찬가지다. 의식은 그리 믿을지 모르지만, 이유 없는 결과는 없다. 우연이란 것도 있기는 하다. 그런데 아무 목적의식 없이 우연이란 게 이루어질 수 있을까? 의식 없이 우연은 일어나지 않는다. 내게 풍수 공부는 그냥 우연히 그리 된 일은 아니다. 상당 기간, 그러니까 대략 40대 후반까지는 그렇게 믿었다. 그 후 그게 아니란 사실을 깨달았다. 그래서 이제부터라도 내 인생의 일부를 파헤쳐 볼 필요가 생겼다.

신이 우주를 디자인했다는 지적 설계론자들뿐 아니라 과학적 사실을 통해 그것들을 논박하려는 리처드 도킨스나 크리스토퍼 히친스 등 과학주의자들 역시 신과 종교에 대하여 크게 오해하고 있다. 그런 무신론자들의 비판에 타당한 부분도 있지만 자신들의 생각을 그렇게 과격하게 표현하는 것은 유감스러운 일이다. 내가 깨달은 것 중 하나는 종교에 관한 말다툼이 역효과를 낳을 뿐 사람들의 깨우침에는 도움이 되지 않는다는 점이다.

인간 경험의 절반을 차지하던 뮈토스(신비)의 영역이 근대 이후 로고스(이성)에 의해 파괴되었다. 오늘날 종교적 세속적 교조주의가 넘쳐나고 있기는 하지만 모름unknowing의 가치를 인식하는 사람들도 점차 늘고 있다. 자기 존재의 가장 심오한 차원과 일치하는 삶의 초월적 측면을 발견하는 것이 종교와 신앙의 본질이다. 종교는 우리 마음의 새로운 능력을 가르치는 실천적인 수련이다.[11] 풍수는 신비와 이성을 같이 지니고 있다. 그래서 혼잡

---

11 《신을 위한 변론》(2010, 웅진지식하우스)의 서평, 서화동,
　"인간은 왜 영혼을 가꾸는 법을 잊어버렸나",《한국경제》, 2010년 10월 29일자. A33면.

스럽다. 비합리적이란 지적이 있은 것은 어제 오늘의 일이 아니다. 옛사람들도 그런 지적을 많이 했다. 그렇다고 불필요한 것인가? 위 인용문은 그에 대한 답 중 하나다.

여기서 변명을 좀 해야겠다.

어떤 주장도 그 근거를 고금古今의 문헌에서 찾아낼 수 있다. 상반되는 경우도 마찬가지다. 지금까지 독서를 하며 뼈저리게 느낀 감상이다. 이는 다행이기도 하고 불행이기도 하다. 나의 주장을 논리적으로 합리화하는 데는 유리하다. 그런데 그 반대에 있어서도 마찬가지다. 누군가 나의 주장을 반박하고자 한다면 얼마든지 각종 문헌을 이용하여 그 타당성을 입증하는 것이 가능하다. 게다가 이런 식이라면 진리는, 아니 차마 그런 용어를 쓰기는 구차스럽고, 사실은 멀어지기 때문이다.

또 한 번, 인용을 많이 하는 이유는 간단하다. 그것이 안전하기에 그렇다.

상식이 풍부한 사람으로 인정받기 위해서 책에 온통 인용구들을 채워 넣는 것만 보아도 아마추어 작가임을 금방 알 수 있다.

—베르트랑 푸아로-델페시《르몽드》[12]

언제부턴가 답사를 나가 현지 주민과 대담을 하다 보면 나는 도저히 이 땅에 관한 이들의 이해를 따라가지 못하겠구나 하는 느낌이 들곤 했다. 그런데 이런 내 감상조차 이미 누가 표현하고 있다. 내가 아는 어떤 정신과 의사가 이런 말을 한 적이 있다. '난 정신과 의사 경력이 이제 5년인데, 환자는 정

15

---

12 장-디디에 뱅상 지음, 류복렬 옮김, 《인간 속의 악마》, 2002, 푸른숲, p.19에서 재인용.

신과 환자 경력 30년이야.' 그러면서 힘든 사람들이 짓는 미소를 지었다.[13]

어떤 잡지사 기자가 보내온 질문에 대한 나의 답변이 도움을 줄지 모르겠다. 자식 사랑은 이타적인가?

첫 번째 설문 땅에 대한 사랑이란?

의견 사랑이 무엇이냐에 따라 무수한 답이 나올 수 있다. 부모님, 아내, 첫사랑 같은 진부한 내용을 포함해서 나는 이루 다 기억할 수 없을 만큼 많은 사랑을 받아 왔다. 증오가 없으면 사랑이 있을 수 없기 때문에 사랑에 관한 추억은 자연스럽게 증오에 대해서도 마음을 쓰게 한다. 그렇게 본다면 지금까지의 인생 자체가 모두 사랑이었다. 나이에 따라 달랐다. 그러니 구체적인 사례를 들기는 불가능하다.

그러므로 당신은 나를 구제불능의 무감無感한 사람이라고 생각한다면 그야말로 오해다. 언제나라고 한다면 과장이지만 거의 대부분의 세월을 사랑 속에 살아왔다고 믿기에 남을 감동시킬 만한 사랑과는 거리가 멀다. 사랑의 영향도 그저 무덤덤하다. 내가 사랑으로부터 영향을 받았다면 인생은 그저 무덤덤한 것이라는 사실이다. 불행히도.

사랑은 확실히 내 인생에 영향을 미쳤다. 한편 증오도 영향은 있었다. 사랑과 원수는 상반되지만 인생에 미치는 영향력은 엇비슷하다. 훗날 자신의 일생을 반추할 때 그 의미가 일이 벌어지던 당시에 비하여 현격히 차이를 보인다는 것을 알게 된다면 후회막급일 터이다. 그러니 사랑이 소중하

---

13 앤드류 스컬 지음, 전대호 옮김, 《현대 정신의학 잔혹사》, 2007, 모티브북, p. 11.

다면 원수도 어쩔 수 없는 존재임을 자각하는 것이 내 속을 편하게 하는 길이 아닐까 한다.

"속은 어린아이인 채로 어른이 되는 현상을 유형幼形 성숙neoteny이라 부른다." 내가 바로 그런 경우이리라.

두 번째 설문 실제 경험은?

의견 초등학교 때 예쁘고 부자인 여자애를 좋아했다. 혼자서. 이런 것도 사랑이라면 짝사랑이자 첫사랑이다. 중학교 2학년 때는 갓 대학을 졸업하고 부임한 영어 선생님을 흠모했다. 역시 사랑이었다. 역시 짝사랑. 대학원 때 만난 여자는 몇 번 만났다. 무척 쫓아다녔지만 아니나 다를까 짝사랑으로 끝났다. 그런데 이 경우는 문제였다. 잊히지를 않았다. 답사를 가서 황혼녘 휴식을 취하노라면 느닷없이 그리움이 밀려왔다. 성적性的 대상으로서는 전혀 아니었고 그저 마연한 그리움으로서였다. 진실로 사랑하던 아내에게는 너무 미안해서 얘기를 해버렸다. 실수였다. 그런 건 모르는 게 더 좋았을 터인데. 마흔을 넘어가며 그런 그리움이 씻은 듯 사라졌다. 나는 "이제 내 청춘은 끝났다"고 감상을 다듬었다. 오직 아내만 내 사랑임을 절감하는 때이기도 했다.

이게 바로 진정한 사랑이다. 변함없이 지속적인 것. 어느 날 내 청춘이 끝났다고 느꼈을 때, 진정한 사랑을 알게 된 것이다. 그러니 사랑은 세월을 필요로 한다. 젊은이들의 사랑은 진정한 사랑이 아니다. 그러니 지금 사랑에 빠졌다고 생각하는 젊은이들은 심사숙고할 일이다.

세 번째 설문 개인의 경험이 그렇게 중요한가?

의견 나는 공개적인 강연이나 글에서 자신을 가족주의자라 칭했다. 나는 국가와 민족보다 가족이 더 소중하다고 생각한다. 지금도 변함이 없다. 먼저 자신의 수양을 도모하고 가족을 돌본 뒤에야 나라도 다스리고 세계 평화도 꾀할 수 있다修身齊家然後治國平天下. 그런데 문제는 가족에 대한 사랑이다. 대부분 이기적인 출발에서 가족에 대한 사랑을 의식한다. 즉 내가 이만큼 자식들에게 해 주었으니 너희들은 갚아야 한다고. 틀린 생각이다. 내가 그들을 돌본 것은 자신을 위해서 그렇게 했다. 자식들이 잘되어야 내 마음이 편하다. 그래서 사랑한 것이다. 이렇게 생각하면 배신이란 게 들어올 여지가 아예 없다. 자신을 위해 한 일인데 무슨 배신이 있겠는가? 나를 희생하며 너희들을 위해 너희만을 사랑하며 살아왔다는 것이 거짓이었다는 것을 알게 된 것은 50년 세월을 훨씬 더 살고 나서 깨달은 것이다. 내 주위 사람들 대부분은 자주 자식들의 못됨을 한탄한다. "어떻게 키워 주었는데." 만약 돌려받기 위해 자식을 사랑했다면 그건 사랑이 아니다. 조건 따지지 않고 내 마음의 평안을 위하여 그렇게 했다고 느낀 순간, 진정한 사랑을 깨달은 셈이다.

네 번째 설문 그렇다면 사랑이란?

의견 사랑에 관해서라면 국립도서관을 꽉 채우고도 남을 만한 연구가 있다. 에리히 프롬의《사랑이라는 그 어떤 것The Art of Loving》도 좋고, 더 좋은 책은 토머스 루이스 등의《사랑을 위한 과학A general theory of loving》도 있다. 내

의견은 간단하다. 자신을 아끼는 일이다. 최근 유명 인사들의 자살 소식이 끊이지 않고 있다. 자신에 대한 사랑의 부족이 원인이라고 보면 망발일까?

무릇 정통 종교는 자살을 죄악으로 규정한다. 그런데 이상하게도 유명 인사들의 죽음은 알게 모르게 미화된 측면이 있다. 종교계에서 당연히 꾸짖음이 있었어야 함에도 불구하고 거의 없었다. 내가 알기로 정진홍 목사가 그 비슷한 얘기를 한 것 같다. 시청률 1퍼센트대의 케이블 텔레비전에서 한 말이니 과연 몇이나 귀담아 들었을까?

사랑은 거듭 강조하거니와, 자신을 아끼는 데서 시작된다.

다섯 번째 설문 사랑은 어려운 것 같다

의견 사랑은 항상 필요하다. 끊임없이 느낀다. 모두들 그럴 것이다. 우리가 사랑이 많은 사회가 되기 위해서는 사랑을 쉬운 것으로 바꾸어야 한다. 사랑이라고 하면 흔히 섹스를 연상한다. 그래서 나는 개인적으로 정情이란 말이 더 좋지만, 단어에 구애될 필요는 없다. 쉽다는 것이 방종한 성을 뜻하지 않는다는 것은 물론이다. 사랑을 형이상학적 용어로 강화시키지 말자는 의도이다. 순애보도 좋다. 흔히 희생의 극치, 모든 것을 상대를 위하여 바치는 그런 것으로 오해하곤 한다. 자기가 죽고 나면 상대방은 무슨 사랑을 느낄 수 있을까? 그래서 자기 존중을 강조한 것이다. 내가 좋으므로 너에게 사랑을 준다는 생각이 반드시 필요하다. 내가 싫으면? 입 다물고 있으면 된다. 공연히 상대에게 증오를 불러일으킬 필요는 없다. 공연히 작위적이거나 위선적인 태도를 보이는 것은 모두에게 바람직하지 못하다. 국가와 민족을 위하는 것(사랑하는 것)도 결국 자신과 자신의 가족이 그로 인하여 행복을 얻을 수 있기에 그렇다고 정리하면 사랑은 훨씬 쉬워진다. 이웃에 원수처럼 지내는 자가 있다고 치자. 그런 일상은 자신을 먼저 피폐하게 만든다. 자신을 위하여, 자신의 마음이 평화롭기 위하여 먼저 용서하면 된다. 즉 먼저 사랑을 주는 것이다.

　사랑이 없으면 외롭다. 한발 더 나아가면 두려움이 있다. 숨이 턱턱 막힐 정도로 무더웠던 그날 해질 무렵, 그 멋진 해변에 있는 사람들은 모두 두려움에 사로잡혀 있었다. 홀로 남게 되지 않을까 하는 두려움, 상상을 악마로 가득 채워 버리는 어둠에 대한 두려움, 예의에 어긋나는 일을 저지르지 않을까 하는 두려움, 신의 심판에 대한 두려움, 타인의 비난에 대한 두려움, 아주 작은 잘못도 용서하지 않는 법률에 대한 두려움, 위험과 패배에 대한 두려움, 시기의 대상이 되지 않을까 하는 두려움, 사랑을 잃지 않을까 하는 두려움, 봉급 인상을 요구한 뒤의 두려움, 초대를 받고 느끼는 두려움, 미지의 세계에 대한 두려움, 외국어를 틀리게 말하지 않을까 하는 두려움, 남들에게 좋은 인상을 심어 주지 못하면 어쩌나 하는 두려움, 노쇠에 대한 두려움, 죽음에 대한 두려움, 결점이 남의 눈에 드러나면 어쩌나 하는 두려움, 장점이 드러나지 않으면 어쩌나 하는 두려움, 결점도 장점도 드러나지 않으면 어쩌나 하는 두려움.

　두려움, 두려움, 두려움, 삶은 두려움의 연속, 교수대로 올라가는 계단이었다.[14]

14　파울로 코엘료 지음, 이상해 옮김, 《악마와 미스 프램》, 2003, 문학동네, pp. 109~110.

출생을 암 발병에 비유한 소설을 읽었다. 감탄은 아니지만 조금 놀랐다. 인간은 원래가 암으로 태어난다. 여자는 난자를 1~2개 혹은 수 개를 생산하고 남자는 정자를 수억 개 정도 만들어 낸다.

둘이 수정하여 수정란을 만드는데, 이 수정란이 자궁벽에 착상하여 태반을 통하여 모체로부터 암세포처럼 영양분을 착취해서 자란다. 그 후 성장은 일반 세포와는 달리 고속 증식 방법을 쓴다. 이것이 곧 암세포와 동일하다는 뜻이다.[15]

'자식은 암세포'라는 비유를 쓰기까지 한다.

풍수를 공부해 왔던 나의 삶에서 특히 기억에 남는 것들이 있다. 델포이 신전에는 이런 글귀가 새겨져 있다고 한다. "너 자신을 알라. 그러면 너는 우주와 신들을 알게 될 것이다."[16]

중세 유럽에 페스트가 만연했을 때 CLT란 세가지 부사副詞로 된 유명한 구절이 있었다고 한다. 실제로 페스트에 관한 모든 문헌에는 그걸 최고의 충고로 인용하고 있지요. 치토 론게 푸게아스 에트 타르데 레데아스Cito longe fugeas et tarde redeas, 다시 말해서 '빨리 떠나라 그리고 오래 머물다가 늦게 돌아오라'입니다. 이것이 바로 그 유명한 부사 세 개로 이루어진 치료제랍니다. '빨리, 오래, 늦게' 라틴어로는 '치토, 론게, 타르데' 곧 CLT인 겁니다.[17] 72세가 되면 될 수 있는 한 빨리 떠나 오래 머물다가 인연이 되면 늦게, 아주 늦게 돌아오면 되는 일이다. 못 돌아오면 그만이고.

15 김상섭 외 지음, 《하늘이 무너져도》, 1998, 건강신문사, p. 8.
16 에두아르 쉬레 지음, 진형준 옮김, 《신비주의의 위대한 선각자들》, 2009, 사문난적, p. 279에서 재인용.
17 프레드 바르가스 지음, 김남주 옮김, 《4의 비밀》, 2009, 민음사, p. 220.

그거면 충분하다고 생각한다. 그 뒤는 주위에 폐나 끼치게 될 것이 뻔하다. 노망이 들거나 노욕老慾에 물들거나 심지어 치매에 걸릴 수도 있다. 고집은 세어지고 젊은이를 탓하고 세상을 비정하다고 여기면서 구차하고 외롭게 살게 될 가능성이 높다고 보았다. 그런 사례는 주위에서 얼마든지 찾아볼 수 있었다. 그렇다고 가족에 문제가 있는 것은 아니다. 오히려 없으면 못 살 것 같은 아내와, 잘 살아가고 있는 아들 내외와 열심히 살아가는 딸을 보면 남이 부러워할 정도다. 그러니 이는 순전히 나의 인생관 변화 탓이다.

풍수 전공자가 인생을 말하려니 쑥스런 것은 사실이지만 인생이란 철들면 누구나 나름대로 생각하는 일이 아닌가. 나는 아기들을 무척 좋아한다. 그런 아기들을 바라보다가 문득 그들의 인생 역정이 떠오르며 아득한 미래가 다가 올 때가 있다. 부처가 아니더라도 인생이 고해苦海라는 것은 다 안다. 살다보면 더욱 실감하게 된다. 아기 얘기가 나와서 하는 말인데, 어떤 글에선가 "아기와 강이지를 좋아하는 사람은 진정한 인간관계를 맺을 수 없다"는 대목을 읽은 기억이 있다. 나는 아기뿐 아니라 강아지도 좋아한다. 처음에는 그럴 리가 없다고 생각했다. 잠시 후 그 말이 진실에 가깝다는 것을 깨달았다. 아무 대답도 못하는 상대를 좋아한다는 것은 인간관계가 아니기 때문이다.

얘기를 좀 돌려 보자. 대체로 일들이란 것이 돌고 돌아 결국 하나가 된다. 어린 왕자는 주정뱅이별에 내렸다.

"아저씨는 왜 술을 마셔요?"

"부끄러워서."

"뭐가 부끄러운데요?"

"술 마시는 게."

고대 이집트에는 이런 얘기가 있었다고 한다.

"왜 그렇게 마시나?"

"잊으려고."

"뭘 잊고 싶나?"

"……잊어버렸어, 그런 건." [18]

결코 해결될 수 없는 숙명의 알코올 중독 순환 시스템 얘기지만 새겨둘 필요가 있는 단면이다.

오랜 기간 한 가지 일에 종사해 온 사람들은 자신이 다루어 오던 대상을 관찰하던 방식으로 다른 일이나 사물도 판단하게 된다. 나 역시 마찬가지다. 지금까지 나는 "땅을 사람 보듯 하면 된다"고 주장해 왔다. 그것이 버릇이 되어 "사람 보기를 땅처럼 하는 습관"이 생겼다. 말하자면 모든 일을 풍수적으로 판단하게 되었다는 뜻이다. 과장하자면 그렇다는 것이다. 이것이 다음의 글을 쓰려는 데 대한 나의 변명이다.

어른이 되고 나서는 늘 혼자 있고 싶어 하고, 사랑이든 갈등이든 다른 사람과의 감정적 접촉을 피하여, 세상과의 단절을 원하는 신경증적 요구를

23

---

18 나카지마 라모 지음, 한희선 옮김, 《오늘 밤도 모든 바에서》, 2009, 북스피어.

갖게 된다. 이러한 유형은 자신만의 영역을 침범당하지 않는 한, 다른 사람과 겉으로는 잘 지낸다. 그러나 다른 사람으로 인해 자기 자신에 대한 통제력을 잃는 일이 없도록 단조로운 삶을 살아간다. 이들이 '근사한 고독'을 즐길 수 있는 밑바탕에는 타인에 대한 우월감과 자신에 대한 믿음이 자리하고 있다. 어떤 단체에 속하거나, 여러 사람과 만나거나, 파티에서 이야기를 해야 하는 상황에 놓이는 것은 이들이 가장 혐오하는 것이다.[19] 상당 부분 공감이 간다. 나 역시 그런 경향이 있었다.

게다가 생활에는 더 없이 편한 직업이었지만 사회성에 문제가 생길 수 있는 직업을 가진 것이 더욱 그런 경향을 부채질했는지도 모른다. 아버지는 교수들을 일컬어 '자신이 제일 뛰어나다고 생각하는 원숭이 나라의 대장 원숭이'라고 말하곤 했다.[20] 아마도 나 역시 그런 부류가 아니었을까 모르겠다. 워낙 소심하고 고민 많은 성격인지라, 이건 전적으로 내 개인의 얘기라는 점을 다시 밝힌다. 아마도 타고난 허무주의자인지도 모르겠다. 피라미드가 제 아무리 웅장하다 하더라도 그건 단지 한 사람의 무덤에 지나지 않는다. 이 따위 쓸모없는 생각이나 하고 있으면 갈데없는 허무주의자가 된다.

그게 내 자신의 얘기라고 해도 이상하지 않다. 나는 인간이 이기적인 동물이라고 보기에 그렇다. 이기심이 꼭 나쁜 것만은 아닌 모양이다. 경제학에서 그런 부분을 꾸어 봤다.

19 톰 버틀러 보던 지음, 황정은 옮김, 《내 인생의 탐나는 심리학 50 Psychology Classics》, 2008,
    흐름출판, p. 216.
20 가이도 다케루 지음, 지세현 옮김, 《의학의 초보자》, 2010, 들녘, p. 16.

경제학의 이기심

"탐욕은 경제 발전의 박차 역할을 한다. 여러 경제학자들의 이론을 공부하는 사람이라면 이 사실을 모르지 않을 것이다. 아담 스미스는 스코틀랜드인다운 예리함을 발휘하여 우리가 매일 빵을 먹을 수 있는 것은 빵 굽는 사람의 '선의' 때문이 아니라 빵을 구워서 팔려는 '이기심' 때문이라고 주장했다. 사람이 스스로 이타적인 행동을 선택할 수는 있지만, 어느 누구도 타인에게 이타심을 강요할 수는 없다.[21]

나는 《녹색평론》이란 잡지를 참 좋아한다. 예전에는 나도 비슷한 생각을 해 왔던 글이 실려 있어서, 지금은 나와는 다른 생각이 실려 있어서이다. 《녹색평론》의 논소가 날라신 섯 같시는 않나. 내 생각이 크게 바뀌있기에 그렇게 본 셈인데, 여하튼 애정을 가지고 읽는다는 점에서는 변화가 없다.

'물질 중독', '일 중독'이야말로 현대문명의 본질이다. 여기서 일은 물질을 쟁취하기 위한 수단이므로 결국은 같은 말이다. 그렇다면 현대적 조건에서 아니마 문디(라틴어 Anima Mundi, 영어로 Soul of the World, '세계의 영혼' 쯤 되는 말이라 한다.)를 회복할 수 있는 길은 하나밖에 없다는 결론에 이른다. 물질 추구의 포기 즉 가난해지는 것이다. '가난'이라는 말도 물질세계의 관점에서 보았을 때의 이야기이지 아니마 문디의 관점에서 보면 별 의미가 없다. 엉클 분미가 병든 몸으로 아니마 문디의 세계를 꿈꿀 때 그에게 가난 따위는 전혀 문제가 되지 않았다. 순록 떼를 따라 이동하는 시베리아 유목민을 보고 가난하다고 말하는 것은 마치 들판에 뛰어노는 사슴을 보고 가난하다고 말하는 것과 같다. 그러나 그들을 순록 떼로부터 떼어 내 도시에 가두는

25

21 크리스토퍼 히친스 지음, 김승욱 옮김, 《신은 위대하지 않다》, 2008, 알마, p. 313.

순간 그들은 가난해지고 만다. 우리는 지난 세기 이래 가난에서 벗어나기 위해 강박적으로 물질세계를 추구해왔지만 이제부터는 가난해지기 위해 아니마 문디를 회복해야 한다.[22]

경제학과는 완전히 상반된 의견이지만, 그리고 비현실적이라 여겨지지만, 무시할 수 없는 뭔가가 있다. 그 뭔가란 아마도 인간의 근원에 속하는 문제일 것이다. 하기야 야생 들판의 짐승을 보고 가난하다고 할 수는 없는 노릇이지만 말이다.

가난이 인간의 이기적 속성 때문이라고 한다면, 내가 아무리 인간은 이기적 동물이라 우겨도 세상에는 그렇지 않다고 주장하는 사람도 많을 것이다. 나는 이에 대해서 이런 주장을 옮긴다. 인간이 선해질 가능성은 있는가?

우리는 인생이란 것이 짧고 힘들다는 사실을 사람들이 일단 받아들이기만 하면 서로에게 더 못되게 구는 것이 아니라 오히려 더 상냥해질 가능성이 그래도 조금은 있다고 생각한다.[23]

26

22 황대권, "애니미즘의 부활", 《녹색평론》 2011년 1~2월, pp. 80~81.
23 크리스토퍼 히친스 지음, 김승욱 옮김, 《신은 위대하지 않다》, 2008, 알마, p. 313.

사람의 지리학, 자생풍수란?

1. 자생풍수의 근본 원리

I-I 사람과 땅 사이의 상생 조화

땅이 좋아야 뛰어난 인재가 태어난다는 뜻의 '인걸人傑은 지령地靈'이란 말은 3세기 중국 동진 시대의 곽박이 쓴 교과서적 풍수서 《금낭경錦囊經》에 처음 나온다. 따라서 풍수에서는 본래부터 자연 환경이 사람에게 영향을 미쳐 왔다고 본 것이 분명하다. 이것은 서양에서도 있었던 지리 사상이다. 그러니까 풍수건 서양 지리학이건 자연과 인간의 관련성에 의심을 품은 쪽은 없다. 동서양을 불문하고 위인전기偉人傳記에는 그가 산천이 빼어난 곳에서 태어났음을 첫머리에 붙이고 있지 않은가.

다만 서양 지리학이 환경결정론적 시각에 매달려 왔다면(물론 이것은 제국 주의에 악용된 측면이 있는 것이지만, 예컨대 열등한 환경이 열등한 민족을 배출했다는 식으

29

로), 풍수는 오히려 자연과 인간의 상호교감에 중점을 두어 왔다.

따라서 풍수 즉 자연풍토가 인간에 영향을 미친다는 것은 분명 인정하지만 어느 한쪽의 주도를 인정하지 않고 어떤 경우, 어떤 사람에게 서로가 맞느냐 맞지 않느냐 하는 문제에 풍수사상은 주로 관심을 쏟게 된다. 엄밀히 말해서 풍수에 좋고 나쁜 땅이 있는 것이 아니라, 맞느냐 맞지 않느냐의 문제만 있다는 것은 이런 논리에서 나온 말이다.

풍수는 왜 이렇게 끈질기게 우리를 놓지 않는가? 조선 중기 한 유자儒者의 일기는 이런 글을 남기고 있다. 그는 음양陰陽 풍수風水의 설도 일리가 있는 것으로 생각한다고도 했다. 우연히 지가설地家說이 눈에 띄어 열람해 보았다. 별들이 일정한 경위經緯를 따라 총총 빛나고 있고, 산과 물 사이로 뭍과 평야가 펼쳐져 있으며, 음양의 기운이 모이고 기후가 변천하는 속에서 사람과 만물이 나서 자라고 있고 귀신도 그곳에 의지해 있는데, 거기에 성쇠盛衰와 소식消息, 길흉吉凶과 재상災祥의 변천이 왜 없을 것인가? 그렇다면 어두운 쪽과 밝은 쪽, 이쪽과 저쪽이 감응하는 과정에서 산천이 수려하면 그곳에 인물도 풍성하고, 조고(祖考, 즉 조상)가 편안하면 조손祖孫들도 편안하게 된다는 그 말이 전혀 근거가 없는 말은 아닐 것이다.[24]

흔히 풍수를 좋은 땅 잘 골라 그 음덕蔭德 좀 보자는 술법 정도로 이해하고 있다. 그런 측면이 분명히 있는 것은 사실이다. 그러나 우리나라 지리학은 그런 것이 아니다.

24 윤휴 지음,《백호전서》제33권, 한국고전번역원, pp. 13~28.

그렇다면 도선풍수 즉 자생풍수란 무엇인가. 그것은 한마디로 땅에 대한 사랑이다. 사랑은 홀로 되는 것이 아니며 또한 사랑은 훌륭한 것, 좋은 것만을 상대하는 일이 아니다. 훌륭하고 좋은 것이라면 나 아니라도 사랑해 줄 사람은 얼마든지 있을 것이다. 오히려 지고지선至高至善한 사랑이란 다른 것에 비해서 떨어지는 것, 문제가 있는 것, 좋지 않은 것에 대해서일 때 의미가 있다. 도선풍수에서의 땅 사랑은 그런 근본적인 인식 속에서 출발한다. 명당明堂이니, 승지勝地니, 발복發福의 길지吉地니 하는 것은 도선풍수의 본질에서는 너무나 멀리 떨어진 개념들이다.

결함이 있는 땅에 대한 사랑이 바로 도선풍수가 가고자 하는 목표이며 그것이 바로 비보풍수裨補風水이기도 하다. 앞으로 몇 가지 사례들을 들겠지만 구체적으로는 두 개의 큰물이 모이는 합수合水 지점으로 홍수 때 침수 위험이 상존하는 곳, 낭떠러지 밑이나 바로 위여서 산사태의 위험이 있는 땅을 골라 절을 세워 비보를 하는 식이다. 전에 상주하는 스님으로 하여금 경계와 일단 유사시 노동력 역할을 맡게 하자는 의도다. 마치 병든 어머님께 침을 놓아드리는 듯한 땅에 대한 지극한 사랑이다.

'풍수무전미風水無全美'란 말이 있다. 완전한 땅이란 없다는 뜻이다. 사람이건 땅이건 결함이 없는 것은 없다. 결함 없는 곳을 취함은 사랑이 아니다. 일부러 결함을 취하여 그를 고치고자 함이 도선풍수의 근본이다. 그래서 도선풍수는 우리 민족 고유의 '고침의 지리학, 치유治癒의 지리학'이 되는 셈이다.

풍수는 기본적으로 사람과 땅(人間과 自然) 사이의 상생 조화에 관심을 갖기 때문에 경제적인 측면이 어느 정도 간과되는 것은 사실이다. 경제적 개발에 대하여 인식론적 반감을 가질 수밖에 없는 것이 풍수라는 뜻이다. 그럼에도 불구하고 오늘날 풍수가 현대의 국토 문제에 관여할 수 있는 까닭은 그가 지니고 있는 건전한 지리관, 토지관, 자연관 때문이다.

풍수는 땅을 어머니 혹은 생명체로 여기기 때문에 그것을 단순한 물질로 생각하지 못한다. 따라서 땅이 소유나 이용의 대상이 될 수가 없다. 누가 감히 어머니(땅)를 이용할 수 있으며 누가 어머니(자연)를 소유하는 패륜을 저지를 수 있겠는가. 풍수가 국토 재편에 어떤 기여를 할 수 있다면 그것은 풍수의 공도적公道的 자연관에 있다고 본다. 개발을 어머니에게 의지한다고 생각하고 자연보전을 어머니에 대한 효도의 관념으로 바꾸어 생각하는 지혜를 오늘의 사람들에게 전할 수 있다는 뜻이다. 의지한다는 것과 이용한다는 것은 본질적으로 다른 개념이다. 의지는 신세를 지는 일이며 은혜를 입는 일이다. 그런 사고방식이라면 누가 감히 땅을 함부로 대하고 많이 소유하려 할 수 있겠는가.

개인적으로는 풍수가 현대인들을 소박한 자연주의로 몰아갈 우려가 있다는 것을 인정한다. 그것은 도선풍수가 가지고 있던 자연과의 조화, 대동大同적 공동체 관념에 배치되는 일이다. 도선은 적극적으로 어머니인 국토의 병통을 고치기 위하여 비보의 방법을 고안한 사람이다. 그의 지리철학을 오늘의 관점에서 재해석하자면 앞에서 언급한바 "치유治癒의 지리학"이 되는 것이고, 이는 바로 살아 있는 땅으로 재생시키자는 운동 원리가 되기도 한다.

자연의 길自然之道을 방해하지 말라. 자연의 흐름에 순응하라. 아마도 이 것이 오늘의 우리에게 풍수가 해 줄 수 있는 말일 것이다. 국토 재편은 이 지리철학을 벗어나서는 안 된다. 그렇게 해야 생존을 위한 싸움터로서의 국토가 아닌, 삶터로서의 국토를 가지게 되는 길일 것이기 때문이다.

우리는 삶 속에서 우리를 둘러싸고 있는 자연이 우리에게 어떤 영향을 미치는지를 알게 모르게 느끼고는 있다. 다만 그것을 분명하고도 합리적 인 언어로 표현하지 못할 뿐이다. 나는 개인적으로 청주에 살 때와 전주에 살 때, 그리고 관악산 아래 봉천동에서 살 때 그리고 지금 살고 있는 구로 동 도림천변에서 살 때의 사고방식이 다름을 느낀다. 세월의 변화에 의한 나이 탓도 있겠지만 그것 말고 말로는 표현하기 어려운 성격의 변화를 느 낀다는 뜻이다. 청주에 살 때는 무심천변이었다. 길게 뻗은 둑길을 보며 언제나 저 길이 끝나는 곳까지 가봐야겠다는 생각을 했었다. 전주에 살 때 는 조경단 부근 숲에서 살며 세상으로부터 가려진 어떤 것을 추구했다. 봉 천동 살 때 관악산의 바위 봉우리를 보면서는 쓸모도 없는 투쟁심에 젖어 몸과 마음을 상한 적이 있다. 지금 사는 구로동에서는 도림천과 이어진 안 양천변을 따라 걸으면서 새와 풀과 나무와 물을 보며 평온함을 느낀다.

대륙의 벌판에서 느끼는 마음은 허망함과 고적감이다. 간접적으로 경험 한 히말라야 설산을 보며 느끼는 감상은 삶에는 도움이 되지 않는 신비에 대한 동경심이다. 그래서 대륙인들은 사람과 땅과의 관계에서보다는 인간 관계에 더 집착하게 되는 것인지도 모른다. 유교에 자연관이 없는 것은 아니지만 그것이 주장하는바 요체는 인간관계에 대한 규정이다. 설산을 보며 살아가는 티베트인들은 그러한 신비감을 종교적 성취욕으로 풀어가려 한다.

누구나 산을 보면 그 너머에 있는 땅을 그리게 된다. 하지만 실제 넘어가 보면 그곳에도 별 게 없다는 것을 체감한다. 허망과 고적과 신비는 그렇게 쌓여 간다. 그들은 삶의 본질과 실체를 잃고 있는 것이다.

오늘의 한반도를 살고 있는 우리들도 점차 그들을 닮아 가고 있다. 자연을 잃고 인간관계에 집착하며 있지도 않은 신비를 찾아 나선다. 그래서 자연은 파괴되고 사람들은 이해관계에 얽혀서만 사람을 사귀고 광신적 종교에 휘말려 드는 것이다.

자연은 본래 있는 그대로의 것을 받아들이는 데 뜻이 있다. 나이를 먹어 가며 허망과 고적과 신비를 넘어 자연을 온몸으로 맞게 되었을 때, 나는 그것을 풍수적 삶에 도달했다고 말한다. 그러나 그런 길고 복잡한 과정을 경험하지 않고도 자연을 맞게 되었다고 말할 수는 없다. 풍수적 삶이란 것도 대가를 요구하기 때문이다.

I-2 자생풍수에서 터 잡는 방법이란?

여기서 좀 구체적으로 자생풍수의 터 잡기 방법을 정리해 놓고 얘기를 풀어 나가기로 하자. 그래야 독자들이 왜 내가 그런 식으로 땅을 바라보게 되는지를 이해할 수 있을 것이기 때문이다.

고유한 우리의 자생풍수는 전제前提한 대로 "어머니인 땅"이란 개념을 출발점으로 삼는다. 그것으로 모든 것이 해결될 수는 없겠지만 이해를 도울 수 있기 때문이다. 어떤 터基地가 있을 때 그 터가 있게 되는 까닭은 우리나라의 경우 당연히 산에서 비롯된다. 그 주된 산, 즉 주산主山이 바로 어머니다. 우리나라의 가장 위대한 큰 어머니인 백두산으로부터 이 어머니인 산, 엄뫼까지 이어지는 내룡 맥세來龍脈勢가 진짜인지 가짜인지眞假, 순리대로 흘러왔는지 흐름을 거슬렀는지順逆, 평안하게 내려왔는지 불안감을 주지는 않는지安否, 심지어는 죽었는지 살았는지生死 등을 살피는 일로 터 잡기는 시작된다. 소위 풍수 용어로 간룡법看龍法에 해당되는 부분이다. 말하자면 어머니의 가계家系를 살피는 일인데, 온화유순溫和柔順하고 조화안정調和安定을 이루고 있으면서도 변화變化와 생기生氣를 아울러 갖춘 맥세를 좋은 것으로 삼는다.

이제 그 어머니가 품을 벌리게 된다. 어머니의 품 안이 유정하고 온순하며 생기 어린 곳인지를 판단하는 일이 다음에 이루어지는데 중국풍수식으로 말하자면 좌청룡左靑龍, 우백호右白虎, 남주작南朱雀, 북현무北玄武를 가려밝혀내는 장풍법藏風法이 바로 여기에 해당된다. 어머니의 품 안이라고 모두 명당明堂이 되는 것은 아니다. 아무리 어머니라 하더라도 피곤할 때도 있고 짜증이 날 때도 있다. 물론 병환이 드시는 경우도 있다. 그런 품 안은 고뇌고 무성하기 때문에 모양새가 어머니 품 안처럼 생겼다 하더라도 명당이 되지는 않는다. 정신이 바르지 못한 어머니라면 그 품 안에 살기殺氣가 들 수도 있다. 당연히 그런 품 안(명당)은 피해야 한다.

한 가지 재미있는 것은 우리 자생풍수에는 그런 무정한 어머니를 달래거나 고쳐드리고 나서 거기 안기는 소위 비보裨補의 방법이 있다는 점이다. 어머니의 품 안이 그 생김새 뿐 아니라 실질적으로도 어머니다운 유정함으로 가득 찼다면 그곳은 명당이다. 이제 그 품 안에서도 어머니의 젖을 찾는 일이 중요하다. 젖을 빨아야 직접 생기를 취할 수 있기 때문이다. 소위 정혈법定穴法 또는 점혈법占穴法에 해당되는 부분이다. 이때 젖무덤을 혈장穴場, 젖꼭지를 혈처穴處라 하거니와, 사실 명당을 찾기는 그리 어려운 일이 아니지만 정혈을 하기는 쉽지가 않다. 어머니의 품 안에서 젖꼭지를 찾는 일이 바로 구체적인 터 잡기가 되는 셈이다.

다음은 어머니의 품 안에서 물과 바람의 유동流動을 살핀다. 이 문제는 우리 풍수에서는 그리 크게 관심을 두는 분야는 아니다. 그러나 중국풍수에서는 소위 득수법得水法과 좌향론坐向論이라 하여 대단히 어려운 기술을 필요로 하는 부분이다. 중국은 반건조半乾燥 지역이 많으므로 중국풍수에서의 물은 그것이 실질적인 소용에도 닿지만 부富의 과시 수단이 될 수도 있기 때문에 술법화術法化되는 것이고, 그들 풍토의 상대적 악조건 때문에 미세한 방위方位의 차이도 큰 영향을 미칠 수 있으므로 좌향에 큰 신경을 쓰는 것이지만 우리나라의 풍토는 그렇지가 않다. 우리의 경우는 심지어 북향北向도 풍토에 따라서는 마다할 까닭이 없는 수도 있다.

그리고 나서 최종적으로 이 터(어머니의 품 안)가 무엇을 닮았는지를 판별하게 된다. 물론 어머니의 품 안이란 것이 달라지는 것은 아니지만 우리가 어머니를 보고 공작孔雀 같은 기품이니 순한 양과 같은 온순함이니 하고 얘기하는 것처럼 땅, 즉 품에 안긴 터에 대해서도 그 형국形局을 말할 수 있는 것이다. 이것은 터를 잡은 당사자와 그 후손들에게 환경심리적 확신을 심어주기 위해서도 필요한 작업이다. 내가 살고 있는 땅이 좋은 곳이라 여기며 살아가는 것과 그렇지 않은 경우는 큰 차이가 날 수 밖에 없다. 형국론形局論은 그런 환경심리의 작용력을 응용한 것으로 이해하면 될 것이다.

누문과 봉문 사이로 하늘 높이 우뚝 치솟은 쌍탑이 희미하게 보인다. 탑 높이의 3분의 1을 차지하는 꼭대기의 송곳 모양 그리고 상륜相輪은 흡사 두 개의 커다란 창처럼 소주성 동편을 단단히 제압하고 있다. 예로부터 문 풍文風이 극성하여 역대로 장원이 끊이지 않고 문사들이 들끓은 것도 다름 아닌 문구함처럼 생긴 소주성의 형상과 꼭 두 자루 붓처럼 생긴 쌍탑에 기 인한다고 했다. 근자에 와서 태평군(태평천국의 군대) 형제들은 하늘을 가리키고 있는 창 모양의 이 쌍탑을 하느님께서 요마妖魔를 물리치도록 내려주신 신통한 기물로 여겼다[25]

장강(長江: 양쯔강)의 옛 이름은 장사長蛇로서, 호북은 그 머리고, 안휘는 허리에 해당하며, 강남은 꼬리가 됩니다. 꼬리에 거하면 방향을 틀기가 힘들고, 허리에 거하면 부러지기 쉬우니, 머리에 거해야 비로소 움직일 수 있습니다.[26] 중국의 예이기는 하지만 말하자면 이런 것이 형국론이다.

여기서 좀 더 현실적이고 구체적인 도선의 풍수 방법론, 즉 중국풍수와 다른 우리 자생풍수를 정리해 보기로 하자. 도대체 우리 자생풍수의 기본 자세는 무엇인가? 땅을 살아 있는 생명체로 대한다는 것을 그 출발점으로

37

삼는다. 더 나아가서 땅을 곧 어머니로 대한다는 것은 이미 앞에서 강조한 말이다.

땅이 살아 꿈틀거리는 용龍으로 혹은 어머님의 인자한 품으로 보이기 시작해야 풍수를 말할 수 있다. 흔히 도안道眼의 단계에 이른 풍수학인風水學人이라 일컫는 것이지만, 그 역시 땅과 사람에 대한 지극한 정성과 사랑이 그를 도안에 닿게 할 수 있다. 도안에 이르면 그 전까지는 그저 단순한 돌과 흙무더기 정도로 밖에 보이지 않던 산山이 지기地氣를 품은 삶의 몸체(유기체)로 보이기 시작한다.

설악산 한계령에서 점봉산, 가칠봉에 이르는 일대는 다양한 수종樹種과 식물이 남한에서 가장 풍성하게 자라는 곳으로 알려져 있다. 그러나 이곳의 자연 지세地勢는 토양 조건, 경사도, 기반암, 국지 기후 등에서 열악하기 짝이 없는 땅이다. 그런데 어떻게 나무들은 그토록 잘 자랄 수 있을까?

이것은 그곳의 식생植生이 땅과 상생조화相生調和를 이루었기 때문이라고 자생풍수는 이해한다. 여기서 나무 대신에 사람을 대입시키면 바로 우리 풍수의 정의가 나올 수 있다. 결국 좋은 땅이란 없는 셈이다. 있다면 땅과 사람이 상생의 조화를 이루었느냐 그러지 못했느냐의 문제만 남을 뿐이다. 좋은 땅, 나쁜 땅을 가리는 것이 자생풍수가 아니라 어떤 사람에게 맞는 땅, 맞지 않는 땅을 가리는 우리 선조들의 지혜가 바로 풍수라는 것은 이런 뜻이다.

땅과 생명체(특히 인간)가 서로 맞는, 조화를 이룰 수 있는 터를 구하고자 하는 경험이 오랜 세월을 거치며 지혜가 돼 풍수로 이루어졌다고 말할 수 있다. 발복發福을 바라는 이기적 음택풍수(陰宅風水, 즉 墓地風水)는 논리적으로는 후대 사람들의 욕심이 만들어 놓은 잡술雜術일 뿐이다. 이 점은 심리에 끼치는 긍정적인 영향이 있기 때문에 나는 예전처럼 음택풍수를 반대만 하지는 못하겠다.

풍수는 어떻게 시작되었나? 그것은 안온한 삶, 즉 근심 걱정 없는 안정 희구에서 출발했다고 볼 수 있다. 터를 잘 잡는다는 것은 땅과 생명체가 기氣를 상통相通시킬 수 있는 자리를 잡는다는 것이다. 잘 잡힌 터에 뿌리를 내린 생명들은 보기에도 조화로운 감정과 안정을 선사한다. 그런 곳에서 느끼는 평안함이 모든 사람이 바라는 마음의 지향성이다.

특히 현대 도시 생활이 비인간적인 잡답雜踏 속에서 이루어지기 때문에 사람들은 언제나 그런 평안을 추구한다. 바로 그런 곳. 산, 나무, 개울, 옛집, 돌, 사람까지도 서로가 제자리를 잡고 제 구실을 하는 곳. 풍수는 그런 곳을 찾아 나선다. 그곳은 바로 어머니의 품속과 같은 땅이다. 이것이 자생풍수에서 말하는 터 잡기의 기초다.

그래서 땅을 혹은 산을 마음으로 받아들일 수 있는 눈을 가진 사람은 어머니의 품 안과 같은 명당을 찾아낼 수 있다. 구태여 풍수의 논리나 이론이 개입할 필요가 없다. 지금까지의 자생풍수 연구가 드러내 준 우리 풍수의 방법론적 본질은 본능本能과 직관直觀과 사랑, 바로 이 세 가지로 요약이 가능하다.

순수한 인간적 본능에 의지하여 땅을 바라본다. 거기에 어머니의 품 속

같은 따스함을 추구하는 마음이 스며들지 않을 수가 없다. 그걸 좇으면 된다. 성적性的 본능에 의한 터 잡기도 자생풍수는 마다하지 않는다. 본래 성적 본능이란 것 자체가 종족 보존의 본능이 발휘된 현상 아닌가. 거기에 음탕淫蕩과 지배支配의 욕망이 끼어든 것은 본능이 아니라 부자연不自然의 발로일 뿐이다. 그래서 자생풍수의 명당 지명地名 중에는 좇대봉이니 자지골이니 보지골 같은 것들이 심심찮게 있는 것이다.

　직관은 순수함을 찾아가는 일이다. 이성理性과 지식知識, 따짐과 헤아림 따위가 직관의 순수함을 마비시키는 것인데 지금 우리들은 오히려 그런 것들을 따르고 있다. 직관은 그저 문학적 상상력이나 시적詩的 이미지의 범주에서나 찾으려 한다. 하지만 풍수에서 땅을 보는 눈은 다르다. 결코 이성에 의지해서는 안 된다. 본능의 부름에 따라 직관의 판단을 따르는 것이 절대로 필요하다. 하지만 이 직관은 결코 무엇에도 물들지 않은 직관이어야만 한다.

　융은 〈심리적 유형〉에서 인간이 세상을 바라보는 시각에는 두 가지가 있다고 주장했다. 오감에 의하여 세상을 바라보는 사람(감각적 유형)이 있는가 하면, 어떤 사람은 무의식에 의존하여 진실이나 본질에 내면적 확신이 들 때까지 기다리는 사람도 있다.(직관적 유형)

　감각적 유형의 사람은 주변 상황에 초점을 맞추어 사실을 인지하며, 복잡한 사고나 추상적 개념에는 관심을 덜 기울인다. 반면에 직관적 유형의 사람들은 사고나 가능성 같은 보이지 않는 세상에 더욱 관심을 두며, 물리적 현실을 신뢰하지 않는다. 어떤 방식을 취하고 신뢰하든지 간에 모든 사람은 대개 어릴 때부터 각자의 방식을 취해 이를 평생에 걸쳐 발전시킨다.

—Isabel Briggs Myers & Peter Briggs Myers.[27]

직감에 대해서 무슨 말을 할 수 있을까? 사랑에 관한 얘기가 비슷할까? 아마도 그럴 수 있다. 이렇게 말해 보자.

그리고 사랑. 이는 땅에 대해서 뿐만이 아니라 그에 의지해서 살아가야 할 사람들에 대한 것까지 포함한다. 나중에 실제 사례에서 말하겠지만 도선국사가 찾아 나섰던 땅들이 모두 병든 터였다는 점을 상기할 일이다. 괴로운 어머니에 대한 효성이 참된 사랑이 될 수 있는 것처럼 땅도 좋은 것만 찾을 일이 아니다. 그저 어머니이기만 하면 된다. 특히 이제 늙고 병들어 자식에게는 줄 것이 하나도 남아 있지 않은 어머니의 품을 찾는 것이 풍수라는 뜻이다. 어른이 된 뒤에도 어머니를 떠올리면 고향 같은 포근함이 뭉게구름 일듯 일어나는 것은 그 어머니가 무언가를 우리에게 주어서가 아니다. 그냥 어머니이기 때문이다.

하지만 병들어 힘들어하는 어머니를 그냥 방치해도 된다는 뜻은 아니다. 앞서 잠깐 언급한 것처럼 우리 풍수에서는 그런 어머니를 고치고 달래기 위한 비보책神補策이란 것이 있다. 우리나라 어느 마을을 가나 만날 수 있는 조산造山 또는 조탑造塔이라 불리는 돌무더기는 그런 비보책의 대표적인 예다. 마치 병든 이에게 침이나 뜸을 시술하는 것과 같은 이치를 땅에

27 톰 버틀러 보던 지음, 황정은 옮김, 《내 인생의 탐나는 심리학50 Psychology Classics》, 2008, 흐름출판, p. 263에서 재인용.

적용한 것이 자생풍수의 비보책이다.

땅에 대한 풍수의 의미는 마치 병든 사람에 대한 의사의 역할과도 같다. 땅의 건강을 살피고, 건강이 좋지 않으면 그 이유를 찾고, 이유를 알았으면 치료를 한다. 일컬어 의지법醫地法, 구지법救地法이라 하는 것이다.

이는 분명 풍수를 공부하면서 느낀 나의 주관이다. 결코 진리일 수는 없다. 따라서 나의 가설이다. 이 점이 불분명하면 나 역시 또 하나의 술사術士 부류가 된다. 그래서 강조하고자 한다. 이것은 주관적 가설이라고. 그리고 가설은 보강된다. 역시 주관에 의해서이다. 어떤 때는 스스로 보강하기도 한다.

사람이 일단 가설을 가지게 되면, 가설은 모든 것을 적당한 양분으로 삼아 동화시키는 성질이 있다. 당신이 가설을 품는 순간부터 당신이 보거나 듣거나 읽거나 이해하는 모든 것에 의해 더 강력한 가설이 자라난다.[28]

이 책에서 자생풍수라는 용어는 위에서 말한 도선풍수를 총칭하는 개념으로 썼다. 신라 말의 승려 도선국사가 정리를 했기 때문에 도선풍수라는 용어도 섞어 쓰기는 하겠지만, 우리의 자생풍수는 그의 독창적인 지리관인 것만은 아니다. 그래서 일반적으로 통용될 수 있는 '자생풍수'라는 말을 앞으로 관용어로서 정착시키고자 하는 의도로 이 말을 주로 쓰기로 하겠다.

---

28 로렌스 스턴, "신사 트리스트램 샌디의 생애와 의견", 앤드류 스컬 지음, 전대호 옮김, 《현대 정신의학 잔혹사》, 2007, 모티브북, p. 23에서 재인용.

2. 풍수사상 연구의 현대적 의의

풍수의 기본은 역시 기氣다. 기氣-생태주의는 인간인 우리가 생명 존중의 태도를 취할 때, 자연이 어떤 특정적 가치를 지닌다고 본다. 필자는 이 것을 온가치Onn-value라 명명하였다.[29]

기-생태주의는 생물종의 다양성과 개체수의 풍부함이 구현되는 생태계일수록 생기가 가득 조성된다고 보고, 이런 곳은 유난히 온가치를 많이 갖는다고 여긴다. 그래서 기-생태주의는 풍수학과 연루된 생태계 복합성과 생물종의 다양성을 보전하는 네 탁월한 통찰을 제공해 줄 수 있다.

그뿐만 아니라 풍수학의 명당 언저리는 동식물만이 아니라 인간 공동체에게도 가장 좋은 생활의 터전이 된다. 명당에 터전을 마련한 인간 문화의 생활양식이 생기 조성과 순환을 원활히 이루어지도록 하는 범위 안에서 지속되는 것이 얼마든지 가능하다. 대간大幹과 정맥正脈의 영향 속에서 산과물로 이루어진 생태 문화적 공동체는 자체적으로 자립적이고 고유한 문화를 조성한다. 한반도 남한에서는 백두대간白頭大幹을 기준으로 동서로 갈리게 된다. 그런데 상대적으로 산세가 긴 낙동강이 굽이치는 동해 쪽의 영남에서는 동적인 춤이 특징적으로 발달했고, 평야지대가 많은 호남에서는 정적인 판소리가 두드러졌다. 호남에서도 백두대간과 호남정맥으로 둘러싸인 섬진강 유역권 안에서는 지리산과 섬진강 지형의 영향을 받아 창법이 웅건하면서 청담하고 발성 초가 신중하며, 구절의 끝마침이 분명한 동편제

---

29 한면희 지음, 《미래세대와 생태윤리》, 2007, 철학과 현실사, p. 350.

가 등장했다. 반면 호남정맥을 넘어 서해 쪽의 호남에서는 소리제의 특징이 부드러우면서 구성지고 애절하며, 꼬리 달듯이 소리가 길게 이어지는 서편제로 특성화되었다.[30]

이처럼 환경 관련 학자 중에는 풍수에 관심을 갖고 그로부터 어떤 해결의 실마리를 찾고자 하는 희망을 피력하는 경우가 의외로 많다. 이럴 때 나는 고마움과 함께 당혹감을 갖는다. 사실 풍수는 음택이나 양택의 구체적 자리 잡기에는 사실상 쓸모도 없는 이론들이 산더미처럼 쌓여 있지만, 즉 어떤 부면에서는 매우 구체적인 이론 체계를 갖추고 있으나, 현대 환경학이 요구하는 부분에서는 한심할 정도로 내용이 없다. 더구나 현장에서 직접 제공할 수 있는 엔지니어링 사이드는 전무한 게 현실이다. 풍수의 현재 위상은 아이디어 차원, 좀 과장하자면 사상적 측면에서는 도움이 되지만, 실제 현장에서 어떻게 이용할 것이냐는 문제에는 전혀 소용이 닿지 않는다.

기氣의 정의를 내리는 것은 불가능에 가깝다. 고래古來로 기를 설명, 정의, 해석하고자 하는 노력은 정통파正統派이건 위학僞學 계통이건 무수히 많았지만, 아직도 이것이 바로 기의 정의라고 할 것은 나오지 않았다. 한의학에서 기를 다루는 것은 매우 중요하기도 하거니와 우리 자신을 대상으로 하기 때문에 비교적 이해하기가 쉽다.

인체의 기의 근원은 하나의 기로서, 그러한 대기大氣의 폐肺의 호흡 작용과 비위脾胃의 음식물, 소화 작용에 의해 생긴 합성작용으로부터 이루어지

---

30 최동현 지음, 《판소리 이야기》, 1999, 인동, p. 84. 한면희 지음, 《미래세대와 생태윤리》, 2007, 철학과 현실사, pp. 357~358에서 재인용.

는 것이다. 그러므로 폐의 호흡작용에 의해 코로부터 후喉를 통하여 체내로 받아들여 만들어 내어진 것을 '천天의 기'라 하고, 음식물로서 입으로부터 인咽을 통하여 체내에 받아들여 위胃와 비脾의 소화 흡수작용을 거쳐 만들어 내어진 것을 '지地의 기'라고 한다. 그리고 이 천의 기와 지의 기가 합체된 것을 진기眞氣 또는 원기元氣라고 하고, 모든 것에 생명활동을 부여하는 에너지 일원一源으로 된다.[31]

기에 관해서는 북한학자 김봉한의 "산알"이라는 독특한 개념을 비롯하여 다른 책에서 언급한 적이 있으므로 여기서는 이쯤 해 둔다.[32] 양洋의 동서와 시대의 고금을 불문하고 지리학자들은 항상 이숭적인 난저한 입상에 빠져드는 경우가 많다. 그것은 크게 두 가지 이유 때문인데, 하나는 자연과 인문을 모두 다루어야 한다는 점이고, 다른 하나는 땅이 지니고 있는 합리성과 신비성을 다 함께 유념해야 한다는 점 때문이다.

기를 설명하는 일은 참으로 난감하다. 세 가지 예를 들겠다. 나는 네 잎 클로버를 잘 찾는다. 딸애가 어떻게 그렇게 잘 찾느냐고 묻는다. 나는 설명을 할 수가 없다. 만약 설명할 수 있다면 그리 아끼고 사랑하는 딸에게 가르쳐 주지 못할 까닭이 없지 않은가. 나는 막막하여 이렇게 말할 뿐이다. "그냥 보여." 딸 또한 막막하기는 마찬가지다.

이외수의 소설에 이런 에피소드가 있다. 산골 소년이 있는데 겨울잠을 자는 개구리를 귀신같이 찾아낸다. 산골의 최고 겨울 보양식이다. 선생님

45

31 이광준 지음, 《한방심리학》, 2002 학문사, p. 195.
32 최창조 지음, 《최창조의 새로운 풍수이론》, 2009, 민음사, pp. 200~215.

이 그 방법을 묻자 소년의 대답은 이렇다. "저기, 있잖아요." 당연히 이건 방법을 알려 주는 얘기가 못 된다.[33]

　이 점에 대해 현대의 과학적 지리학은 매우 불투명하고 불명료한 해결책을 제시하고 있을 뿐이다. 원래 땅(보다 엄밀하게는 삶터)의 의미를 해석한다는 것은 개인이 지니고 있는 땅의 주관적 의미를 풀이하는 것인데, 그 개인은 지역 속에서 개조되고 변화에 대응하는 그런 사람들이다. 그럼에도 불구하고 과학적이라고 명명된 서구 지리학은 주관주의적主觀主義的인 부드러운 요소를 배제하고 있다. 완전한 객관성의 보지保持와 대상에 대한 초연함이란 사실상 망상에 지나지 않는 것임에도 그들은 그것이 가능한 것으로 전제하고 지리학을 전개하였다.

　이런 조류의 결정판이 아마도 논리 실증주의적 지리학의 입장이 아닐까 한다. 그것은 물론 그것대로의 장점과 업적을 남긴 것이 사실이고, 또한 아직까지도 지리학의 가장 중요한 방법론적 기반으로 기능하고 있다. 그러나 그런 지리학의 경향성이 결국 인간과 자연과의 관계를 설정하는 철학적 정당성과 지역적 접근방법의 인간미를 빼앗아 가 버렸음을 간과할 수는 없다.

　여기에 대한 반동으로 60년대 이후 서구에서 제안된 지리사상이 휴머니스트 지리학이다. 그들은 당시 서구 사회를 풍미하던 실존주의, 구조주의, 현상학, 마르크시스트 휴머니즘, 역사해석학 등을 빌어 비인간화된 땅의 논리를 극복하고자 하였으나, 뚜렷이 성공을 거두었다는 징조는 아직 보

33 《최창조의 새로운 풍수 이론》(2009, 민음사) pp. 200~224에 이런 예가 소개되어 있다.

이지 않고 있다. 이들 휴머니스트 지리학자들은 지식에 관하여 역사적인 입장과 시각을 지니고 있다. 문제는 그들에게 주어진 주관적인 의미에서의 삶터를 해석하는 일이 명백히 개인적인 경험들에서 암시된 연습문제 정도가 아니라는 점이다. 그들은 단지 관찰자의 경험에 의하여 고수되는 편협한 개인적 시각으로부터 가능한 한 크게 초월해야 한다는 의무를 지니고 있다.

주지하다시피 우리나라의 지리학은 서구의 그것을 그대로 받아들임과 함께 그들의 고민까지도 남김없이 수입하는 우를 범하고 있다. 땅이 다르면 거기에 얹혀사는 사람들의 삶과 그들이 이루어 놓은 공간구조도 달라야 할 것인데, 맹목적인 객관성의 주구와 일반적 법칙의 석용이라는 공간논리는 그것을 인정할 아량을 갖고 있는 것이 아니었다.

대학에서의 지리학 연구는 이런 문제점을 깊이 인식하며 다양한 대안을 무색하고 있는 것이 현재 상황인바, 풍수사상은 그중 매우 중요한 대안으로 기능한다. 이것은 물론 우리나라만의 사정이기는 하지만 점차 일반적인 동의가 이루어지고 있다는 것도 부인할 수 없는 사실이다.

그런데 풍수사상은 극단적인 두 가지 평가가 병존한 채로 오늘에 이르고 있다. 전통적 지리관의 가장 중요한 지혜라고 할 만하다는 평가가 있는가 하면, 그것 때문에 나라가 망해 버릴 미신이라는 평가 또한 엄존하는 것이 현실이다. 필자는 여기서 이러한 논쟁의 어느 쪽을 지지하며 시간을 끌 생각은 없다. 그 논쟁 자체가 무의미해서가 아니라, 워낙이 중대한 것이기 때문에 상당한 연구 업적이 쌓인 다음에야 그것이 가능하리라 믿기 때문이다.

여하튼 오늘의 우리 삶터는 일부 섬세한 사람들은 절망을 느낄 정도로 막바지에 달한 것이 분명하다. 풍수는 그것을 치료할 수 있는 기술로서 오늘에 되살려질 것이 아니라 그렇게 되도록 만든 사람들의 지리적 사고구조, 다시 말해서 지리사상의 혁신적 대안으로서 오늘에 기능할 수 있는 것인지를 따져 봐야 한다.

3. 자생풍수 보론

3-1 뜻

고래古來로 우리나라에서 풍수라 함은 곧 오늘날의 지리학이다. 다른 점은, 엄밀하게 말해서 풍수가 오늘날 말하는 학문과는 다르다는 것이다. 국토와 풍토에 대한 당시 거주민들의 지혜가 집적된 것이 체계를 갖추면서 자생풍수가 된 것이라고 본다.

따라서 이것을 이제 고답적 의미의 학문으로 접근하거나, 풍수라는 용어 자체에 집착하여 당시 기록에 풍수라는 말은 없었다고 주장하면 할 말이 없다. 내가 말하는 자생풍수란 우리 민족이 지니고 있던 지리 지혜라는 것인데, 따라서 용어에 큰 의미를 두고 있지는 않다. 도선풍수도 좋고 우리 풍수도 좋고 조선풍수라도 좋다. 다만 있는 것을 그대로 받아들이면 될 것이다. 만약 풍수라는 용례가 없기 때문에 자생풍수를 받아들일 수 없다면, 과학이나 생태, 환경 같은 용어들은 근대에 만들어진 것이므로 우리에게 그런 관념은 없었다고 주장하는 것과 마찬가지가 된다.

3-2 용어가 나온 연유

이 말은 나의 풍수 편력을 소개하는 것으로 충분할 것이다. 처음 나는 풍수 전공자 대부분이 그렇듯이 음택陰宅 위주의 발복풍수發福風水로 시작했다. 그것이 바로 풍수라고 당연히 받아들였고 관심도 갔다. 재미도 있었다. 이론이 현장에서 확인될 때는 기쁨까지 느꼈다. 하지만 날이 가면서 음택에 대한 관심은 사라져 갔다. 아마도 많은 주검과의 대면 속에서 인간의 신체가 죽으면 어떻게 되는가를 눈으로 확인하며 그런 곳에서 발복을 기대한다는 것에 회의를 느꼈기 때문일 것이다. 확인이란 것도 다분히 내 입맛에 맞게 견강부회牽强附會한 것이 많았다는 것도 한몫을 했을 것이다. 내게 유리한 쪽의 증거들만 확인 작업에 끼어 넣었다는 뜻이다. 일부러 그런 것은 아니지만 이런 습관은 사람들이 흔히 가지고 있는 일이다. 하지만 후회했다. 이게 아니었다.

　성격 탓도 있었지만 당시의 정치적 변수도 작용하여 낭만적이고 현실도 피적인 도참圖讖적 풍수에 빠진 것이 다음을 이었다. 있지도 않은, 그리고 앞으로도 영원히 있지 않을 유토피아를 찾았던 것이다. 당연히 거기서도 현실적 대안을 찾지 못했다.

　대학을 나와 주로 생계를 위해 시작한 신문 연재는 마구잡이식의 주제와 소재를 가진 엄청난 답사였다. 소득은 많았다. 현장에는, 풍수 전적典籍에는 없지만 우리나라에는 있는 부분들이 있더라는 점이다. 이론이 현장에 부합되는 것은, 너무 엄격한 잣대를 들이대는 것이기는 하지만 결코 없더라는 것도 깨달았다. 책과 이론이 딱 맞아떨어질 것이라는 생각 자체가 유치한 발상이었다. 이론이란 지극히 추상적인 것인데 그것을 실제에 적용하려 했으니 될 일이 아니었다. 고백하자면 혼란에 빠진 것이다.

　여기서 많은 현지 주민들과 대화하면서 느낀 것은 그들이 풍수를 철석같이 믿는 사람들조차도 현실에 순응하며 지금 이곳을 명당으로 인식하고 있다는 것을 알았다는 사실이다. 단적인 예가 공주 명당골에서 만난 정감록파鄭鑑錄派 노인의 술회였다. "누군들 이런 궁벽한 산골에서 살기를 원하겠소. 자본만 있다면 도시에 나가 안락하게 살고 싶지요. 하지만 돈이 없으니 어찌 하겠소? 이곳이 바로 명당이라 여기며 지금까지 살아온 것이지."

두 가지가 드러났다. 명당은 '당신 마음속에 있다'는 것과 '자본이 명당'이란 것이다. 하지만 이것은 전통의 풍수 사고와는 거리가 먼 얘기였다. 그것은 마음공부가 즉 풍수공부라는 말이니 풍수 자체가 없어질 논리이고, 자본이 명당이라면 돈이 곧 명당을 만들 수 있다는 것 아닌가?

그래서 나는 이런 경험을 종합하여 풍수의 현대적 변용變容으로서 자생풍수를 찾아내자고 생각했다. 그것은 삶의 현장, 도시에서의 명당 만들기라는 입장으로 돌아섰다. 풍수에서 어떤 정보information가 아니라 변용 transformation을 생각하기 시작한 것이다. 그리고 그런 사례는 우리나라 곳곳에 산재해 있었다. 그것이 자생풍수라는 용어를 쓰게 된 연유다.

3-3 사례 두 가지

자생풍수의 증거를 문헌에서 찾는 것은 거의 불가능에 가깝다. 각종 설화나 민담, 문헌 기록의 편린片鱗 등에서 유추가 가능하지만 이건 가설에 지나지 않는다. 역시 현장에서 그것을 입증하는 것이 첩경이다. 자생풍수는 고려시대에는 일반적인 지리학이었다. 따라서 그 현장인 개성과 황해도 및 평양 일대의 현장 답사가 필수다. 다행히 1997년 12월 북측이 제시한 백두산, 금강산, 묘향산 답사를 거부하고 내가 요구한 해당 지역 답사가 가능해졌고, 나는 그곳에서 자생풍수가 분명 존재했다는 확신을 얻었다.

프린스턴 대학의 명예교수이자 아인슈타인의 동료였던 존 휠러는 양자이론의 핵심을 설명하며 다음과 같이 말한다. '그 어떤 자연 현상도 관찰되기(혹은 기록되기) 전까지는 현상일 수 없다.'[34]

3-3-1 황해북도 사리원시 광성리 정방산 성불사

정방산正方山 성불사는 글자 그대로 사각형 모양의 산지에 둘러싸인 분지盆地 중앙에 위치해 있다. 도선국사가 창건(898년)했다고 하지만 진위는 알 수 없다. 그러나 그런 내용이 지금까지 전해진 것을 보면 이 절은 분명 자생풍수 계열의 승려에 의해 세워진 것은 확실하다. 문제는 이해할 수 없는 입지조건이다. 정방산에서 내려오는 물들은 모두 이곳으로 모여들게 되어 있다. 실제로 정방산성 남문에는 곁에 수문(물구멍)이 뚫려 있다. 방어가 목적인 산성에 물이 나갈 길을 훤히 뚫어 놓는다는 것은 있을 수 없는 일이다. 그만큼 절 경내가 침수에 약하다는 뜻이다. 현지 관리인은 지금도 장마철에는 법당 마당까지 물이 찬다고 했다. 도선이나 그의 제자들이 바보가 아니라면 이런 곳에 절을 입지시킬 수 없다. 목적은 두 가지. 하나는 상주하는 스님들을 홍수에 대비한 상비 노동력으로 쓰기 위한 것. 다른 하나는 땅을 어머님으로 보는 기본적인 사람들의 속성이다.

좋은 어머니(명당)는 그 자체로 완벽 지향적이고 따라서 이상형이다. 현실에 완벽이나 이상이란 없다. 어떤 어머니라도 문제는 있다. 피곤하실 수

---

34 그렉 브레이든 지음, 김시현 옮김, 《디바인 매트릭스Divine Matrix》, 2008, 굿모닝 미디어, p. 79.

도 있고 병이 들 수도 있고 성질이 고약할 수도 있다. 그런 어머니까지 정을 주고 효를 하라는 것이 이 절 입지의 교훈이다. 좋은 사람 잘해 드리는 것이야 누가 못하겠는가. 이것이 자생풍수의 땅에 대한 사랑이다.

안정복의 《동사강목》에 보면 이런 대목이 나온다. 그때에 백성들이 역사役事를 피하여 중이 되는 자들이 많았는데 왕이 이를 걱정하면서도 금하지 못하였다. 무릇 나라 안에 절을 세운 것은 도선道詵의 말을 많이 채용한 것이다.[35] 두 가지를 유추할 수 있다. 왕이 승려 되는 것을 금하지 못한 것은 성불사 사례에서처럼 나름대로 쓸모가 있어서라는 점과 도선을 내세운 점이다.

3-3-2 고려 태조 왕건과 공민왕의 능陵 비교

태조는 개국자다. 공민왕은 그로부터 사실상 고려가 끝나는 마지막 임금이다. 한데 태조릉顯陵은 평범하기 짝이 없고, 공민왕릉玄陵은 풍수 이론상 거의 완벽에 가깝다. 태조 왕건 당시는 중국의 이론풍수가 제대로 전해지기 전이다. 자생풍수가 지리학으로 여겨지던 때이다. 이는 고려 과거 시험 과목에서 알 수 있는 사실이다. 반면 공민왕은 10년 넘게 북경에 머물면서 원나라 공주와 혼인을 했고 이름도 바얀티무르였다. 게다가 그가 풍수(중국식)에 밝았고 거기에 변태적일 정도로 집착했다는 것은 여러 정황으로 확실하다고 본다. 문제는 태조릉 터가 너무 풍수 이론에 맞지 않다는 것이다. 주산은 좌우 산들보다 오히려 낮고 주변도 우리 시골 어디서나 볼 수

35 안정복 지음, 《동사강목》 제6 상 / 병신, 한국고전번역원, pp. 4~5.

있는 그저 그런 경관이다. 내세울 것 없고 무지스럽다는 험담까지 들으며 살아온 우리들 어머니와 같은 풍경이다.

공민왕릉은 다르다. 사신사四神砂를 제대로 갖추었고 수국水局도 나무랄 데 없는 교과서적 명당이다. 남한의 풍수 전문가가 답사한다면 누구라도 천하명당으로 꼽을 것이다. 하지만 느낌은 다르다. 단적인 예 한 가지. 북한에서의 일정은 틀에 박힌 것이었다. 그런데 공민왕릉 답사를 끝낸 것이 12시 조금 넘어서였다. 당연히 거기서 곽밥(도시락)을 먹어야 하는데 굳이 왕건릉으로 가자는 것이다. 그곳을 보고 나니 오후 2시. 그때 점심을 먹었다. 왜 그랬느냐고 물으니 그냥 그랬다는 대답이다.

내 생각은 그게 아니다. 공민왕릉은 너무 빼어나게 아름다운 자태라 보기에는 좋을지 몰라도 편히 쉬기에는 부적당하다. 왕건릉은 마음을 편안하게 해 준다. 북한 안내원들은 느낌으로 그것을 알고는 있었지만 말로 표현하지 못한 것이다. 이런 내 의견을 듣고 모두들 수긍했다. 거기서 "봉건 도배들의 터 잡기 잡술"로 정의되던 풍수가 돌연 "민족 지형학"으로 둔갑해 버렸다. 북한 고고학자인 김일성대학 리정남 교수의 표현이다.

3-3-3 비보裨補 사례의 풍성함

이에 관한 연구는 충분하다. 더 이상 언급이 필요 없을 것이다. 중국 풍수 이론서에는 잘 나오지 않는 부분이다. 그 의도하는바 역시 땅으로부터 득을 보자기보다는, 땅을 고치고 다듬어 우리가 의지하기 편안한 곳으로 바꾸자는 것이다. 땅으로부터 빼앗기만 하는 것이 아니라 서로 돕자는 공생共生 관계를 의도한 방법이다.

우리가 어머니인 땅이라고 했을 때, 그 어머니는 마냥 인자하기만 한 분인가? 그러니 우리가 땅에서 그 이상의 더 무엇을 바란다는 것은 마치 중환자실에 누워 계신 부모에게 손을 벌리는 파렴치한 짓이다. 이제는 늙고병든 부모를 모셔야 할 때다. 그저 방치하는 것은 효도가 아니다. 많은 환경 보호 주장 속에는 은연중 그런 함의含意가 있다. 제한적이고 계획적이며 자생풍수적인 개발 주장은 적극적 효도 관념이 담겨지게 된다. 무조건적인 개발 반대는 현실적이지도 않고 자생풍수적이지도 않다.

위의 두 가지 사례는 남한에도 부지기수다. 그저 편의상 뽑은 예일 뿐이다.

3-4 어떻게 해야 하나

자생풍수에 대한 비판에는 여러 갈래가 있다. 내가 제안한 "자생풍수란 자연과의 조화, 대동적 공동체라는 매력적인 표현들 속에 자리 잡고 있는 땅에 대한 중심 논리는 결국 본능, 직관, 사랑이라는 것밖에는 없다." "지금 우리들이 알아들을 수 있는 합리적인 언어로 재정립해야 한다." "최대약점은 땅의 질서와 논리에 대한 천착을 생략하고 풍수를 형이상학적인 마음의 차원으로 가져갔다." "신념의 대상으로서는 어찌 되었든 간에 학설로서의 논증이 결여되어 있다." 이런 것이 대표적인 비판의 골자일 것이다.[36]

옳은 지적이다. 나도 그런 점들을 극복하기 위해 노력하고 있지만 결실

---

36 김현욱, "자생풍수", 김두규 지음, 《풍수학 사전》, 2005, 비봉출판사, p. 423.

은 아직 신통치 못하다. 그래서 지금까지 침묵으로 대응해 왔다. 그러나 오늘은 변명 겸 반론을 얘기해야겠다.

그 전에 이 점은 분명히 해야겠다. 무엇을 하든지 적어도 그것이 철학인 한에 있어서는 논리적인 정합성이 없으면 안 된다. 그리고 그 철학이 사용하는 논리는 인식론적 반성과 기초를 결여해서는 안 된다. 그렇지 않다면 그 주장은 광신적 절규이거나 단순한 착상에 의해 떠오른 잡담으로 끝나버릴 것이다.[37] 이런 점에서 풍수는 결코 철학이 아니다.

문학 이론을 비판하며 논변을 토하는 다수가 문학 이론을 읽고 나서 싫어하는 게 아니라, 싫어하니까 읽지도 않는 경우가 많다.[38] 즉 많은 경우 나의 글들을 제대로 읽지도 않고 반박하는 것을 여러 번 겪었기에 인용해 본 것이다.

생각이 비슷할수록 조그만 차이도 인정하고 싶지 않은 법이다. 아예 적수끼리 만났다면 처음부터 상대를 경멸하는 마음이 있는 만큼 오히려 더 부드러운 분위기가 연출되었을 것이다.[39]

바로 이 점이다. 나나 그들은 상당한 오해를 하고 있었던 것 같다. 그런 건 사실 중요한 문제가 아니다. 사람들의 관심은 나와 관련된 것에 있다. 그 지적 중에는 나의 변화된 생각에 무관심해서 나온 것도 있다. 나는 형

37 타니 타다시 지음, 권서용 옮김, 《무상의 철학》, 2008, 산지니, p. 43.
38 테리 이글턴 지음, 강주헌 옮김, 《신을 옹호하다》, 2010, 모멘토, p. 75.
39 사토 겐이치 지음, 김미란 옮김, 《카르티에 라탱》, 2004, 문학동네, p. 283.

이상학을 모른다. 그러니 그런 주장을 펼 계제도 못 되는 사람이다. 게다가 현장 답사 위주의 글로 거의 일관해 왔고 이론적인 논문은 대학을 나온 후 발표한 것이 거의 없다. 신념 문제는 더욱 그렇다. 나는 과학자가 아니다. 군이 말하자면 인문학자 정도로 불러주면 고마운 정도다. 이 점은 20세기 지성의 거인이라 일컬어지는 자크 바전Jacques Barzun의 인문학에 대한 오해를 소개하는 것으로 충분하리라 본다.

"인문학의 위기는 인문학자가 초래했다. 과학과 겨루면서 자신도 과학의 반열에 오르고 말겠다는 의욕을 앞세우다가 인문학은 자기 무덤을 파고 말았다. 대학생에게 지엽말단식 사실을 추구하는 방법을 주입시키는 과정에서 인문학은 교양학문 본연의 미녁과 내용을 크게 잃어버리고 밀았다. 대학에서 인문학이 설 자리를 잃으면서 더욱 '연구'라는 말에 현혹되어 인문학자는 자신이 선택한 주제 안으로 파고들지 않고 주제에 대한 사실들만을 캐내는데 주력했다."

말하자면 과학이 아니면서 과학의 흉내를 내다가 인문학의 특성인, 균형 갖춘 시각과 총괄적인 입장 정리의 자세를 잃게 되었다는 것이다. 풍수는 당대에는 과학이었지만 지금은 진정한 사이언스가 아니게 된 점을 사람들은 잊고 있다. 풍수는 인문학이다. 여기에 본능, 직관, 사랑이 들어가지 않는다면 그게 오히려 비정상이다. 에리히 프롬이 "the art of loving"이라 했을 때 아트를 기술로 번역한 것은 잘못이다. 예술도 아니지만 "사랑을 하기 위한 그 무엇" 정도가 저자의 의도에 근접한 것이 아닐까. '그 무엇'이란 것은 논리적 사고나 정연한 학적 체계를 갖추기에는 어려운 부분이 많다. 당연히 자생풍수는 그런 의미에서 사이언스가 아니라 아트에 가깝다. 명증明證한 언어로 당신의 주장을 내놓으라는 요구는 지나치다.

  하지만 자생풍수의 인문적인 방법론 제시는 가능하다. 인문적 방법론이란 경험과 자기 성찰, 그리고 직관을 비롯하여 동원 가능한 모든 인간적 본능들을 밑바탕으로 구체적이지는 않으나 각 부문에 방향과 아이디어, 혹은 영감을 줄 수 있는 것을 뜻한다.

  그 골자는 "땅을 사람 대하듯 하라는 것"이다. 사람이란 무엇인가? 이 질문은 인류 출현 때부터 지금까지 모든 분야에서 관심을 기울이며 추구해 온, 일종의 만국萬國, 인류의 온 역사를 통하여 공통 관심사다. 수많은 주장이 제기되었으나 아직 그에 대해서 모두를 만족시킬 만한 답안은 나오지 않았다. 그 답을 가장 근접하게 제시할 수 있는 가능성은 인문학에 달려 있다고 본다. 우리는 인간이란 무엇인가에 대해서 느낌으로는 알고 있다. 그에 의지하여 땅과 사람의 관계에서 사람을 평안케 하고 인간적으로 살게 하는 '삶터 잡기'가 가능해질 것이다.

  우리가 사람을 대할 때 어떤 기준으로 그를 평가할까? 예컨대 맞선 볼 때를 생각해 보자. 우선 당사자는 상대방을 소위 객관적 기준으로 선택할 근거를 마련할 수 있다. 가족관계, 학벌, 장래성, 건강, 성품, 외모 같은 것들이 고려 대상의 예다. 이런 것은 판단하기 어렵지 않다. 어려운 점은 이러한 조건들이 만족스러운데도 "왜 그런지는 모르겠지만 그 사람에게는 끌리지 않는다."는 문제가 발생한다는 것이다. "왜?"라는 주위의 질문에

당사자는 조리 있게 알아들을 수 있는 말로 표현하지 못하는 경우가 많다
이 왜가 바로 자생풍수에서 터를 고르는 요체가 된다. 말로 표현하지는 못
하지만 분명한 느낌은 있다. 우리는 살아가면서 그런 경우를 수없이 만난
다. 표현이 안 된다고 엄연히 있는 것이 없는 것으로 되지는 않는다. 자생
풍수의 구체적 방법론을 얘기해 달라는 사람들에게는 답답한 노릇이겠지
만, 사실이 그런 걸 어쩌겠는가?

자생풍수는 매우 주관적이고 직관적으로 판단할 수밖에 없다. 그러니 객
관성이나 논리적 체계화는 애초에 불가능에 가까운 일이다. 하지만 그렇
기 때문에 자생풍수의 풍토 적응성이나 인간에 대한 천착은 탁월하다고
할 수 있다. 만약 논리체세를 갖추려 한다면 결국 자생풍수를 포기하고 길
알려진 풍수의 기본논리 체계로 돌아가면 된다. 수없이 많은 풍수 서적들
이 그 문제에 해답을 내놓고 있다. 나 역시 그 책을 통하여 이론을 배웠다.
그것들은 매우 중요하다. 책상에 앉아 공부할 때에는. 하지만 현장에 나가
보면 그것이 얼마나 허망한 것인지를 금방 알 수 있다. "책이란 그저 먼지
로 돌아갈 뿐이지만, 인생은 그렇지 않다." 파우스트의 독백이다.

의식과 무의식의 가교 역할을 하는 '직관'은 인간이 계발할 수 있는 유형
의 지혜로서, 가빈 드 베커는 《범죄 신호》라는 글에서 직관에 대한 오싹한
이야기들을 전했다. 베커는 다양한 사례를 들어 삶과 죽음의 기로에 선 결
정적인 순간에 본능적으로 삶을 찾아가는 인간의 능력을 설명했다. 물론
이를 활용하려면 자기 내면의 목소리를 알아듣고 그것에 반응할 준비가

되어 있어야 한다.

말콤 글래드웰의 《블링크》 역시 '생각할 겨를도 없이 생각하는 능력'을 강조하며, 다른 사람이나 상황에 대한 즉각적인 평가가 오랜 시간 숙고한 평가만큼이나 정확할 수 있다고 말한다. 논리와 이성도 중요하지만 지혜로운 사람은 모든 차원의 정신세계에 문을 열어 놓으며, 비록 근원을 알 수 없는 느낌일지라도 자신의 느낌을 굳게 신뢰한다는 것이다.[40]

그러나 직관에 의존하는 판단은 위험이 따른다. 직관적 판단을 강하게 비판하는 사람들도 많다. 미래 전문가에게는 먼저 어떤 사회변동 이론을 쓰고 있는지 물어야 한다. 만약 '설명하기가 너무 복잡하다'거나 '그건 기업 비밀'이라고 답한다면 다른 사람을 찾아보는 게 낫다. 이론적인 근거 없이 경험이나 직관으로만 이야기를 지어내고 있다는 점을 암시하고 있기 때문이다.[41]

이제 그들의 생각을 천착穿鑿해 보자. 임마누엘 칸트가 이미 강조한 바와 같이 직관 없는 개념은 공허하고, 개념 없는 직관은 맹목적이다.[42] 비슷한 인용을 해 보겠다.

미국의 사회 생물학자인 트라이버스R. L. Trivers는 《상호 이타주의》(1971)라는 저서에서 "상호 이타주의"의 개념을 도입함으로써 인척 관계가 없는 생물체들에까지 혈족 관계 이론을 확대 적용하고 있다. 자아自我는 그

40 톰 버틀러 보던 지음, 황정은 옮김, 《내 인생의 탐나는 심리학50 Psychology Classics》, 2008, 흐름출판, p. 26.

41 "짐 데이터의 미래학 이야기", 《중앙 SUNDAY》, 2010년 12월 12일~13일자 28면.

42 헬무트 E. 루크, 루돌프 밀러 지음, 강대갑 옮김, 《심리학: 사진과 함께하는 깊은 이야기들》, 2005, 독일 심리학을 중심으로, 시그마 프레스, p. 7. 추천사 중에서.

다지 큰 위험을 무릅쓰지 않고 어려운 상황에 처한 타인을 도와줌으로써 그의 신임을 얻게 된다. 그리고 도움을 받은 타인은 거꾸로 자아가 위험에 처했을 때 그를 도와준다. 자아는 이렇게 하여 자신의 고유한 선택 가치를 증대시키고, 이런 유형의 행동을 활성화시키는 유전자의 빈도수가 증가할 것이다.[43]

사단칠정론四端七情論에서 측은지심惻隱之心을 떠올리게 한다.

이 책에서 내가 다루는 주제는, 공격적이며 동시에 이타적이기도 한 인간의 행동은 발생학적 적응 과정에서 형성된 것이며, 그러므로 인간의 윤리적 행동에는 이미 규정된 규범이 존재한다는 것이다. 내 생각으로는, 인간의 공격적인 충동은 이것과 똑같이 뿌리가 깊은 사회성과 대립하면서도 균형을 이루고 있다. 인간을 선하게 하는 것은 단지 어떤 조건이 갖추어져 있을 때만이 아니다. 인간은 천성적으로도 선할 수 있다. 만일 이것을 증명할 수 있다면 선은 2차적인 문화 상부구조일 뿐이라는 전제는 폐기된다.[44]

나는 답사를 통하여 도시의 재래시장이나 시골의 정기시장에 관하여 잘 알고 있었다고 믿었다. 대학을 사직하고 구경꾼으로서가 아니라 거기서 장사를 하여 생계 수단으로 삼으려고 시장을 돌아다니며, 나는 내가 시장의 가장 중요한 것들과 거기서 살아가는 사람들에 대하여 얼마나 무지했던가를 뼈저리게 느꼈다. 구경꾼은 본질을 모른다. 답사를 해서 현장을 본다고 해결되지도 않는다. 오직 실전 경험만이 그 문제를 풀어 줄 유일한 방법이

43 장-디디에 뱅상 지음, 류복렬 옮김, 《인간 속의 악마》, 2002, 푸른숲, p. 127.
44 이레내우스 아이블 아이베스펠트 지음, 이경식 옮김, 《야수 인간Love and Hate》, 2005, Human & Books, p. 24.

다. 결국 현장에서 본능에 따라 직관적으로 판단한다는 게 요점이다.

나는 학문의 가치와 책의 가치를 극히 존중한다. 그 까닭은 그런 유한有閑 분위기 속에서 중요한 전기轉機를 마련할 수 있는 근거들이 나오고 있기 때문이다. 그렇다 해도 공허감이 없어지는 것은 아니다. 오직 책임과 의무를 짊어지고 현실 속으로 들어갔을 때 비로소 '그 무엇'인가를 알 수 있게 된다. '그 무엇'을 알았을 때 자생풍수를 어떻게 해야 할지는 자명해진다.

3-5 마무리

남사고가 정했다는 십승지十勝地는 바로 사화士禍를 피해 은신처를 찾던 16세기 선비들을 위한 것이었다. 그보다 한참 뒤인 18세기에 이중환은 《택리지》를 저술해 선비들의 퇴거지退去地를 정해 놓았는데, 양자 간에는 큰 차이가 있다. 택리지가 여러 세대에 걸쳐 오래 한곳에 머물며 살기를 원했다면, 십승지는 다만 몇 년 동안만 난리를 피해 살 곳이었다. (중략)

실은 남사고뿐만 아니라 조선시대에 지관地官들은 누구나 전국적 길지吉地를 논했다. 태백산 이남에 길지가 많다는 것이 그들의 공통된 의견이었다. 특히 소백산, 작성산, 황장산, 주흘산, 희양산, 청화산, 속리산, 황악산, 덕유산, 지리산으로 이어지는 백두대간 남쪽에 길지가 많다고 했다.[45] 왜 그들은 그런 곳을 찾았을까? 그게 바로 자생풍수적 사고다.

45 백승종 지음, 《정감록 역모사건의 진실게임》, 2005, 푸른역사, p. 67.

내가 제안한 자생풍수는 아직 학문이 아니다. 나 스스로 자생풍수를 학문으로 인정해 달라고 한 적도 없다. 그러나 과학이 아닌 인문학, 이제는 대학에서도 사실상 버림받은, 인문학으로서는 자격을 갖추고 있는 것이라 믿는다. 인문학의 존재 이유는 이미 앞에서 언급했다.

사실 풍수는 역사 속에서 우려먹을 대로 우려먹은 지리학이다. 한 번 써먹은 것을 재탕, 삼탕 하는 것은 아무런 의미가 없다. 현실에 적응해야 하고 현재를 사는 사람에 부합해야 한다. 그 점에서 풍수의 한 갈래로 자생풍수를 무리가 가는 줄 알면서 주장한 것이다.

땅은 관람석에 앉아 편안히 전문 해설가의 멘트나 들으면서 즐길 대상이 아니다. 여기서 해설가란 물론 풍수 전문가를 지칭한다. 그런데 많은 사람들은 이 해설자가 객관적인 입장에서 불편부당不偏不黨하게 경기를 풀어내기 위하여 선수 출신이 아닐 것을 요구한다. 실전 경험은 독선과 편협을 낳는다고 지레 짐작한다. 그래서 전문 해설가가 등장한다. 그들은 실제 뛰어 본 경험이 없기 때문에, 우리가 보면 그냥 알 수 있는 것을 어려운 이론과 난해한 용어를 사용하여 진부화시키기 때문에 듣는 사람을 짜증나게 한다. 먼저 뛰어 보고 남을 평가해야 현실 감각이 살아 있는 재미있고 유익한 해설이 나올 수 있는 것이다.

실제로 우리나라 축구, 농구, 야구 해설자 대부분은 비록 유명하지는 않았지만 선수 출신들이다. 심지어 현역 유명 프로 선수가 해설자가 되어 인기를 끌기도 한다. 배움의 세계에서 인기나 재미는 거의 금기시되고 있다. 과연 그럴 필요가 있을까? 이론이 어려우면 어려울수록, 용어가 난해하면

난해할수록, 그 저변을 살펴보면 바로 그런 이론이나 용어를 사용하고 있는 사람 자신이 경기를 이해하지 못하기 때문에 동원되는 지적 사기일 가능성이 높다.

나는 자생풍수를 이해하려면 현장에 나가서, 이해관계가 얽힌 입장에서 직접 경험해 보기를 권한다. 현장에는 자생풍수의 이론들이 무수히 널려 있다. 마을 답사에서 흔히 느끼는 일이지만 주민들이 자신의 거주지를 명당으로 주장하는데도 풍수 이론상 도저히 그럴 수 없는 곳이 많다. 자생풍수의 입장에서 해석하면 그들이 그런 입지조건을 왜 풍수라고 했는지를 금방 알 수 있다.

게다가 자생풍수는 필시 도선국사 혼자 천재성을 발휘하여 어느 날 갑자기 만들어 낸 독창적 지리 이론이 아닐 것이다. 그것은 이 땅을 살아가는 사람들이 쌓은 경험의 집적이 만든 지혜의 산물을 도선국사란 상징 인물을 특칭特稱하여 내세운 것임에 틀림없다고 생각한다.[46]

46 2010년 11월 18일 고려대학교 박물관 문화 예술 최고위 과정 제9기 강연 "현대풍수의 이해" 참고자료 〈한국 풍수사상의 자생적 특징〉에서 전재轉載함. 유사한 내용이 《풍수잡설》(2005. 모멘토)에도 일부 수정되어 수록되어 있음.

4. 결국, 땅을 어떻게 판단하는 것이 풍수인가?

거듭 강조하거니와 땅 보기土地 評價는 사람 보기人物 判斷와 같다. 우리가 사람을 볼 때 이 사람은 어떠하다는 판단을 내린다. 예를 들어 면접을 보려면 그 사람을 판단해야 한다. 다시 한 번 예를 들자면 맞선을 볼 때도 마찬가지다. 그저 우연히 한자리에 앉게 된 사람도 소위 첫인상이라 하여 나름대로 판단을 한다. 그런 판단에 기준은 있을까? 이성理性은 그렇다고 답한다. 하지만 그 이성이란 게 믿을 만한가? 이성은 객관성을 담보해야 하는데, 사람에 대한 판단에 객관성이란 것이 정말 작용할 수 있을까? 나는 그 문제에 대하여 무척 회의적이다.

간단한 예로 "나, 저 사람 참 마음에 든다"고 했을 때 다른 사람도 그렇다는 보장이 있나? 상당수는 "글쎄, 잘 모르겠는데"라고 말할 것이다. 이성에 입각한 판단이리라고 지레 짐작한 것은 오산이다. 어떤 사람에 대한 판단은 현실에서라면 주관적일 수밖에 없다. 자신의 호오好惡에 따라 여러 층위의 평가가 나오는 것은 지극히 당연한 일이다. 땅도 마찬가지다. 누구에게는 좋아 보이는 땅이 다른 누군가에게는 싫은 땅이 될 수 있다. 명당이란 좋은 땅일 텐데 왜 누구에게는 그렇지 않은가? 그렇다면 명당의 기준을 세울 수 없는 게 아닌가?

이 물음에 대한 나의 견해는 "그렇다. 없다"이다. 사람에 따라 좋아하는 땅이 서로 다르다는 것은 경험을 통해 알 수 있다. 등산을 할 때 누군가는 분지盆地를 좋아하고 누군가는 능선이나 정상을 선호한다. 분지 혹은 능선이 각자의 명당이 된다. 당연히 그들 각자는 타당하다고 생각하는 자신만의 논거論據를 가지고 그런 명당을 주장한다. 가끔은 "그냥, 좋아서"라는 애매모호한 대답이 있기도 하다. 핵심은 사람에 따라 명당이 다르다는 것이다. 리비아 국가원수인 무하마드 카다피는 외국에 국빈 방문을 가서도 유목민의 천막을 친다고 한다. 종교적인 이유만은 아닐 것이다. 정치적인 목적도 있겠지만, 그에게는 그런 잠자리가 편해서일 가능성이 가장 높다. 땅은 아니지만 그의 주변 환경을 자신이 좋아하는 장소성場所性에 기울어진 선택이리라. 그 자신의 명당이란 뜻이다.

내가 흔히 드는 두 가지 사례를 더 보자. 내 어머니는 객관적으로 볼 때 조건이 훨씬 좋은 막내아들 집보다 지금까지 살아오신 큰댁의 '내 방'만을 고집하신다. 형님 내외분이 어른 모시기에 너무 힘들어 하실까 봐 여러 수단을 동원하여 내 집에 모시려 하지만 아흔이 넘으시면서 이젠 완전히 '내 방'만을 고집하며 막내 집을 회피하신다. 막내를 미워하냐 하면 그 반대이다. 그런데도 '내 방' 고집은 꺾지 않으신다.

"기찻길 옆 오막살이 아기, 아기 잘도 잔다. 칙폭 칙칙폭폭…… 기차소리 요란해도 우리 아기 잘도 잔다." 이런 동요가 있다. 기찻길 옆이라. 말하자면 최악의 주거 입지조건이다. 게다가 오막살이다. 역시 최악의 주거 환경이다. 그런데 아기는 잘도 잔다. 즉 그 아기의 명당이다. 좀 지겨운 이야기를 하자면 이렇다.

세상의 모든 등대가 각자의 독특한 신호를 가지고 있듯 모든 마음은 특유의 방식으로 신호를 보낸다. 어떤 마음은 변함없이 신호를 보내고 어떤 마음은 변덕스럽게 신호를 보낸다. 어떤 마음은 미적지근하고 어떤 마음은 뜨겁다. 어떤 마음은 이글거리고 어떤 마음은 거의 존재를 알리지 않는다. 어떤 마음은 퀘이사처럼 주변부에 자리 잡고 있다. 내 경우 동물과 인간은 각각 등급과 색과 다른 중력을 가진 별과 같다.[47]

이제 자신의 명당을 고르는 방법을 생각해 보자. 기준은 주관적이다. 그러니 자신에게 맞는 곳을 스스로 찾으면, 그곳이 바로 명당이다. 하지만 문제가 그리 간단치는 않다. 가진 돈과 그 땅이 엇비슷해야 가능하다. 돈이 변수라는 얘기다. 말이 난 김에 하는 말인데, 돈도 '내면 공간' 가운데 하나다. 돈은 자신의 가치를 매기는 방법이다.[48] 바로 이런 것이다.

나도 땅을 가지고 싶다.
내가 좋아하는 민병하 선생님도
'水原 근처에 五千坪이나 가졌는데……

싼 땅이라도 좋으니
한 坪이라도 땅을 가지고 싶다.
땅을 가졌다는 것은 얼마나 좋으랴……
땅을 가지고 싶지만

67

---

47 데이비드 미첼 지음, 《유령이 쓴 책》, 2009, 문학동네, pp. 250~251.
48 데이비드 미첼 지음, 《유령이 쓴 책》, 2009, 문학동네, p. 79.

돈이 있어야 한다.

돈을 많이 벌어야겠다.

땅을 가지고 있으면,

草木을 가꾸고,

꽃을 심겠다.[49]

순진무구했던 시인 천상병의 시 '땅' 전문이다. 첨언添言이 필요한가?
그렇다면 비꼬는 표현일까? 아닌 것 같다.

돈이란 게 자식이랑 또 같은 거 같아요. 공들일 때는 얼마나 마음이 뿌듯
한데요. 하지만 한순간에 다 날아가죠. 그나마 돈은 어떻게든 다시 벌면 되
니 자식보단 돈이 나을 수도 있겠네요.[50]

누가 나에게 집을 사주지 않겠는가? 하늘을 우러러
목 터지게 외친다. 들려다오 世界가 끝날 때까지⋯⋯ 나는
結婚式을 몇 週 전에 마쳤으니 어찌 이렇게 부르짖지 못
하겠는가? 天上의 하나님은 微笑로 들을 게다. 佛蘭西
의 아르투르 랭보 詩人은 英國의 런던에서 짤막한 新
聞廣告를 냈다. 누가 나를 남쪽나라로 데려가지 않겠는
가. 어떤 船長이 이것을 보고, 快히 商船에 실어 남쪽

68

---

49 천상병 지음, 《천상병 시선, 주막에서》, 1979, 민음사, p. 141.
50 박진규 지음, 《내가 없는 세월》, 2009, 문학동네, p. 129.

나라로 실어주었다. 그러니 巨人처럼 부르짖는다. 집

은 보물이다. 全世界가 허물어져도 내 집은 남겠다…….[51]

시인의 '내 집'이라는 시다. 누군가를, 무언가를 비꼬는 투가 아니다. 진솔한 심경의 피로披露다. 가진 돈과 바라는 땅이 맞지 않는다면 포기해야 한다. 자신의 명당이 아니라고 여겨야 한다. 꼭 그곳이라야 한다면 천 시인처럼 돈을 벌 때까지 기다리는 수밖에 없다. 안타깝지만 그것이 현실이며, 풍수는 현실에서 싹을 틔운 지혜다. 풍수를 인정하고 명당을 원한다면 그렇게 하는 수밖에 없다. 풍수 전문가가 아닌 일반인들이 풍수 이론에 깊이 천착穿鑿하는 것은 바람직한 일은 아니다. 땅을 보면서 느끼며 익힐 수 있는데 무슨 이론이 필요하겠는가. 우리는 배우기 위해 결혼을 했는데, 젊은 사람들은 결혼을 하기 위해 모든 걸 배운다.[52]

51 천상병 지음, 《천상병 시선, 주막에서》, 1979, 민음사, p. 112.
52 윌리엄 포크너 지음, 이진준 옮김, 《성역》, 2009, 민음사, p. 172.

妄想録

셋.
사람의 지리학, 자생풍수의 모든 것

자생풍수를 설명하려면 내가 걸어온 일부 과정을 소개할 필요가 있다.

'자서전'은 내가 연구하고 노력하여 얻은 빛에 비추어 살펴본 나의 생애입니다. 이 둘은 하나입니다. 그러므로 나의 사상을 알지 못하거나 이해하지 못하는 사람들로서는 이 책을 읽는 것이 힘들 것입니다. 나의 생애는 어떤 의미에서는 내가 글로 써 온 내용의 정수이며 그 반대가 아닙니다. 내가 어떻게 존재하느냐와 내가 어떻게 글을 쓰느냐 하는 것은 서로 다른 것이 아닙니다. 나의 모든 생각과 나의 모든 노력은 바로 나 자신입니다. 그러므로 '자서전'은 단지 소문자 'i'의 윗점, 즉 전체를 완성하는 최후의 한 점에 해당하는 셈입니다.[53]

나는 어머니보다는 아버지에게 의지해 왔다. 아버지는 자생풍수의 한 상징이다. 그저 품에 안기만 하는 어머니의 상징과는 달리 아버지가 상징하는 의미는 삶을 이어갈 수 있는 다소 엄격한 교훈을 가르치기도 한다. 사람들은, 특히 요즘은 어머니인 땅이라며 너무 어리광을 피웠다. 그 결과가

73

---

53 카를 구스타프 융 지음, 조성기 옮김, 《카를 융, 기억 꿈 사상》, 2007, 김영사, pp. 642~643.

개발의 대가인 오염과 훼손이다. 땅을 어머니라고 한다면 어머니는 지금 심각한 병에 걸리셨다. 지나치게 과장하여 말하자면 지금의 보존이란 방치이며, 잘 관리되는 개발이란 치료다. 치료의 거부는 죄악이다. 치료 과정은 몹시 괴로운 것이지만 그래도 필요하다. 치료하지 않으면 죽음이 기다릴 것이며 죽음은 땅만이 아니라 인간의 파멸을 뜻하기도 한다.

청량리에서 구로동까지, 그저 그런 동네에서 별로 벗어나지 못한 인생. 내 나이 환갑이 넘었다. 게다가 아버님이 돌아가신 지 근 30년 가까이 (1984년에 돌아가시다) 되었다. 그런데도 아버지에 대한 존재감은 별 변함이 없다. 언제나 어려울 때면 어김없이 그리워지는 아버님. 누구나 그런 걸까? 아닌 것 같다. 주위 친구들을 보면 알 수 있다. 그런데 왜 나는 자꾸 아버님을 그리워하는 걸까? 아직도 철이 들지 않아서? 그럴지도 모른다. 마음이 여려서? 그럴 수도 있다. 아니, 인간의 본성일 것이다. 누구나 마음이 의지할 곳을 찾는다. 신앙이 그 대상일 수도 있다. 내 경우는 아버님이다.

아마도 아버님은 돌아가셨지만 모종의 개념으로 내 마음 속에 남아 있는 까닭이리라. 미켈란젤로는 이렇게 썼다. 최고의 조각가는 어떤 개념을 가지고 있지 않다. 너무나 커서 경계를 정할 수 없는 대리석이 있을 뿐이다. 조각가는 지성에 복종한 손이 만들어 내는 것을 만들 뿐이다.[54] 아버님의 개념은 미켈란젤로식으로 표현하자면 존재하지 않는 개념 정도 될까. 내 자만심을 표현한 말처럼 들리는 구절이다. 이것이 내 개인사를 소개하려는 한 이유이다.

54 카를 구스타프 융 지음, 조성기 옮김, 《카를 융, 기억 꿈 사상》, 2007, 김영사, p. 438.

무릇 모든 글은, 각자가 객관성이라는 막 뒤에 아무리 숨으려 애써도 자전적自傳的인 암시를 포함할 수밖에 없다.[55] 이것 또한 자전을 쓰는 이유가 된다.

그런 성격이기에 마치 대사회기피증對社會忌避症에 걸린 듯 살고 싶었다. 그러지는 못했지만 나름대로 세상을 어느 정도 피하며 살아오기는 한 것 같다. 비교적 세상에 순응했으며 자유로운 네덜란드에서 사는 편이 현명하다고 생각했던 데카르트조차 자신의 묘비에 다음과 같은 말을 새겨 달라고 말했다. 〈잘 숨고, 잘 살았던 사람〉[56]

'졸업하는 것'과 '버리고 떠나는 것'과 '도망쳐 버리는 것'은 다르다.[57] 나는 대략 버리고 떠나는 층이다.

이 글은 풍수를 공부해 왔던 필자의 삶에서 특히 기억에 남는 것들이다. 나는 얼마 전까지, 정확하지는 않지만 대략 40대까지는 인간의 본성은 선하다고 믿었다. 사실 그때까지의 삶이 가장 어려운 시기였는데도 그렇다. 50대부터 생활에 여유가 생기면서 생각은 바뀌었다. 이유? 그건 잘 모르겠다. 아마 여유가 보다 폭넓은 인간사人間事를 성찰할 기회를 준 것이 아닐까 짐작할 뿐이다.

2009년에 환갑을 맞았으니 인생을 말하기에는 쑥스러운 나이임에 틀림없다. 게다가 세상이 급박해진 까닭인지도 모르겠다. 나는 일흔둘에 돌아

55 레너드 쉴레인 지음, 강수아 옮김, 《자연의 선택, 지나 사피엔스》, 2004, 들녘, p. 25.
56 크리스토퍼 히친스 지음, 김승욱 옮김, 《신은 위대하지 않다》, 2007, 알마, p. 385.
57 시게마츠 기요시 지음, 고향옥 옮김, 《졸업》, 2007, 양철북, p. 84.

가신 아버님처럼 72세까지 살 거라는 막연한 확신을 갖고 있다.

그거면 충분하다고 생각한다. 그 뒤는 주위에 폐나 끼치게 될 것이 뻔하다. 노망이 들거나 노욕老慾에 물들거나 심지어 치매에 걸릴 수도 있다. 고집은 세어지고 젊은이를 탓하고 세상을 비정하다고 여기면서 구차하고 외롭게 살 가능성이 높다고 보았다. 그런 사례는 주위에서 얼마든지 찾아볼 수 있었다. 그렇다고 가족에 문제가 있는 것은 아니다. 오히려 없으면 못 살 것 같은 아내와 잘 살아가고 있는 아들 내외와 열심히 살아가는 딸을 보면 남이 부러워할 정도다. 그러니 이는 순전히 나의 인생관 변화 탓이다. 늙어 가는 사람은 미신과 희망 없이는 살 수가 없다.[58] 맞는 말이다. 그리고 음택풍수가 연면히 이어지는 것도 이와 무관치 않다.

나는 취미가 없다. 그 흔한 바둑조차 못 둔다. 골프 역시 아는 바 없다. 그렇다고 내 주관으로 취미가 없다는 얘기는 아니다. 나도 즐기는 것은 있다. 골프의 경우 내 생각은 이랬다. "저 넓은 초지草地에 외국산 잔디를 심고 가꾸며, 하는 짓이 고작 막대기 휘두르는 것인가. 낭비다. 거기에 보리를 심으면 소출所出이 얼마나 날 터인데 바보 같은 짓을 하나." 대충 이런 생각밖에 못했다. 요즘은 생각이 달라지기는 했다. 저거도 삶의 낙 중 하나라고 말이다.

오랜 기간 한 가지 일에 종사해 온 사람들은 자신이 다루어 오던 대상을 관찰하던 방식으로 다른 일이나 사물도 판단하게 된다. 나 역시 마찬가지

76

58 유현산 지음, 《살인자의 편지》, 2010, 자음과모음, p. 120.

다. 지금까지 나는 "땅을 사람 보듯 하면 된다"고 주장해 왔다. 그것이 버릇이 되어 "사람 보기를 땅처럼 하는 습관"이 생겼다. 말하자면 모든 일을 풍수적으로 판단하게 되었다는 뜻이다. 과장하자면 그렇다는 것이다. 이것이 이 글을 쓰려는 데 대한 나의 변명이다.

1. 주관성主觀性 : 마음이 중요하다

자생풍수의 첫째 특성은 주관성이다. 어떤 곳이 명당인가 아닌가 하는 것은 사람에 따라 다르다는 전제로 시작한다. 누구에게는 좋은 곳인데 누구에게는 혐오스러울 수도 있다. 누군 지리산을 좋아하는데 누군 설악산을 좋아한다면 여기에 옳고 그름을 판별할 기준은 없는 것이나 마찬가지다. 하지만 동네 야산野山과 명산名山을 놓고 우열을 가릴 수는 있다. 그렇다고 반드시 이 기준이 적용되는 것도 아니다. 나만 해도 항상 그런 것은 아니지만 소란스러운 국립공원보다는 이름도 모르는 그저 그런 시골 야산을 더 좋아한다. 그러니 주관성을 꼽지 않을 수 없다. 게다가 풍수가 가장 중시해야 할 현장은 현실을 반영하는데, 현장과 현실을 받아들이는 일에 온전히 객관적일 수는 없다. 세상에 완전히 객관적인 텍스트는 없다. 현실 세계에서 일어나는 것을 글로 기록할 때 객관성이란 정말 허무한 것이다.[59]

풍수의 논리 체계는 지나치게 많고 불필요하게 복잡하다. 더 정확하게 말하자면 아무 쓸모없는 것들이라고 해야 할 것이다. 그러나 풍수 전공자, 즉 전문가에게는 그런 쓸모없는 논리 체계도 반드시 알아 둘 필요가 있다. 알지도 못하면서 그렇게 장담할 수는 없다. 알고 보니 그렇더라는 정도는 되어야 한다. 다른 말로 하자면 일반인에게는 논리 체계가 필요 없다는 뜻이다. 이때 논리 체계를 이론으로 받아들이면 안 된다. 이론이란 검증 가

78

59 유현산 지음,《살인자의 편지》, 2010, 자음과모음, p. 463.

능하고 반복적인 현상으로 밝혀져야 하는데, 풍수 논리 체계에서는 그런 것이 불가능하기 때문이다. 여기에 풍수가 잡술과 미신의 악습에 지나지 않는다는 비판을 받을 수밖에 없는 이유가 있다.

논리 체계라는 용어를 쓰기는 했지만 엄밀히 말하면 논리가 아니다. 그래서 주관적이 될 가능성이 크다. 음산한 숲속을 좋아할 사람은 많지 않다. 간혹 그런 사람도 있다. 주관의 문제다. 유키는 햇살이 비치는 밝디밝은 정상보다 지라프와 모울과 함께 들어갔던 산딸기가 무성한 숲이나, 그보다 어둡게 그늘진 숲 속에 더 큰 매력을 느꼈다.[60]

그런 까닭에 피할 수 없이 실수가 나올 수 있다. 사실 풍수 공부를 하나 보면 수많은 실수를 하게 된다. 감히 20세기 물리학의 대가 닐스 보어의 말을 인용하자면 이렇다.

전문가란 그 분야에서 자신이 저지를 수 있는 모든 실수를 다 해 본 사람이다. ―닐스 보어[61]

현대 물리학의 불확정성 원리에 비추어 볼 때 확실히 그럴 것이다. 언감생심 풍수를 첨단 과학에 비유하기가 무척 어색하지만 나의 현재 마음가짐은 그와 같다. 40년 세월이 흐르는 동안, 그러니까 풍수라는 것을 알게 된 후 얼마나 많은 시행착오와 실수를 해 왔을지 되돌아보면 과히 등에 식은 땀이 흐른다. 게다가 풍수에 대한 내 생각은 얼마나 많이 바뀌어 왔던가.

79

---

60 텐도 아라타 지음, 김난주 옮김, 《영원의 아이 上》, 1999, 살림, p. 34.
61 알렉스 로비라, 프란세스크 미라예스 지음, 박지영 옮김, 《아인슈타인, 비밀의 공식》, 2010, 레드박스, p. 178. 재인용.

인간은 자신이 제어하지 않거나 부분적으로만 지배하는 일종의 심적心的 과정이다. 그러므로 인간은 자기 자신과 생애에 대하여 최종적인 판단을 내릴 수 없다. 그런 판단을 내릴 수 있다면 인간은 자신에 대해 모든 것을 알 수 있을 터이나, 기껏 해 봤자 그런 것을 상상만 할 수 있을 뿐이다. 사실 인간은 모든 것이 어떻게 일어나는지를 결코 알지 못한다. 한 생애의 이야기는 어떤 지점, 즉 그 사람이 기억해 내는 바로 그 지점에서 시작하는데, 이미 너무나 복잡하게 얽혀 있다. 인간은 일생이 어떻게 되어 나갈지 모른다. 그러므로 생애의 이야기는 시작이 없으며, 그 목표지점도 단지 막연하게만 제시될 뿐이다.

인간의 생애는 일종의 애매한 실험이다. 그것은 숫자상으로만 보면 거창한 현상이다. 인생은 허무하기 짝이 없고 너무나 불충분하여, 어떤 것이 존재할 수 있고 발전할 수 있다는 사실이 기적 그 자체라 할 만하다. 내가 젊은 의대생이었을 때 이러한 사실을 이미 깊이 느꼈는데, 내가 그 시기 이전에 파멸되지 않았다는 사실이 기적처럼 느껴졌다.[62] 모호하기 짝이 없는 인생, 주관적일 수밖에 없는 자생풍수. 어떤 연관성이 보인다.

《포박자》에 들어 있다는 말이다. '최상급의 선비는 전쟁터에서 도를 얻고, 중류의 선비는 도시에서 도를 얻고, 하류의 선비는 산림 속에서 도를 얻는다.'

이 대목을 읽다 보니 큰아버지의 이야기가 떠오른다. '신선들도 지상이 좋다고 한참을 여기서 놀다가 천상에 올라간단다. 천상은 희로애락을 초월

---

62 카를 구스타프 융 지음, 조성기 옮김, 《카를 융, 기억 꿈 사상》, 2007, 김영사, pp. 12~13.

한 신기한 곳이지만 그게 좋기만 한 건 아니다. 왜냐하면 지상에는 괴로움도 있고 슬픔도 있지만 그렇기 때문에 고통을 벗어나고 희망을 이루고 기쁨을 되찾을 수도 있으니까 말이다.'[63] 이러하기에 자생풍수를 공부하다 보니 인생을 그런 측면에서 보게 되었다. 더구나 전통풍수가 자연 속에서 활약하는 반면, 자생풍수는 도시와 마을이라는 항간巷間에서도 유용할 수 있다.

도시는 반풍수적 장소라는 것이 통념이다. 꼭 그렇지는 않다. 미국의 유명한 현대 소설가 에인 랜드는 그의 《아틀라스》라는 소설에서 이런 표현을 담았다. 책 표지에 미국인들이 《성경》 다음으로 많이 읽는 책이라는 광고문이 붙은 이 소설에서 에인 랜드는 이런 표현을 주인공의 말로 썼다. 지난 3주일 동안 자동차 보닛을 스쳐가는 시골 풍경을 볼 때면 간혹 왠지 모르게 불편해지곤 했다. 그녀는 미소를 지었다. 그녀의 눈앞에서 자동차 보닛은 움직이지 않는 중심축이고 땅은 계속 흘러가는 것처럼 묘하게 느껴졌기 때문이다.[64]

그래서 시골로 이사를 와 사는 인간은 싫다고 생각했다. 본래 있던 자연을 보고 단련되는 사이에 비정함까지 익힌 것이다.[65] 자연을 비정하다고 보는 사람들도 많다.

농업이 세계의 각기 다른 예닐곱 지역에서 출현했다는 사실은 진화적 결정론을 시사한다. 그로부터 몇천 년 후 생겨난 도시들에 대해서도 동일한 추론이 적용된다.[66]

63 조선희 지음, 《열정과 불안 1》, 2002, 생각의나무, p. 250.

64 최창조 지음, 《닭이 봉황되다》, 2005, 모멘토, p. 140. 재인용.

65 시노다 세츠코 지음, 김성은 옮김, 《도피행》, 2008, 국일미디어, p. 231.

66 매트 리들리 지음, 조현욱 옮김, 《이성적 낙관주의자》, 2010, 김영사, p. 244.

이 말은 도시도 인류 진화의 산물이라는 뜻과 같다. 도시에서는 사람을 접할 기회가 시골에 비해서 비교할 수 없이 많다. 인간관계는 에너지를 더해 줄 수도 있지만 앗아 갈 수도 있다. 우리가 지닌 에너지의 양은 우리가 어떤 사람을 만나느냐에 따라 달라질 수 있기 때문이다. 언제 당신이 '충전'된 느낌이 들고, 언제 '소진'되는 느낌이 드는지 한 번 관찰해 보라. 당신의 상태와 당신이 만난 친구, 친척, 동료 들 사이에서 어떤 상관관계를 발견하게 될 것이다. 우리에게 에너지를 주는 사람, 모범이 되는 사람, 우리를 성장시켜 주는 사람은 '숫돌'과 같은 존재다. 그들은 우리가 '보석'이 되도록 우리를 다듬어 준다. 그러나 우리의 에너지를 앗아 가는 사람, 우리를 '끌어내리는' 사람은 '맷돌'에 비유할 수 있다. 숫돌과 맷돌을 가려내기 위해서는 주의 깊게 평가하고 검토해야 한다. 같은 사람이라도 어떤 사람에게는 더할 나위 없이 좋은 대화 상대지만, 다른 사람에게는 아주 좋지 않은 대화 상대가 될 수 있기 때문이다. 그것은 각자의 느낌에 따라 판단하는 수밖에 없다.[67]

위 인용문은 도시의 인간관계에 조언이 되고, 그것 역시 주관적이라는 내용이 포함된다. 또한 땅 보기를 사람 보듯 하면 된다는 것이 필자의 지론인지라, 위 인용문은 매우 적절하다.

극단적인 예이기는 하지만 소설가 조정래는 그의 소설 《불놀이》에서 38명을 학살한 대장장이 부역자附逆者 배점수가 도망을 다니면서 이런 생각을 한다. 점수는 어렸을 때부터 대처에 대한 욕심이 남모르게 많았다. 조그만 읍내, 다 아는 얼굴, 그래서 상하가 돌담을 치듯 분명해져 버린 곳에

67 엘프리다 뮐러-카인츠, 크리스티네 최닝 지음, 강희진 옮김, 《직관의 힘》, 2004, 시아출판사, p. 74.

서 평생을 산다는 것이 진저리가 나게 싫었다. 모르는 사람이 많은 넓은 곳에서 사는 것이 꿈이었다.[68] 혼자 사는 게 살벌할 때도 있지만 가족에게 둘러싸였는데도 고독한 건 더 살벌해요[69]라는 표현도 있다. 《페이턴 플레이스》라는 소설을 쓴 미국 소설가도 닮았다.

아마도 주관성에 관한 극단적인 경우는 이런 예일 것 같다. 일본에서 경영의 신으로 추앙받는 마쓰시타 고노스케가 생전에 사원들에게 이런 말을 했다고 합니다. '감옥과 수도원은 둘 다 세상과 고립돼 있지만 죄수들은 불평을 하고, 수사修士들은 감사를 한다.' 자신이 일하는 직장을 수도원으로 승화시키느냐, 감옥으로 전락시키느냐는 본인의 자유의지에 달렸습니다. 스스로 감사할 수 있다면 감옥도 수도원이 될 수 있다는 거죠.[70]

이 말은 잘 따져 보면 억지다. 말을 한 주체가 최고경영자이기 때문이다. 그 위치라면 고난을 기회로 삼을 수 있겠지만 말단 직원이라면 그저 억울한 일일 수밖에 없다. 그래도 그런 사고思考가 가능한 부류도 있다는 것은 예로서 적당하기는 하다. 아들이 군대 갈 때 '시작이 반이라고, 이제 군대 생활도 반만 남았구나'라는 위로를 해 준 적이 있지만, 실은 나 자신도 헛소리라는 것을 알고 한 말이다.

아름다움에 매혹된 자들. 우리 모두는 자신의 주관 속에서 절대적인 아름다움을 찾아 헤매는 자들이 아닌가[71]라는 말도 있다. 우리의 삶 속에 얼마나 주관의 개입이 흔한 일인지를 말해 주는 대목이다.

83

---

68 조정래 지음, 《불놀이》, 2010, 해냄, P. 394.

69 시노다 세츠코 지음, 김성은 옮김, 《도피행》, 2008, 국일미디어, p. 218.

70 "김경준 대표의 발언", 《GOLD CLUB, HANA BANK》, January 2011, Vol. 81, with Forbes Korea.

71 정미경 지음, 《아프리카의 별》, 2010, 문학동네, p. 284.

모든 사람의 의견이 같을 순 없는 거다. 그 전제 위에서 토론을 해야지, 너희들은 가만 보니 편을 지레 갈라 버리더구나. 저 사람은 우리 편, 이 사람은 적敵 하는 따위로. 그것까진 좋은데 일단 적이라고 규정해 놓으면 그 사람의 말은 전연 듣지 않으려는 폐단이 있더란 말이다. 언제나 자기편 말만 들어갖고서야 무슨 진보가 있겠어. 우리가 인식의 차원을 넓히려면 반대파의 의견을 더 신중하게 들어야 해. 이편의 의견을 강화하기 위해서도 말이다. 래디컬한 사람들이 지적 영양실조가 되어 교조적으로 타락하는 이유가 이런 데 있어. 상대방에 대해 설득력을 갖자면 상대방의 의견을 잘 들어야 할 것 아닌가.[72] 이와 같이 주관은 조금만 어긋나면 상대를 용납하지 못하는 잘못을 저지를 수 있다. 항상 주의해야 한다. 풍수에 관한 이견들도 함부로 폄훼貶毁해서는 안 된다는 것이 이즈음의 내 생각이다. 그들이 왜 그런 주장을 하는지 제대로 알기 위해서는 그들의 말뿐 아니라 내면적인 본질을 파악할 필요가 있다.

〈의 심리학적醫心理學的〉 접근 방법은 표면적인 것에서부터 내면적인 본질을 파악하는 것이 중요하며, 이러한 사상들은 《내경內經》의 '인인제의人因制宜'[73] 변증사상辨證思想에 영향을 미치고 있음을 미루어 알 수 있게 된다.[74]

어찌 하다 보니 하찮은 허명虛名을 좀 얻게 되었다. 거기 우쭐해져서 풍수가 본업인 사람들을 심하게 공박한 면이 있었다. 그 대가代價가 심하지 않고, 그로써 사람들이 평온을 얻을 수 있다면 그들의 일도 충분히 가치가 있

---

72 이병주 지음, 《그해 5월 4》, 2006, 한길사, p. 208.

73 개인의 구체적인 정황이 다르므로 치료할 때 구체적인 정황을 정확하게 파악하여 합당한 치료를 해야 함을 말함.

74 이광준 지음, 《한방심리학》, 2002, 학문사, p. 26.

다고 본다. 옛날 궁합 보기는 상당한 지혜의 발로일 때가 있었다. 예컨대 도저히 응낙하기 어려운 집안에서 혼담婚談이 들어왔을 경우 그를 거부하기는 매우 어려웠을 것이다. 그럴 때 가장 무난한 방법이 '우리로서야 영광이지만 궁합이 나쁘다니……' 하면서 점잖게 물리치는 것은 아무리 궁합이 미신이라 하여도 하나의 지혜로 봐야 한다. 박완서의 소설에도 이를 나타내는 부분이 있다. 예로부터 궁합이란 원치 않는 청혼을 거절하기 위한 방편으로 생겨났다.[75]

성서에 나오는 요나는 중대한 사명을 지우려고 그를 찾는 신의 부르심에 겁을 먹고 도망치려 한 소심한 상인이다. 따라서 요나 콤플렉스란 '위대해지는 것에 대한 두려움' 또는 자신의 신성한 운명이나 사명을 피하려 드는 인간의 성향을 뜻한다.[76] 자신보다 격이 높은 집안의 혼담을 받아들일 수 없는 데는 그만한 까닭이 있겠지만, 일반적으로 그런 예는 흔하지는 않다. 그러나 조금만 더 삶의 진정성을 가지고 들여다보면, 격차가 크게 나는 혼인은 실패할 확률이 높은 것이 사실이다. 그러니 마음 편하게 살자면 격을 생각해 보는 것이 좋겠다.

2010년 2월 24일 아침. 나는 산책을 하고 동네 음식점에서 해장국을 먹고 있었다. TV에서는 밴쿠버 동계올림픽 경기 중계를 하고 있었는데, 마침 그때 이승훈 선수가 빙속 경기에서 극적인 역전승으로 금메달을 확정 짓는 장면이 나오고 있었다. 주인아주머니가 힘차게 "대한민국 만세"를 외쳤다. 조선족 동포 아주머니도 "코리아 파이팅"을 소리 높여 부르짖었

---

75 최창조 지음, 《닭이 봉황되다》, 2005, 모멘토, p. 31. 재인용.

76 톰 버틀러 보던 지음, 황정은 옮김, 《내 인생의 탐나는 심리학50 Psychology Classics》, 2008, 흐름출판, p. 53.

다. 손님들의 환호가 뒤를 이었다.

나는 스포츠에 전혀 관심이 없었다. 젊어서는 그것이 이해가 되지 않았다. 월드컵 때에는 그런 현상이 나름대로 이해는 되었다. 그러나 감동은 별로 없었다. 그런데 이날 식당에서 그들의 환호작약하는 모습을 보면서 갑자기 가슴이 울컥하며 눈물이 나왔다. 이해를 넘어 체감하는 순간이었다.

그런 것이구나. 하지만 스포츠를 좋아하게 된 것은 아니었다. 그들의 기분에 동참할 수 있었던 것이다. 왜 사람들은 스포츠에 그토록 열광하는 것일까? 그 이유를 제대로 설명하기는 매우 어렵다. 애국심? 그것만은 아닐 것이고, 아마도 자신의 주관적 통쾌감이리라. 하지만 주의하자. 모든 일을 그런 식으로 이해하는 것은 자칫 삶을 궁핍하게 만드는 원인이 될 수 있다. 월드컵 경기 때 광장을 메운 사람들의 환호는 굳이 애국심이 아니었다고 분석할 일이 아니다. 그럴 때는 그저 따라 하면 된다.

주관성은 주체성의 확보라는 점과도 통한다. 지하철을 한가한 시간대에 타 보면 사람들이 제일 먼저 출입문 옆자리, 즉 한쪽이 비었고 출입이 간편한 곳을 차지한다. 공적 공간인 지하철에서, 그래도 사적 공간이 어느 정도 확보되는 공간을 차지하려는 현상이다. 주어진 악조건의 상황 속에서도 눈곱만큼이라도 더 안락하고 사적인 영토를 만들려는 본능, 이것은 공간 문화의 생리인지도 모른다.[77]

그렇다면 직관은 언제나 믿을 만한가? 이런 주장이 있다. 우리가 의지해

77 송도영, "지하철에도 명당자리가 있다.", EBS 지식프라임 제작팀 지음, 《지식 프라임》, 2009, 밀리언하우스, pp. 184~187.

야 하는 믿음직한 원천은 따로 있다. 바로 우리의 직관 또는 육감이다. 대부분 인간은 위험한 인물이나 상황을 인식하는 데 필요한 정보를 충분히 갖고 있다. 다른 동물과 마찬가지로 인간에게도 위험에 대한 선천적 경보 체계가 존재한다. 개들의 직관이 뛰어나다고? 인간은 개보다 훨씬 더 뛰어난 직관을 갖고 있다. 문제는 인간이 자신의 직관을 신뢰하지 못한다는 것이다. —드 베커Garvin de Backer[78]

그런 한편으로 또 이런 주장도 있다. 인간의 능력 가운데 가장 높게 평가받는 것 중 하나가 직관이다. (중략) 그런데 실제로 직관은 너무 엉성하기 때문에 인간이 직관적 판단을 내릴 때 사용했던 것과 동일한 데이터들 형식 수학 분석에 맡겨서 얻어 낸 판단이 사람의 판단보다 일관되게 더 낫다.[79]

정반대의 주장은 계속된다. 직관이 뛰어나다고 하는 사람이 있다면 그 사람이 누구든지 의심해 보라.[80] 이쯤 되면 우리는 혼란에 빠질 수밖에 없다. 그래서 직관을 주관으로 대체하여 설명하는 경우가 발생한다.

결국 좀 점잖게 말하자면 이런 이론을 채용하는 것도 한 방법이다. 가드너Howard Gardner는 다중지능 이론을 통해 IQ검사의 신뢰성에 의문을 제기한 것이 아니라, 인간의 지능을 굳이 객관적으로 검사할 필요가 있느냐고 묻는다. 인간에게는 각자 나름의 독특한 능력이 있고, 이 능력을 발휘할 수 있는 분야가 따로 있다고 믿기 때문이다. 가드너는 이를 가리켜 '각자

87

78 톰 버틀러 보던 지음, 황정은 옮김, 《내 인생의 탐나는 심리학50 Psychology Classics》, 2008, 흐름출판, pp. 296~297.

79 스튜어트 서덜랜드 지음, 이세진 옮김, 《비합리성의 심리학Irrationality》, 2008, 교양인, pp. 353~355.

80 스튜어트 서덜랜드 지음, 이세진 옮김, 《비합리성의 심리학Irrationality》, 2008, 교양인, p. 375.

의 환경에서 문제를 해결하는 능력'이라고 말했다.[81] 그것이 병적 상태가 아닌 한 주관의 우열을 가리는 것은 위험하다. 누가 더 낫다고 어떻게 판단할 수 있겠는가?

사람들이 선호하는 거주지는 반쯤 닫혀진 곳에 있다. 사람들은 이렇게 안전한 위치에서 넓게 트인 이상적인 지세를 내려다보기를 좋아한다. 자유롭게 선택할 수 있다면 이들은 피난처로서 안전하고 쉽게 식량을 구할 수 있도록 조망이 좋은 곳을 집이자 거주 환경으로 선택한다. 물론 성性에 따라 작은 차이는 있다. 서양의 풍경화가들을 대상으로 한 조사에 따르면, 여성은 조망 공간이 좁은 피난처를 선호하고 남성은 조망 공간이 넓은 곳을 선호한다고 한다. 여성은 또한 그림의 등장인물을 이러한 피난처의 안이나 근처에 위치시키려고 하고, 남성은 일관되게 열린 공간을 뒤에 두려고 하는 경향이 있다.

조경사와 부동산 중개업자는 이상적인 자연 서식처를 직관적으로 이해한다. 아무런 실제적인 가치가 없을 경우라도 환경에는 비교적 높은 가격이 매겨지며 도시 근처에 위치하면 최고 가격에 도달한다.

(중략)

인간의 거주지 선호도가 유전적 근거를 갖는다는 증거는 아직 없지만 북아메리카, 유럽, 한국 및 나이지리아를 포함하는 모든 문화에서 일관성 있게 나타나는 사실로 보아 그 존재는 추정할 수 있다.[82]

장소에 관한 의식에도 주관은 작동된다. 니시다 기타로의 위대한 업적의

81 톰 버틀러 보던 지음, 황정은 옮김, 《내 인생의 탐나는 심리학50 Psychology Classics》, 2008, 흐름출판, pp. 498~499.
82 에드워드 윌슨 지음, 전방욱 옮김, 《생명의 미래》, 2005, 사이언스북스, pp. 213~214.

하나는 '장소는 [나]이다'라는 것을 발견했다는 것이다. 나는 '나'도 또한 공간적인 존재가 아니라 그 본질은 생성과 소멸을 동적으로 반복하는 역사적이고 특이한 다종다양한 관계의 결합체라고 생각한다. 장소와 '나'는 상호 이어져 장소 즉 자기로서 하나의 전체를 형성하고 있는 것이고, 관계적으로는 이 두 개를 서로 나눠서 이해하는 것은 불가능하다. 이것은 '장소와 나는 본질적으로 자타 비분리自他非分離이다'라는 의미이다.[83]

니시다 기타로는 인간의 주체적인 의식이 발현하는 곳을 '장소'라 불렀다. 우리들이 장소라 생각하고 있는 것은 자기의 의식의 장場에 비친 장소인 것이다. 그리고 또 그 장소 속에 존재하고 있는 한 개체로서 자기를 취하고 있다. 자기는 장소에 있어서 자기를 취한다. 이것이 자기의 자각 형태이다. 의미적인 구속 조건이 '장소' 속에 생성한다는 것은 결국 자기의 의식 속에 생성한다는 것이다. '장소'는 관계자 집단에도 존재한다. 그것은 서로의 장소가 상호 비춰 자기의 경계를 넘어 서로 이어지기 때문이고, 여기에서 '우리' 의식이 생겨나는 것이다. 생명 시스템은 '자기'에 있는 '내부 장소' 즉 장場과 환경으로서의 '외부 장소'(즉 실재 장소)의 양측과 관계하고 있다. 그리고 이 두 종류의 '장소'의 상태가 정합적이 되도록 내부 장소의 상태를 바꿔간다. 그리고 그것이 의식의 존재 방식을 변화시키게 되는 것이다. 그 변화에 따라서 장소적 구속 조건이 변화해 간다.[84]

주관은 사람에 대한 호불호好不好**에도 적용된다.** 어떤 사람에게 아주 돋보이는 좋은 특성이 하나 있다면 그 사람의 다른 특성들도 실제보다 좋게

89

---

83 시미즈 히로시 지음, 박철은, 김광태 옮김, 《생명과 장소》, 2010, 그린비, p. 251.
    번역 문장이 좀 이상하지만 주의해서 읽어 보면 이해할 수는 있다.
84 시미즈 히로시 지음, 박철은, 김광태 옮김, 《생명과 장소》, 2010, 그린비, p. 155.

보일 가능성이 높다. 이것을 후광효과halo effect라고 한다. 반대로 악마효과 devil effect도 있다. 어떤 사람이 아주 이기적이라든가 하는 두드러지게 안 좋은 특성 때문에 다른 특성들도 실제보다 더 나쁜 평가를 받는 것이다.[85] 이것은 물론 피그말리온 효과나 스티그마 효과와 관련이 있다. 자카르에 의하면 남이 나를 칭찬하고 긍정적으로 보면 그에 따라 긍정적인 방향으로 바뀌려고 노력하는 것을 심리학에서는 '피그말리온 효과'라고 한다. 반대로 남들이 무시하고 부정적인 평가를 하면 그에 따라 자신도 부정적인 행동을 하게 되는 것을 가리켜 '스티그마 효과'라고 한다.[86] 장소에 대해서도 비슷한 효과가 나타난다. 나는 내가 살 집을 선택할 때 먼저 그 집과 터에 정을 주자고 정한다. 정이란 게 먼저 주어야 돌아오는 것이라고 믿기 때문이다. 이럴 경우 이론상 명당이냐 아니냐 하는 것은 별 소용이 없게 된다. 정을 주고 명당을 마음속에서 만드는 데 풍수 논리가 적용될 까닭이 없다.

과학의 발달은 미신이라 여겨졌던 것을 사실로 확인해 주는 일도 많이 일어난다. 조상의 유골이 좋은 땅 기운地氣에 노출되면 후손이 복을 받는다는 동기감응론同氣感應論도 다음의 발견을 보면 황당무계한 것만은 아니구나 하게 만든다. 포포닌과 가리아예프는 우리 세계를 이루고 있는 '물질'인 광양자光量子에 DNA가 미치는 영향을 보여줄 선구자적 실험을 했다. (중략)
과학자들은 인간의 DNA 샘플을 광양자만 들어 있는 밀폐된 튜브 안에 삽입했다. DNA가 나타나자 광양자는 전혀 뜻밖의 행동을 보였다. 처음처럼 흩어져 있는 것이 아니라, 살아 있는 물질의 출현에 반응해 자기들 스스

85　스튜어트 서덜랜드 지음, 이세진 옮김, 《비합리성의 심리학Irrationality》, 2008, 교양인, p. 47.
86　알베르 자카르 지음, 장석훈 옮김, 《과학의 즐거움》, 2002, 궁리.

로 배열을 새로이 했던 것이다. DNA가 광양자에 직접적 영향을 주는 것이 분명했다. 보이지 않는 힘을 통해 광양자들을 일정한 패턴으로 배치하게 만드는 듯했다. 이것이 중요한 까닭은, 전통적 물리학에서는 이러한 현상을 설명할 방법이 전혀 없었기 때문이다. 하지만 이 실험 결과 우리 인간을 이루는 물질인 DNA가 우리 세계를 이루는 물질인 양자에 직접적 영향을 주는 것이 관찰되고 기록된 것이다.[87]

인간 DNA가 물질에 직접적 영향을 준다? 그렇다면 생각이 제각각인 사람들이 주관적으로 물질에 영향을 준다면 어떻게 될까? 직관과 주관은 자생풍수에서 가장 큰 비중을 차시하는 것이다. 그래도 미심쩍기는 마찬가지다. 정말 그렇다면 어떻게 물질이 일정한 상태를 유지할 수 있을까? 그렇다고 해서 주관을 방치할 수만은 없다. 세상은 주관에 의해서 나아가지만 바라는 것은 객관이기에 그렇다. 우리들에게 필요한 것은 직관에 의한 순환논리로부터의 비약이다. 어떻게 해서 이러한 직관적 이해를 얻을 수 있는가. 그 비약의 방향을 주는 것은 무엇인가. '생명 감각'이라고 부를 수밖에 없는 감각에 의해 생명 시스템의 깊은 이해에 달하기 위한 비약을 획득할 수 있다고 가정하는 것 이외에는 방법이 없다고 생각한다. (중략)

복잡한 것을 완전하게 이해하는 일반적이고 객관적인 방법은 없다. 그러나 이 완전성을 일단 포기하면 거기에 '의미에 따른 특징 추출의 방법'이라고도 명명될 수 있는 일종의 존재론적 방법이 있다는 가능성을 깨닫게 된다. (중략) 이것은 예컨대 지인知人의 '안색顔色'으로 그 심리 상태를 적확하

---

87 그렉 브레이든 지음, 김시현 옮김, 《디바인 매트릭스Divine Matrix》, 2008, 굿모닝 미디어,
    pp. 84~85. 이 책에는 이 실험에 관한 각주가 첨부되었다.

게 알 수 있듯이, 인간에게는 언어에 의해서는 구체적으로 표현할 수 없는 인지 능력이 있다는 것을 주장한다. 이런 종류의 인지를 통시적인 정보 표현 수단인 언어로 잘 표현할 수 없는 이유는 무엇일까? 아마도 그것이 의미에 따라 공시적인 병렬 정보 표현에 의해 행해지기에 언어적인 정보로의 등가적인 변환이 불가능하기 때문일 것이다.

우리들은 개犬의 행동으로 그 심리를 파악하거나, 또는 한 세포 속의 여러 기관의 변화에 대해서 그 기능이나 의미를 파악하거나 할 수 있다. 요컨대 공시적인 병렬 처리 논리에 서서 의미적 처리를 행하면 복잡한 생명 시스템을 어느 정도 올바르게 인식할 수 있을 가능성이 있다. 이것을 '주관적'으로 말하는 것만으로 끝낼 수는 없다. 오히려 이것은 우리들의 암묵적 전제이고, 이러한 의미적 처리를 실행에 옮기는 '객관적'인 이론적 방법을 제시하는 것이 우리들의 목적이다. 그럼 어떻게 하면 이 목적을 달성할 수 있는가. 내가 생각해 온 방법은 다음과 같다.

우선 공시적인 병렬 처리를 의미 차원에서 행하는 인지 모델을 만든다. 이 모델이 일정 범위에서 인간이나 동물의 경우와 본질적으로 같은 자율적인 정보 처리를 하는 것을 확인한 뒤에, 그 인지 모델의 복잡한 시스템을 제시해서 '주관적으로' 그 특징을 인식시킨다. 그 공시적인 정보 처리 과정의 본질essence을 되도록 일반화 가능한 형태로 가려 내어 그것을 기초로 해서 복잡한 시스템을 인식하는 새로운 이론을 만들려고 하는 것이다.

말하자면 '주관적 인식의 객관화'이다. 이것을 존재론적 접근이라 부를 수 있을 것이다. 공시적인 병렬 처리에 의해 표현된 정보를 통시적 논리에 의해 표현할 수 없는 이유의 하나는 병렬 처리 과정에서 일어나는(동조에 의해 형성된 전일적 고리를 동반하는) '정보의 통합적 압축'에 의해 논리적 인과성이 애매하게 되기 때문이다. 따라서 이 통합적 압축이 일어나는 단계까지 거슬러 올라가 거기에서 공시적인 병렬 처리 과정의 전모를 파악하고 객관화 가능한 논리를 발견할 필요가 있다.[88]

이렇게 생각한다면 주관의 객관화가 가능해질까? 이론상으로는 그렇다. 하지만 잘 납득이 되지는 않는다. 그래도 경험상 생활 속에서 이런 현상이 벌어질 수 있다는 것을 우리는 안다. 요즈음 "~이 맞다"라는 표현이 많이 쓰인다. 특히 정치인들이 그렇다. 이 표현은 "~이 옳다고 생각한다"의 최신판인 모양이다. 맞다, 틀리다는 객관성이 강하다. 반면 옳다, 그르다는 주관성이 더 크다. 어떤 정치인이 어떤 사안事案에 관하여 자기 생각을 나타낼 때, '주관적 인식의 객관화'가 필요해서 지어낸 말이라 본다. 하지만 억지스럽다. 이는 자신의 주장이 마치 여론인 양 꾸미는 것과 마찬가지다.

또 하나, "자리매김하다"는 표현도 많이들 쓴다. 이는 "위치를 차지했다"는 말의 다른 표현인 모양이다. 이 역시 위의 맞다는 것보다는 훨씬 약하지만 객관성을 강조하려는 의도는 보인다. 아마도 주관은 "당신 생각이고," 하는 비난을 받을 것 같고, 객관은 우리들 공통의 생각이라는 흐름을 좇은 결과로 보인다.

여기서 지적해 두고 싶은 것은 소비자가 시장 속에서 하나의 옷을 선택하는 행위는 실용적인 의미에서 복장을 선택하는 것을 의미하는 것만이

---

88 시미즈 히로시 지음, 박철은, 김광태 옮김, 《생명과 장소》, 2010, 그린비, pp. 98~101.

아니라 그 복장에 덧붙이는 정보(의미)를 선택하고 있다는 점이다. 몸에 걸치고 있는 옷은 주위 사람들에게 의미적인 정보를 발신한다. 그 의미를 알기 위해서는 복장에 대한 해석을 필요로 하지만, 복장의 의미는 이 옷을 사는 소비자의 해석만으로는 정해지지 않는다. 정보 수신자 측의 해석이 있어서 결정된다. 즉 유행하는 패션을 생각하기 위해서는 사회 속에서 유사한 스타일의 복장이 한 패션으로서 받아들여져 그것을 사회 불특정 다수의 사람들이 어떻게 생각하는가 하는 것이 중요하다. 즉 사회가 그 패션에 어떠한 의미를 부여하는가, 사회라는 배경 속에서 부여되는 '전체의 의미'가 무엇인가가 중요하게 된다. 이것은 이미 시장 속에서만 결정되는 문제가 아니라 그 밖으로 열린 사회적인 문제인 것이다.

이렇게 되면 옷을 사는 개개의 소비자도 사회의 해석에 맞춘 해석을 복장에 부여하게 된다. 또 다른 한편 사회 측의 해석이 어떻게 결정되는지를 생각해 보면, 옷을 입는 각각의 사람이 어떤 의미로 그 옷을 입는가에 의존한다는 것은 명백해진다. 이 양자의 해석이 짝이 맞지 않으면 사람들이 특정 복장을 의미로서 선택하는 행위는 없게 될 것이다. 이것은 옷을 사는 소비자는 정보의 발신뿐만이 아니라 수신도 의식하고 있기 때문이다.

이 소통communication으로서의 복장이라는 것이 없게 되면 사람들은 그저 따뜻하기 때문에 혹은 쌀쌀하기 때문에 하는 식으로, 단지 옷으로서의 기능적 측면에서만 선택하게 되어 버린다. 이것은 소비 측에서 보면 부가가치가 낮은 옷을 사는 것이 된다. 이것만으로는 패션은 생겨나지 않는다. 소비자와 사회의 의미 해석의 조리가 맞는다는 것은 정보의 발신자와 수

신자의 의미에서의 조리가 맞는다는 것이고, 이것이 유행의 중요한 조건이 되는 것이다.[89]

이 인용문에서 정보(의미)라는 것은 땅에도 그대로 적용할 수 있는 내용이다. 여기에 덧붙여 상징성이 추가가 된다. 이곳이 명당이라는 누군가의 생각이 전파되어 많은 사람들이 그런 의식을 공유하게 되면 객관에 이르기도 한다. 소위 명당 관념의 보편화 과정이다. 이런 보편화는 의미와 상징성이라는 다분히 주관적 가치가 개입될 수밖에 없는 요소가 부가되어 문제를 복잡하게 만든다. 그런 점을 잘 알면서 대처하면 삶에 오히려 윤택함을 더할 수도 있으나, 명당의 발복發編에만 관심을 집중하면 사람에 부정적인 영향을 끼치게 된다. 그것이 바로 주의할 점이다. 명당관明堂觀 자체는 나쁜 것이 아니지만 그 과정은 무시하고 결과에만 집착하면 해롭다는 뜻이다. 내가 살고 있는 이곳이 바로 명당이란 주관은 남에게 해를 끼치지 않으면서 자신에게는 평온한 심리를 준다. 그러니 그 자체가 나쁜 것은 아니다.

우리는 이런 양상을 종교로 확대해 볼 수도 있다. 사실 명당이란 주관이 만들어 낸 축복이고, 악지惡地는 저주라 할 수 있지 않겠는가. 독신瀆神의 뜻은 전혀 없다. 본질적인 측면에서 보자면 풍수는 신앙과 전연 관계가 없다. 우리가 살아가면서 쌓아 온 자연에 관한 지혜일 뿐이다. 물론 간혹 지혜가 아니라 독소毒素로 작용하는 일도 많다. 인간은 다른 사람을 축복해 주고 싶어서 신을 만들었고, 다른 사람을 저주하고 싶어서 악마를 만들어냈어. 내 말이 틀려?[90] 일본 소설 《그레이브 디거》에서 주인공인 악당 야

95

---

89 시미즈 히로시 지음, 박철은, 김광태 옮김, 《생명과 장소》, 2010, 그린비, pp. 117~118.

가미가 형사 후루데라에게 한 말이다.

　좀 특이한 경우지만, 상식의 판단으로도 주관을 억제할 수 없다는 예가 있다. 한때 유행했고 지금도 일부 관심 가진 사람들이 있는《인테리어 풍수》는 홍콩 출신 중국계 미국인이 만들었다. 꽤 재미있고 나름대로 받아들일 만한 구석도 있다. 이를 본격적으로 서구西歐에 알린 것은 미국인 인류학자였다.[91] 그것이 일본으로, 우리나라로 역수입되었다. 이 책은 필자도 번역본을 낸 바 있다.[92] 나는 이 번역서 머리말에서 이런 것이 풍수일 수는 없지만 풍수의 현대적 변용變容으로서는 훌륭하며, 풍수 현대화의 한 방편일 수는 있겠다고 썼다.

　그 뒤 여러 유사한 책이 출간되었다. 매리 램버트는 아예 책 표지에 '風水'라는 한자를 넣고 제목을 '잡동사니 정리하기'[93]로 했다. 정리整理는 실생활에서 위생상으로도 매우 좋은 일이다. 하지만 사람에 따라서는 어질러져 있어야 일이 잘된다는 경우도 있다. 내 아들 녀석이 그렇다. 딸은 정리 쪽이다. 대형 광고 대행 회사에 가 보니 사무실이 끔찍할 정도로 어질러져 있었다. 그 회사 대표의 말을 들으니 직원 대다수가 그런 환경을 좋아해서 그냥 둔다고 했다. 정리는 초등학교《바른 생활》교과서부터 가르치는 덕목이다. 그런 것에서조차 주관이 개입한다. 덕목이지만 개개인의 주관을 무시할 수는 없다. 자생풍수의 제일 조건으로 주관성을 제시한 이유이기도 하다.

90　다카노 가즈아키 지음, 전새롬 옮김,《그레이브 디거》, 2007, 황금가지, p.399.

91　Sarah Rossbach,《Interior Design with Feng Shui》, 2000, Penguin.

92　S. 로스바하 외 지음, 최창조 편역,《서양인이 본 생활풍수》, 1992, 민음사.

93　Mary Lambert,《Clearing the Clutter, 風水, for good feng shui》, 2001, Barnes & Noble.

2. 비보성神補性 : 고침治癒의 지리학

프로이트가 쾌락이나 성을 향한 인간의 본능적 욕구를 말하고, 아들러가 권력을 향한 인간의 본능적 욕구를 이야기했다면, 프랑클Viktor Frankl은 의미를 향한 의지가 지금 인간 모습을 창출해 낸 힘이라고 말한다. 그는 우리가 욕구와 의미에 휘둘리고 생물학이나 환경의 영향을 받는다는 점을 부인하진 않았지만, 인간이 특정한 가치나 진로를 선택하고 어려운 상황에서도 존엄성을 유지하도록 해 주는 '자유의지'를 잊어서는 안 된다고 강조했다.[94]

인간은 그 의지에 의해 환경을 변화시킬 수 있다. 땅에도 인간의 의지가 반영된다. 너무 반영되어 '환경오염'에까지 이른 것은 돌이키기 힘든 실수지만, 그 의지로 개선의 여지가 있다는 점도 상기해 볼 일이다. 줄잡아 2,000년 동안이나 찾아낸 명당이 아직도 한반도에 남아 있을 가능성은 0에 가깝다. 게다가 백두산의 영기靈氣를 이어야 할 백두대간은 수없이 많은 곳에서 끊겼기에 전통적인 풍수 이론상으로도 명당은 없는 셈이다. 현재 우리가 할 수 있는 일은 "명당을 찾는 것이 아니라, 명당을 만들어야 한다"는 상황이다. 비보神補라는 풍수 방책은 이런 맥락에서 이해되어야 한다.

비보神補가 자생풍수만의 독창적인 것은 물론 아니다. 다만 중국보다는 우리나라 풍수에 더 많이 등장하기 때문에 자생풍수의 한 특성으로 보았다.

예컨대 중국의 경우, 원향당遠香堂 남쪽에서는 소복성 야원영治園營에 소

97

---

94 톰 버틀러 보던 지음, 황정은 옮김, 《내 인생의 탐나는 심리학50 Psychology Classics》, 2008, 흐름출판, p. 73.

속된 오현향산방조원嗚縣香山幇造園 공인工人들이 황석黃石으로 인공 동산을 만들고 있었다. 이것은 정원庭園에 들어서는 사람들이 내부內部를 한눈에 들여다보지 못하게 하는 일종의 병풍 역할을 하는데, 일단 이 인공 동산을 돌아가기만 하면 탁 트인 느낌이 배가倍加되었다. 이러한 방법이 바로 소주 원림에서 흔히 볼 수 있는 욕양선억(欲揚先抑: 돋보이게 하기 위해 먼저 억누름)이 라는 설계 방법이다[95]라는 예가 그렇다.

사실 비보란 인간의 심리에 교묘한 작용을 하는 매우 인간적인 조치라 할 수 있다. 내 고향집에서 본 비보가 한 예다. 고향이란 표현에는 설명이 필요하다. 내가 나서 자란 그곳은 동대문구 용두동이란 서울이지만, 어린 시절 그러니까 1950년대에는 사실상 시골이나 마찬가지였다. 그래서 서울 이지만 나는 그곳을 주저하지 않고 고향이라 부른다. 지금도 큰댁이 있는 서울 용두동 골목집은 내가 태어난 곳이기도 하니 어언 60년의 세월이 넘 었다. 그 골목 어느 귀퉁이에 쓰레기가 쌓였다. 아무리 경고문을 붙이고 동네 사람들이 감시를 하여도 쓰레기는 줄지 않았다. 어느 날 형님이 그곳 에 말끔하게 쓰레기를 치우고 화단을 만들었다. 놀랍게도 이후 쓰레기는 그곳에 일절 쌓이지 않았다.

이런 현상은 공개적으로도 여러 사례가 나타났다. 책을 보니 이것을 대 조효과Contrast Principle라고 한단다. 앞서 인식한 사물과 뒤에 인식한 사물 이 어떤 면에서 큰 차이를 보일 경우, 그 두 사물의 차이가 실제보다 크게 인식되는 원리다. 나는 이것을 풍수의 비보효과裨補效果로 보아도 무방하

98

---

95 설이강 지음, 문성자, 이기면 옮김,《잃어버린 천국失樂的上帝》, 2008, 플래닛, p. 231.

다고 본다.

일본 아다치 구는 도쿄 외곽에 있는 낙후된 소도시이다. 이곳에서 크고 작은 범죄가 2006년 한 해 동안 26건이 일어났다. 경찰의 단속과 주민 순찰대의 노력에도 불구하고 범죄는 수그러들지 않았다. 그런데 다음 해, 이곳의 범죄율이 급격히 하락했다. 그 이유는 가로등이었다. 백색이나 주황색이 대부분인 가로등 대신 푸른 가로등으로 바꾼 뒤 이곳에서는 단 한 건의 범죄도 일어나지 않았다[96]고 한다. 색채 심리를 이용해 상황을 바꾼 것이다. 역시 비보神補라고 보아도 무방하리라.

보통 "인간"과 "자연" 혹은 "문명, 과학, 기술"과 "자연"은 대척점에 있다고 생각한다. 조금만 생각해 보면 그렇지 않다는 것을 알 수 있다. 거시적 관점에서 보면 인간 역시 자연(또는 그 일부)일 뿐이다. 요즘 '삶, 그 이후 Life, After'라는 말을 죽음 대신 사용하는 경우를 본다. 그런 논리라면 '죽음, 그 이전Death, Before'이라는 게 삶이라는 말도 가능하다. 이런 말장난 속에는 인간의 구성 요소가 자연이라는 의미가 함축되어 있다. 자연을 인간에게서 분리시키는 것은 자연을 너무 약한 존재로 보기 때문이다. 예를 들면 자연이 오염되었다는 것은 그 범인이 인간이라는 말인데, 자연 오염은 자연스럽게 인간 오염이 된다. 서로가 뗄 수 없는 관계, 더 정확하게는 같은 것이기 때문이다. 자연은 변화하고 변질되며 변태變態하기는 하지만 그 본질은 변함이 없다. 자연이 어떤 오묘한 과정을 거쳐 인간이 되고 인간은 죽어 자연으로 돌아간다. 그러니 자연과 인간이 서로 누가 주인공인지를

99

---

96 EBS 제작팀 지음,《인간의 두 얼굴》, 2010, 지식 채널, pp. 97~114.

다툴 필요는 없는 게 아닐까. 다만 인간에게는 의지가 있는 만큼 비보로 자연을 도울 수는 있다. 중요한 것은 의지다.

무슨 일을 하던 그것은 재능이 아니라 어디까지나 의지의 힘이다. 그래서 미셸은 그 의지를 '천재'라고 부르지 않았던가.[97] 비보란 인간의 의지에 의해서 마련되는 것이기에 풍수에서 채용한 비보라는 방책은 '천재성의 발로'로 보아도 무방하리라고 본다.

인류 최초의 사회적 표현물에서 중심이 되는 것은 바로 인간의 육체, 즉 타자와의 관계의 상징체계에 길들여진 인간의 육체이다. 이는 타고난 본래 신체, 즉 자연적인 신체에서 사회적인 신체로, 되돌아올 수 없는 이행이 이루어졌음을 의미한다. 그중에서도 특히 입술에 붉은색을 칠하거나 손가락에 반지를 끼거나 문신을 하는 행위는 오늘날까지도 계속되고 있다.[98] 이것은 인체에 가한 비보 행위라 볼 수 있다. 간혹 문신이란 것이 어떤 사람에게는 혐오스러운 것이 될 수도 있지만(나 자신이 바로 그런 부류다), 그것을 예술로 보는 관점도 있다. 그러니 그것을 비보라고 한들 과장은 아니다. 추상화를 보면서 느끼는 내 개인적 감상은 한마디로 '뭐가 뭔지 도저히 모르겠다'이지만 그 미술사적 의미를 부인하는 관련 학자는 지금 아무도 없다. 어느 먼 나라 주민들이 우리가 보기에 괴이하다고밖에 보이지 않는 문신을 하고 있을 때, 그건 우리 관점이고 그들로서는 숭고한 신앙 의식일 수도 있지 않은가.

97 사토 겐이치 지음, 김미란 옮김, 《카르티에 라탱》, 2004, 문학동네, p. 284.
98 드니 비알루, "자연에 관한 최초의 시각", 베어드 캘리콧 외 지음, 윤미연 옮김, 《자연은 살아 있다》, 2004, 창해, p. 25.

황금색 불상佛像과 등명燈明의 빛, 그리고 유향乳香 앞에서는 누구나 경건한 마음을 갖는다.[99] 이 또한 인간이 인공 환경으로 취한 비보와 비슷한 행위다.

비보라는 방법이 있다고 해서 교만하다가는 자멸自滅을 면치 못한다는 것도 분명하다. 베이컨이나 데카르트의 철학은 우리가 자연을 지배하기 시작한 이래로 그 욕구를 중심적인 개념으로 삼았다. 그러나 이 찬란한 철학은 마침내 인간이 자연을 경시하도록 만들기에 이르렀다.[100] 확실히 그랬다. 그래서 환경은 인류가 닥칠 가장 끔찍한 재앙이 되었다. 대비하지 않는다면 말이다.

인간의 이성이 자연을 대할 때는 선생님 앞에선 초등학생 같은 태도가 아니라, 증인 앞에 선 판사의 태도로 임하는 것이 틀림없다.[101] 최소한 이런 마음가짐이라면 환경 재앙에 대처할 수도 있다. 너무 한쪽에 치우쳐 현실 판단이 부정확해지면 미래는 암담하다. 환경이 처한 현실을 솔직히 인정하고 그에 대한 대응도, 혹은 치유治癒 행위도, 가능하다는 전제로 대처할 필요가 있다.

문제는 지금 전자(前者: 환경 재앙)에 대해서는 지나칠 정도로 인식하면서 후자(後者: 가능한 치유 행위. 이를 지금까지는 개발이라 불러 왔고, 그것은 악한 행위로 간주되어 왔다)에 대해서는 자신들의 적敵처럼 대응한다는 현실이다. 은어가 돌

IOI

---

99 시노다 세츠코 지음, 김해용 옮김, 《가상 의례 上》, 2010, 북홀릭, p. 220.

100 도미니크 부르, "자연에 대한 지배에서 자연에 대한 경시로", 베어드 캘리콧 외 지음, 윤미연 옮김, 《자연은 살아 있다》, 2004, 창해, p. 54.

101 《순수이성비판》 재판본 서문(1787), 장 마르크 드루엥, "자연의 무대", 베어드 캘리콧 외 지음, 윤미연 옮김, 《자연은 살아 있다》, 2004, 창해, p. 91. 재인용.

고기, 피라미 등과 뛰놀고 있다. 이들 생물을 잡아먹는 흰뺨 검둥오리도 물길을 휘젓고 있다. 먹이사슬의 정점에는 황조롱이가 있다. 이 모습은 서울에서 멀리 떨어진 어느 시골의 생태마을 이야기가 아니라 서울 도심 한복판인 청계천의 현재 상황이다. (중략) 청계천은 2003년 7월 종로구 세종로 동아일보사 앞에서 성동구 신답 철교까지 5.8km 구간으로 2005년 10월 복원공사를 끝냈다. 복원되기 전까지는 오폐수로 뒤덮인 썩은 하천이었지만 복원공사를 통해 시민들이 산책과 휴식에 이용하는 것은 물론 먹이사슬이 형성될 정도로 뛰어난 생태환경을 갖게 되었다. (이하 각종 통계자료 생략)[102]

지금 어머니인 우리 산천은 중병重病 상태를 넘어 응급실을 찾아야 할 단계에 이르렀다. 그러니 치료를 해 드려야 한다. 그런데 그것이 환경에 유해하다고 하여 반대하는 사람들이 있다. 이런 주장은 중병에 걸려 사경死境을 헤매는 어머니를 방치하자는 말과 같다. 중병 환자이니 당연히 큰 수술은 어렵다. 땅으로 치자면 한강과 낙동강을 연결하자(대운하 사업)는 예다. 대동맥들을 연결하여 치료하자는 것일 터인데, 이는 위험 부담이 너무 큰, 아니 현재 기술로는 불가능한 치료법이다. 그러나 4대강을 정비하자는 치료법은 반드시 필요하다. 막힌 핏줄을 틔우고 더럽혀진 피를 맑게 하는 방법 정도이니 말이다.

문제가 되는 것은 자연과 인간을 적대시하는 존재로 규정하는 잘못된 통념이다. 자연을 건드리면 그것이 치료를 위한 것이라도 잘못되었다고 생

102 이동영, "청계천 복원, 먹이사슬도 부활", 《동아일보》, 2010년 8월 12일자, A 18면.

각한다. 비단 개발에 관련된 문제만이 아니다. 모든 기술문명에 대한 적대감을 표출한 사례는 차고 넘친다.

전라북도 새만금 방조제 공사는 어마어마한 반대에 부딪혀 공사는 지지부진했고 비용도 그만큼 크게 늘었다. 2010년 4월 27일 드디어 공식 준공이 되었다. 《중앙일보》는 22일자 C면에서 이런 제목을 부쳤다. "서울시 면적 3분의 2 맞먹는 간척지, 글로벌 명품 복합도시의 꿈, 10만 명의 희망 깃발 춤춘다." 반대를 했던 사람들은 말이 없다. 그래도 되는 것인가? 얼마나 많은 시간과 비용이 낭비되었는가?

4대강 사업을 반대하며 여주군에서 농성하던 환경운동연합 회원들이 남한강과 맞닿은 주변 공원에 음식물 쓰레기 5kg을 불법 매립한 사실이 드러났다. '금수강산 파수꾼'을 자처하며 환경과 생태를 입에 달고 살던 사람들이 주민들의 쉼터에서 이런 짓을 저질렀다.[103]

자신이 도덕적이고 윤리적으로 온당한 일을 한다고 생각하는 사람들 중에 각종 사회운동을 하는 사람들이 많다. 환경운동이나 인권운동 같은 것이 그렇다. 확실히 사회적 약자 편에 서는 것은 바람직한 일이자 꼭 필요한 일이기도 하다. 간혹 그들 중에 지나치게 근본에 휘말려 현실을 왜곡하고 아집을 부려 오히려 상황을 더 어렵게 만드는 경우가 종종 있다.

미국산 쇠고기 수입 반대 운동을 보자. 그때 수많은 사람들을 거리로 불러들이고 공포를 확산시켰던 주역들은 지금 왜 침묵하고 있나? 나이 어린

---

103 권순활, "'환경 운동꾼'들의 위선", 《동아일보》, 2010년 8월 5일자, 30면.

중학생들까지 촛불을 밝히고 밤을 지새우게 했던 그 세력은 지금 무엇을 하고 있나? 왜 잘못을 인정하고 사과 한마디 하지 않는가? 당시 얼마나 많은 정육점과 식당들이 고초를 겪었는지 알고는 있는가? 개중에는 자살한 사람들도 있었다. 미필적 고의에 의한 살인이다. 사실 환경운동가들의 필요성은 절실하다. 그들이 선동적이지 않고 차분하며 이성적으로 사고한다면 말이다. 그리고 차분해야 믿음이 간다. 그렇게만 되면 그들의 경고는 우리 인류를 염세론자가 아닌 신중한 현실주의자로 만들어 줄 것이기 때문이다.

나는 하천 정비 사업이 왜 해서는 안 되는 일인지를 지금까지도 이해하지 못한다. 또 다른 개발이라고 본 것일까? 그렇다면 간단한 해결책이 있다. 정부 기관에서 발간한 4대강 사업 영문 홍보 책자에는 이 사업을 "Restoration of Four Major Rivers. Revival of Rivers: A New Korea"로 표기하고 있다. 회복, 복구, 재생 등의 의미이다. 사업보다는 훨씬 우리 정서에 맞는다.[104]

물론 여기에도 문제는 있다. 얼빠진 정치꾼 출신 지방자치단체장들이 막무가내로 '녹색코드' 하천 정비 사업을 벌이고 있다는 점이다. 녹색코드 공사로 지방 산천이 몸살을 앓고 있다. 생태하천 사업이 대표적이다. 멀쩡한 하천이 공사가 끝난 직후 물난리를 내는가 하면 반환경적인 공사가 이루어지기도 한다. 청계천 공사 같은 성공사례를 재현시키려는 시장 군수의 욕심이 낳은 폐해다.[105] 경기도 여주군 간매천은 30년간 물 한 번 넘치지

---

104 본문 제목으로 Office of National River Restoration에서 발간된 팸플릿의 제목이다.

105 전세근 외, "세금 7억 날린 간매천의 역설", 《중앙일보》 2011년 2월 9일자, 8면.

않은 하천이 공사 후 수해 하천이 되었다는 것이며, 경남 창원시 창원천은 주민이 제2의 청계천 만든답시고 동네 촌구석 하천에까지 세금 쏟아붓고 있다고 비난하는 형편이란 보도다.[106] 이런 곳이 한두 곳이 아니다. 환경운 동가들은 바로 이런 곳에 대한 감시를 해야 한다. 해당 지방의 전문가(아마 도 관련 지방 대학의 교수들)와 협력하여 공사 계획 단계부터 시공, 준공, 감리 에 이르기까지 감시를 하라는 얘기다.

우리는 감정과 기분이 진리보다 더 중시되는 시대에 살고 있으며, 이 시 대에는 과학에 대한 무지가 판을 치고 있다. 우리는 얼마 전까지 교회가 지 옥 불에 대한 두려움을 이용해 먹었던 것와 똑같은 방식으로 소실가들과 녹색 압력단체들이 핵에너지와 거의 모든 새로운 과학에 대한 두려움을 이 용하도록 용인해 왔다.[107] 지금 환경운동가들과 변호사들은 과학적으로 그 렇지 않음에도 불구하고 핵은 매우 위험하다는 인식을 깊게 파놓았다. 사 실이든 아니든 그것은 관계없다. 사람들은 선택이 잘못된 것이거나 불합리 한 것일 때에도 일단 선택하고 나면 그것을 옹호하는 경향을 보이도록 진 화해 왔다. 이런 인지부조화cognitive dissonance는 지금 축복이자(핵을 조심스럽 게 다루어야 한다는 점을 가르쳐준 점에서) 저주가 되어 있으며(사실상 현재로서는 최선 의 대안인 원자력을 어렵게 만들었으니까), 한 구절로 요약할 수 있듯이 '이미 결정 을 했으니 더 이상 왈가왈부하지 말라'이다.[108]

에너지와 함께 우리가 당면한 또 하나의 중대 문제는 식량이다. 나는 가

---

106 개인적으로 예시된 단체장들에게 미안한 마음이 있다. 보도를 인용하다 보니 그렇게 되었다. 뻔한 변명이지만, 개인적인 감정은 없다.

107 제임스 러브록 지음, 이한음 옮김, 《가이아의 복수The Revenge of Gaia》(원서는 2006년 출간), 2008, 세종서적, p. 36.

108 제임스 러브록 지음, 이한음 옮김, 《가이아의 복수The Revenge of Gaia》(원서는 2006년 출간), 2008, 세종서적, p. 189.

이아를 무력화시키지 않고서도 곧 80억 명으로 늘어날 인구를 먹여 살리는 것이 가능하다고 추측한다. 그렇게 하려면 우리는 스스로를 행성의 대사 활동과 분리시켜야 할 것이다. 일단 핵융합로(수소폭탄의 원리와 같은)가 가동되면 우리는 필요한 에너지를 전부 다 생산할 수 있을지도 모른다. 하지만 여전히 행성 표면의 너무 많은 땅을 경작하고 있을 것이며, 해양 생태계도 위협하고 있을 것이 분명하다. 그래서 나는 80억 명이 필요로 하는 식량을 전부 다 합성함으로써 농경을 포기할 수 있는 가능성을 추정해 보고 싶다. 지구 전체의 한 해 식량 소비량은 탄소 약 7억 톤에 해당하며, 우리가 현재 연료로 쓰는 탄소량에 비하면 적은 비율이다. 식량 합성에 쓸 화학물질들은 공기에서 직접 얻거나 발전소 배기에서 추출한 탄소 화합물에서 더 간편하게 얻을 수 있다. 이 배기에서 질소와 황도 얻을 수 있으며, 거기에 미량의 원소만 있으면 우리가 필요로 하는 것은 다 얻는 셈이다. 우리는 식물(광합성 작용)처럼 행동하겠지만, 아마 태양에너지 대신 핵융합을 이용할 것이다.[109]

식량문제 해결을 위한 여러 가지 방안들이 나와 있기는 하다. 그러나 아직은 정부도 기업도 큰 관심을 보이는 것 같지는 않다. 아마도 당장 코앞에 닥친 재앙이 아니라는(물론 가난한 나라의 기아飢餓는 이미 경종을 울린 지 오래지만 불행히도 그들의 목소리는 너무나도 작아서 우리나라에서는 별로 관심을 끌지 못한다.) 점과 경제성 즉 수익성이 아직은 없다는 것이 가장 큰 걸림돌일 것이다.

109 제임스 러브록 지음, 이한음 옮김, 《가이아의 복수The Revenge of Gaia》(원서는 2006년 출간), 2008, 세종서적, p. 199.

아마도 식량문제에 관한 가장 이상적인 해결책은 인공 광합성작용을 만드는 일이겠지만, 지금 당장 현실적인 비보책은 빌딩농장 같은 것이라 생각한다. 마치 에너지문제에 관한 비보책이 현재로서는 원자력인 것처럼 말이다. 빌딩농장은 1960년대 이미 '식물 공장'이란 개념으로 그 씨앗을 뿌렸다. 그러다 1999년 미국 컬럼비아 대학 공중보건대학원의 딕슨 덱스퍼미어 박사가 구체화했다. 영국 《파이낸셜 타임스》에 의하면 일본은 정부뿐 아니라 민간 기업 차원에서도 빌딩농장을 미래 전략사업으로 간주해 투자를 시작했다. 일본에는 이미 식물공장으로 불리는 빌딩 농장 50개가 건립돼 운영 중이다. 일본 정부는 이 분야를 지원해 2012년까지 세 배 이상으로 늘릴 계획이나.

국내에서도 롯데마트 서울역점은 지난 7월 매장 안에 빌딩 농장의 축소판인 '행복가든'을 설치했다. 경기도 수원시 국립농업과학원에는 빌딩농장 두 채를 다음 달 완공 목표로 짓고 있다. 농촌진흥청은 이곳을 우리나라 빌딩농장 연구의 전초기지로 삼기로 했다. 이곳 김유호 박사는 '빌딩농장은 미래 농업을 이끌 신 성장 동력이자 희망'이라고 말했다.[110]

그 후 이런 후속 기사도 실렸다. 농촌진흥청은 다음 달 중순(2011년 2월) 최첨단 빌딩형 식물공장 문을 열고 상추 등 엽채류를 본격적으로 생산할 예정이다. 식물공장은 경기도 수원시 서둔동 국립농업과학원 안에 자리 잡았다. 지하 1층, 지상 3층에 다단식, 수평형, 수직형 등 다양한 재배 시스템을 갖췄다. 지열地熱 히트 펌프 시스템과 태양광발전 시스템으로 열과 전기에너지를 공급한다. 흙 대신 물과 영양액이 공급되고, 햇볕 대신 발광다이

107

---

110 이에스더, 《중앙일보》 2010년 10월 25일자, E 15면.

오드LED와 고효율 인공 광원光源이 식물을 비춘다. (중략) 일찌감치 식물공장을 통한 채소의 연중 생산을 주력 사업으로 삼은 기업도 있다. 경기도 용인의 인성테크는 자체 식물공장을 운영하면서 지난해(2010년) 3월부터 8개월 동안 신세계 백화점에 상추를 납품했다.[111] 문제가 생기기 전에 이런 시도들이 있다는 것은 분명 희망이다.

또 하나 식량문제에 대한 비보책으로 유전공학이 있다. 1960년대 이전까지 인류의 상당수는 굶주림에 시달렸다. 이 문제의 돌파구가 된 것이 암수 교배로 우수 품종을 얻는 전통 육종법, 이제는 10년 넘게 환경영향 연구를 해온 유전자 변형, 그리고 무작위로 방사선을 쪼인 뒤 우수한 돌연변이를 고르는 방사선 육종법 등이다. 이 중 가장 가능성이 큰 유전자 변형 방법은 그 안전성이 의심스럽다며 재배나 보급을 금지하는 나라가 많다. 소비자들도 이런 점 때문에 꺼린다. 어쨌거나 맛이 좋고 수확량도 많은 잡초와 비슷한 갈색 벼, 사막에서 자라는 벼, 영양 성분이 강화된 황금 쌀, 비타민 A가 많이 함유된 쌀, 다수확 콩, 현재 전 세계 콩 생산량의 64퍼센트가 유전자 변형 콩이라 한다. 심지어 이런 것도 있다. 제주대 이효연 교수팀은 네 잎 클로버를 높은 비율로 만들 수 있는 토끼풀을 개발했다고 한다.[112] 나같이 네 잎 클로버를 잘 찾는 사람에게는 전혀 반갑지 않은 소식이지만, 그런 일도 가능하다는 것이 신기하다.

나폴레옹이 전쟁터에서 자기 발밑에 네 잎 클로버가 있는 것을 보고 신기해서 고개를 숙인 순간 바로 위로 총알이 지나갔다는 얘기에서, 행운의

111 조강수, 최준호, 홍주희, "기후시대, 삶의 패턴도 바뀐다", 《중앙 SUNDAY》, 2011년 1월 30일자, FOCUS.
112 박방주, 《중앙일보》, 2010년 4월 20일자, E 18면.

상징이 된 네 잎 클로버는 필자가 잘 찾아내는 것이었다. 내 자식들과 특별한 인연을 갖게 된 분들께 표구하여 선물하던 게 이제는 인공적으로 만들어 백화점에서 파는 상품이 된 것이다. 네 잎 클로버 찾기는 필자가 기氣를 설명할 때도 자주 인용하던 것이었는데, 조금은 아쉬운 생각이 든다.

조선 중기 이후로 풍수는 주로 묏자리 보는 술법으로 전락했고, 그를 위한 비보책도 많이 나타났다. 우암 송시열의 산소는 음기가 너무 강하다 하여 그 앞에 시장을 만들어 뭇 남자들이 밟도록 만든 것이 그런 예다. 이런 음택풍수의 비보책은 동기감응론同氣感應論이 해명되어야 성립되는 주장이다. 지금까지 부모나 조상의 유골이 받은 땅기운地氣이 자식이나 자손에게 전해진다는 동기감응론은 그야말로 대표적인 미신으로 꼽혀왔다. 그런데 그게 사실일 수도 있다는 연구 결과가 나왔다. 이제 세상에 뭘 믿고 뭘 무시해야 하는지를 알기가 무척 어려워진 것만은 분명하다.

1993년 저널 《Advance》에 한 연구 논문이 실렸다. 미 육군은 감정과 DNA의 연결이 분리 후에도 계속 이어지는지, 만약 그렇다면 얼마나 멀리까지 이어지는지 여부를 확인하기 위한 실험을 실시했다. 연구자들은 자원자들의 입안에서 조직과 DNA 샘플을 채취했다. 샘플을 같은 건물의 다른 방으로 옮기고는, 특별히 고안된 장치에 담긴 DNA가 수십 미터 떨어진 다른 방에 있는 샘플 제공자의 감정에 반응하는지 여부를 전기적으로 측정한 것이다.

샘플 제공자는 일련의 영상을 지켜보았다. 신체 내부의 감정 상태를 정확히 변화시키기 위해 참혹한 전쟁터의 생생한 광경에서부터 에로틱한 이미지와 코미디물까지 다양한 영상이 준비되었다. 덕분에 샘플 제공자는 짧은 시간 안에 다양한 감정을 진실로 경험할 수 있었다. 그 동안 다른 방에서는 샘플 제공자의 DNA가 어떤 반응을 보이는지 관찰했다.

샘플 제공자가 극단적 감정에 이르렀을 때 멀리 떨어져 있던 세포와 DNA는 동시에 강력한 전기적 반응을 보였다. 수십 미터나 떨어져 있음에도 불구하고 DNA는 신체에 물리적으로 연결되어 있는 듯했다.[113]

또한 샘플 제공자의 경험과 샘플 반응 사이의 시간 간격을 콜로라도에 위치한 원자시계로 측정했다. 실험에서 감정과 세포 반응 사이의 시간 차이는 번번이 0이었다. 감정이 생기는 즉시 세포가 영향을 받았던 것이다. 세포가 같은 방 안에 있든 수백 킬로미터 떨어져 있든 결과는 마찬가지였다. 샘플 제공자가 감정적 경험을 하면 DNA는 몸 안에 있다는 듯 즉시 반응했다.[114]

의식하지 못하고 있지만 우리는 저低에너지 장치를 이용하면서 대부분의 시간을 보내는 상태로 진화하고 있다. 휴대폰을 보라. 그 얼마나 놀라운 발명품인가. 휴대폰은 수다를 떨고자 하는 인간의 보편적인 성향을 이용하며, 최소의 에너지 비용으로 하루의 몇 시간을 소비할 수 있도록 해 준다. 그것은 지금까지 나온 가장 환경친화적인 발명품 중 하나다.[115] 정말로 놀랄 견해다. 문명의 이기利器가 환경친화적이라니. 그것도 가장 나은 것이라니. 그런데 조금만 생각해 보면 정말 그렇다. 휴대폰으로 인하여 통행량

113 그렉 브레이든 지음, 김시현 옮김, 《디바인 매트릭스Divine Matrix》, 2008, 굿모닝 미디어, p. 88.

114 그렉 브레이든 지음, 김시현 옮김, 《디바인 매트릭스Divine Matrix》, 2008, 굿모닝 미디어, p. 90.

115 제임스 러브록 지음, 이한음 옮김, 《가이아의 복수The Revenge of Gaia》(원서는 2006년 출간), 2008, 세종서적, p. 201.

을 줄인 것은 사실이니까. 억지기는 하다. 아무리 소통의 욕구가 인간 본성이라 하더라도 휴대폰이 환경친화적이라고 표현한다는 것은 상상 이상이다. 그렇다. 이런 관점도 필요하다. 휴대전화를 가리켜 '인류 역사상 최악의 독재적 발명품'이라 혹평하는 사람들도 있다. 24시간 몸에 찰싹 달라붙어 몰살을 일으키기 때문이다.

오늘날 극단적 환경주의자들은 세상이 전환점에 이르렀다는 주장을 편다. 이들은 지난 200년간 자신들의 전임자들이 이미 다른 많은 이슈에 대해 똑같은 주장을 해 왔다는 사실을 정말로 모른다. 지속 가능한 유일한 해결책은 후퇴하는 것, 경제성장을 중단하고 점진적으로 경기를 후퇴시키는 것이라고 주장한다. '미국의 역발전'(逆發展: de-develop the United States, 오바마 대통령의 과학 고문 존 홀드린의 표현이다.)을 위한 캠페인을 요구하는 데 무슨 다른 뜻이 있겠는가. (중략)

여기에 문제가 있다. 이 같은 미래는 과거 봉건시대와 끔찍할 정도로 비슷해 보인다. 명나라 황제와 마오쩌둥주의 독재자들은 상업의 발달을 제한하는 규정들을 만들었다. 인가받지 않은 여행은 금지, 혁신은 처벌, 가족 규모는 제한! 비관주의자들이 후퇴를 말할 때 이들이 되돌아가고 싶어 하는 세계의 필연적인 모습이 바로 이것이다. 이런 세계를 원한다고 자기 입으로 말하는 것은 아니지만 말이다.[116]

개발이 당하는 수모의 극단적인 예를 하나 보자. 도롱뇽 소송을 기억하

III

---

116 매트 리들리 지음, 조현욱 옮김, 《이성적 낙관주의자》, 2010, 김영사, pp. 462~463.

십니까? 2003년 시작한 경부고속철도 천성산 구간 원효터널 공사를 둘러싼 정부와 환경단체 간의 소송입니다.

천성산 내원사의 지율스님과 환경단체가 터널 공사를 하면 산 정상 인근의 늪이 말라 생태계가 파괴된다며 '공사 착공 금지 가처분 소송'을 냈습니다. 소송 때문에 터널 공사는 6개월간 중단됐습니다. 공사는 2006년 대법원이 소송 기각 및 각하 결정을 내린 뒤에야 마무리할 수 있었습니다. 그 경부고속철도 천성산 구간이 다음 달(2010년 11월) 1일 개통됩니다. 《중앙 SUNDAY》가 7~8일 생태 전문가와 함께 개통을 앞둔 천성산 원효터널 위에 있는 밀밭늪과 화엄늪의 생태계를 둘러봤습니다. 천성산 자락에 사는 주민도 만나 봤습니다. 화엄늪 관리자에게는 '봄에는 웅덩이마다 도롱뇽과 알이 천지였다'는 얘기를 들을 수 있었습니다.[117] 같은 신문 7면에 지율 스님과의 통화 내용이 있었으나 전체적으로 봐야 하는 문제이기 때문에 지금은 할 말이 없다는 것이었다.

스위스 남부에 알프스 산맥을 꿰뚫는 세계에서 가장 긴 터널이 뚫렸다. AFP 통신은 1996년 착공돼 공사를 계속해 온 '고트하르트 터널'이 15일 관통됐다고 보도했다. 이 터널은 총 길이가 57킬로미터로 일본의 혼슈와 홋카이도를 연결하는 세이칸青函 해저터널(53.8킬로미터)을 약 3킬로미터 차이로 따돌리고 세계 최장 터널이 됐다. 2017년부터 시속 250킬로미터의 고속열차가 이 터널을 이용해 스위스 취리히와 이탈리아 밀라노를 오갈 예정이다.[118] 사실 서남부 유럽과 일본은 환경 인식에 관한 문제의식에서 세계

112

---

117 임현욱, 《중앙 SUNDAY》, 2010년 10월 17일자, 1면과 6면 관련 기사.
118 김한별, 《중앙일보》, 2010년 10월 16일자, 12면.

최고 수준이다. 그런데 그들이 터널로 교통 문제를, 그것도 알프스라는 명산名山에 터널을 뚫으면서 해결했다는 것은 시사하는 바가 크다. 교통량을 대폭 줄이거나 '느린 행동패턴'을 도입하지 않는 한 터널 이외의 해결책은 없는데도 우리나라에서는 그랬다. 이런 것이 바로 최첨단을 달리는 현대의 비보책이다.

《브레인 섹스Brain Sex》(Anne Moir와 David Jassel이 1989년 출판한 심리학 서적)에는 미국의 사회학자 엘리스 로지의 말이 인용되어 있다. "인간은 생물학적으로 다양하며, 모든 인간이 동등하다는 사상은 정치적, 윤리적, 사회적 권고일 뿐이다."[119]

서강대의 경영 주체가 미국 신부들에서 한국 신부들로 옮겨 오는 과정을 조정하기 위해 로마 교황청의 요셉 피토라는 예수회 신부가 전체 교수들 앞에서 '신은 인간이 완전하게 만들 수 있도록 이 세상을 불완전하게 만들었다'는 깊은 신학적, 철학적 진실을 담은 연설을 했다. 일부 가톨릭 신부(다른 종교도 가담했음)가 4대강 정비 사업에 대해 하느님이 만든 강의 흐름을 인간이 변형시킬 수 없다, 신의 뜻을 거스르는 일, 이라고 하면서 그 사업에 반대하는 집회를 열었다. 그러한 종교인들도 인간은 이성적이고 과학적인 힘을 통해서 불완전한 세상을 좀 더 나은 것으로 만들 '의지의 자유'를 행사할 수 있는 능력과 권한을 천부적으로 부여받았다는 점을 인정해야 한다.(부분 발췌)[120] 예수회는 한때 교황청으로부터 이단으로 규정된 바

113

119 톰 버틀러 보던 지음, 황정은 옮김, 《내 인생의 탐나는 심리학50 Psychology Classics》, 2008, 흐름출판, p. 433.

120 이태동 칼럼, 《동아일보》, 2010년 5월 25일자, A 25면.

있는 진보적인 교파다. 그 소속 신부가 이제 우리가 자연을 건드리는 일이 신이 내린 소명인 것으로 규명했다. 건드린다거나 혹은 개발한다는 표현은 매우 부정적으로 인식된다. 풍수는 이를 보살펴 드린다든지 치유해 드린다는 표현을 쓴다.

내가 시민-사회-환경운동가들에 대해서 간혹 의구심을 갖게 되는 이유는 그들이 너무 전문 지식에 무지하며, 그러면서도 자신의 주장에 독선을 싣고 있는 경우가 너무 많기 때문이다. 때로는 그들 스스로 권력이 된다. 역설이다. 운동이란 항상 권력의 대척점對蹠點에 있어야 어울리는 것이니까. 그런데 그 자신이 권력에 이르렀다면 이상理想이 이루어진 것일까? 당연히 아니다. 그에 대한 안티-테제는 다시 생겨난다. 그렇다면 그 안티-테제는 정당할까? 역시 아니다. 신-테제가 만들어져도 상황은 마찬가지다.

비보란 풍수에만 있는 것은 아니다. 사람들은 그들의 삶터 곳곳에 자신들이 살아가기 위한 여러 가지 방편을 마련해 왔다. 게다가 현재 인류는 식량과 에너지라는 중대 과제를 풀어야 할 시점에 이르렀다. 일단 에너지는 원자력으로 발등의 불은 꺼놓은 셈이다. 식량은 어떨까? 이미 종자 개량이라는 제1차 녹색혁명을 지나 지금은 신 녹색혁명new green revolution이라는 구호 아래 유전자를 조작한 차세대 농작물을 제시[121] 함으로써 또 다른 해결책을 내놓았다. 그러나 결국은 식량 제조(인공 광합성 작용을 말한다)로 들어서야 할 것이다. 에너지건 식량이건 모두 자연으로부터 얻어야 하는 것들이고, 따라서 비보책은 땅을 대상으로 하는 풍수를 기반으로 그런 부

114

---

121 라즈 파텔 지음, 유지훈 옮김, 《식량 전쟁Stuffed and Starved》(원서는 2007년 출간), 2008, 영림카디널, p. 181.

문에까지 연장 적용될 수 있다고 본다.

그리고자 하는 대상이 무엇이건 그것이 실상과는 달리 미화되거나 과장되면 그것은 이미 사실적인 입장의 포기다. 그렇다면 무슨 유행처럼 아름답게만 그려지는 민중民衆은 실상이 그러하기 때문인가? 어떤 목적으로 과장되고 미화되었기 때문인가? 세계사의 가장 감동적인 시기에서만 뽑아 만든 것 같은 허구의 인간상과 이 시대를 살아가는 사람들과의 단정적인 일치가 과연 사실적인 태도이겠는가? 그 그림 같은 민중들에 의해 어떻게 이렇게 추악한 시대가 진행될 수 있는가?

하지만 의문이 많은 것처럼 해답도 많을 것이다. 이상理想을 보여 줌으로써 사람들을 그쪽으로 유도한다. 또는 사실이 그렇지 않더라도 그렇게 추켜 세워줌으로써 그들을 격려한다, 따위.

그렇다면 이쪽은 어떻겠는가? 상상을 보여줌으로써 자기들의 천박한 이기利근와 비굴을 반성하게 한다, 추켜세우기보다는 비판하고 나무람으로써 내면적인 성장을 돕는다, 따위는?[122]

식량을 자연으로부터 얻는 것이 아니라 인간이 생산한다는 개념은 이미 19세기에 나타났다. 19세기 영국 과학자 윌리엄 크룩스William Crookes는 질소를 고정하는 것은 머지않은 장래의 문제이다. 이를 필연적인 결과로 간주하지 않는다면 전 세계의 백인Cauacasion은 더 이상 '으뜸'이 아니며, 밀빵(밀가루로 만든 빵)을 주식으로 하지 않는 인종에 의해 사멸할 것이다.[123] 가

115

---

122 이문열 지음, 《미로의 날들》, 1994, 둥지, 책머리에 중에서.

123 라즈 파텔 지음, 유지훈 옮김, 《식량 전쟁Stuffed and Starved》(원서는 2007년 출간), 2008, 영림카디널, p. 181. 재인용.

이아 이론을 제창한 제임스 러브록James Lovelock도 이산화탄소와 물과 질소에 의해서 화학적, 생화학적 공법을 통해 식량을 합성할 수 있다면 그렇게 하고 지구를 쉬게 하자. 화학물질이나 방사능의 통계적으로 미미한 수준의 발암發癌 가능성을 놓고 안달하는 짓은 그만두어야 한다[124]고 했다. 광합성 작용을 인공으로 하여 식량을 생산해 보자는 그의 또 다른 획기적인 제안이다. 나는 멀지 않은 장래에 이런 일이 현실화되리라 생각한다.

인류에게는 경제적 진화를 지속시킬 도덕적 의무가 있다. 최근 몇 세기의 역사는 인간의 삶이 엄청나게 개선될 수 있다는 사실을 보여 주었다. 우리의 도덕적 의무는 정확히 이 때문에 생기는 것이다. 변화와 성장과 혁신을 막는 행위는 어려운 사람들을 도우려는 시도를 방해한다. 2000년대 초반 잠비아의 기근이 그런 예다. 당시 일부 압력 집단(그린피스Greenpeace International와 지구의 친구들Friends of the Earth을 말한다. ―옮긴이)이 현지의 굶주림을 악화시켰을지 모른다. 유전자 조작 식품을 원조 받는 데 따른 위험성을 과장해서 선전함으로써 말이다. 우리는 결코 이를 잊어서는 안 된다. '나중에 후회하는 것보다는 안전한 게 낫다'는 소위 '예방 원칙'은 그 자체로 유죄다. 불완전한 이 세상에서 아무것도 하지 않고 가만히 있는다고 해서 안전할 수는 없기 때문이다.[125] 비보라는 것도 비슷하다. '지금 미신이라 여겨져도 일단 경비經費가 크게 들지 않는다면 심리적 평온을 얻기 위해서라도 비보를 하자.'

124 제임스 러브록 지음, 이한음 옮김, 《가이아의 복수The Revenge of Gaia》(원서는 2006년 출간), 2008, 세종서적, p. 35.
125 매트 리들리 지음, 조현욱 옮김, 《이성적 낙관주의자》, 2010, 김영사, 2010, p. 54.

인도의 운동가 반다나 시바Vandana Shiva는 비타민 강화 쌀에 반대하면서 이렇게 주장했다. '인도인들은 골든 라이스(비타민 강화 쌀을 말함)에 의존하지 말고 고기, 시금치, 망고를 더 많이 먹어야 한다.' 그녀는 마리 앙투아네트(Marie-Antoinette, 빵이 없으면 케이크를 먹으면 된다는 말로 유명하다.)의 추종자인 모양이다.

유전자 조작은 이를 대신할 명백한 해법을 제시한다. 소출이 높은 품종들에 건강에 좋은 특성들을 삽입하는 것이다. 옥수수에는 우울증을 방지할 트립토판을, 당근에는 우유를 마실 수 없는 사람들의 골다공증을 치료하기 위해 칼슘 운반 유전자를, 수수와 카사바를 주식으로 삼는 사람들을 위해 비타민과 미네랄을 말이다.

이 책이 출간될 즈음(2010년 출간)이면 미국 사우스다코타 주에서 개발한, 오메가3 지방산을 포함한 콩이 미국 내 슈퍼마켓으로 배달되고 있을 것이다. 이런 콩은 심근경색 위험을 낮춰줄 뿐 아니라, 그 기름으로 요리하는 사람들의 정신건강에도 도움이 된다. 또한 생선기름을 채취하느라 야생의 물고기들에 가해지던 압력도 줄어들 것이다.[126]

어느 날 상반되는 두 가지 기사가 같은 신문에 올랐다. 하나는 《석유의 종말》이라는 책을 냈던 폴 로버츠의 신간 《식량의 종말》이란 책의 서평이다. 그는 기아와 식중독균, 비만 등 영양 관련 질환을 현대 식량 시스템의 두드러진 실패 증후로 꼽는다. 이것은 '저비용 대량생산'이란 산업 이념에서 비롯되었다고 지적한다. 예컨대 우리나라에서도 큰 문제가 되고 있는

---

126 매트 리들리 지음, 조현욱 옮김, 《이성적 낙관주의자》, 2010, 김영사, p. 239.

구제역, 조류 인플루엔자AI의 창궐은 가금家禽 산업의 밀집 사육방식 탓이 크다. 식중독균의 피해도 끔찍하다. AI가 인간에게도 감염되는 것은 시간 문제라고 보는데 그런 고병원성 바이러스가 전 세계로 확산될 경우 7,000만 명이 사망할 수 있고 경제적 손실은 수천조 원에 달하리라는 예상도 나왔다.[127]

다른 기사의 내용은 이렇다. 영국의 케임브리지 대학과 에딘버러 대학 학자들이 공동으로 진행해 온 닭 유전자 변형에 대한 연구 결과 AI를 전염시키지 않는 '슈퍼 닭'을 탄생시켰다.[128] 현대 기술의 이런 딜레마를 보면 혼잡스럽다. 배가 고픈 것은 참을 수 없는 고통이자 죽음에 대한 신속하고도 확실한 계약이다. 그래서 나는 유전자 변형식품이라도 배가 고프면 먹겠다고 했다. 불안하기는 하다. 그래서 인간의 지혜를 믿게 된다. 낙관적으로 생각하기 위해서, 그리하여 행복하다고 느끼기 위해서다.

만약 역사가 변증법적으로 혹은 진화가 변증법적으로 이루어져 왔다면 지금 인류는 천국에 있어야 한다. 그렇지 않은가? 그 오랜 세월을 진보해 왔는데 어떻게 그렇지 않을 수가 있겠는가? 반증反證은 전쟁 한 가지만 보아도 충분하다. 전쟁을 치룬 미치지 않은 인간들은 누구도 이것이 마지막 전쟁이기를 바랐을 것이다. 현실은 전혀 그렇지 못하다. 오히려 더 가공할 위력과 광포함으로 덧붙여진 것 같다. 전쟁-평화-혼란-독재-혁명-전쟁의 반복은 역사에서 쉽게 찾을 수 있다.

127 김성희, "구제역, AI, 밀집 사육방식이 부른 재앙", 《중앙일보》2011년 1월 15일자, BOOK 22면.
128 이상언, "AI 전염 막는 '슈퍼 닭' 탄생", 《중앙일보》2011년 1월 15일자, 국제 14면.

한때 문명의 반대 명제로 여겨졌던 야생 상태는 이제 도시의 공원이나 정원으로 모습을 드러내면서 도시의 일부분으로 자리하게 되었다. 우리는 이를 통해 일종의 역설을 볼 수 있다. 아니, 이를 통해 오히려 역사가 정상 상태로 되돌아가고 있음을 인식해야 한다. 위대한 발견의 시대에서 시작되어 지금 이 지경까지 이르게 된 이 세계는 단지 역사가 탈선한 부분에 해당되기 때문이다.[129] 이 글의 저자는 인간이 스스로의 힘으로 즉 비보라는 방법을 통하여(나는 도시의 공원이나 정원을 풍수 비보책으로 여긴다.)다시 자연 상태로 돌아갈 수 있음을 주장한다. 관점에 따라서는 억지처럼 보일 수도 있다. 그러나 결코 억지가 아니다. 우리는 흔히 시골 또는 전원이라고 불리는 곳을 도시와 대비하여 자연이라 생각한다. 엄밀히 말해서 그런 곳은 자연이 아니다. 인류 최초의 전 지구적 자연 파괴는 농업으로부터 비롯되었다. 그 이전까지가 자연이고, 농업이 인간에 의하여 시작된 이후의 풍경은 인공ΛΤ이라고 볼 수밖에 없다.

아마도 비보를 통하여 인간이 찾고자 하는 곳은 낙원 또는 유토피아일 것이다. 물론 에덴동산이라는 또는 무릉도원이라는 본래 있던 어떤 곳을 찾는 시도도 있지만, 이성의 시대로 접어들면서 그런 종교적(무릉도원은 도교와 관계가 있다.)인 개념의 땅보다는 자신들이 건설할 수 있는, 그러니까 비보에 의하여 구축이 가능한 곳을 시도하게 되었다.

현재 프랑스어의 '낙원paradis'이라는 단어는 중세 교회의 라틴어 '파라디수스paradisus'에서 나온 파생어이다. 이 라틴어는 그리스어 '파라데이소스

---

129 프랑수아 시고, "자연과 문명", 베어드 캘리콧 외 지음, 윤미연 옮김, 《자연은 살아 있다》, 2004, 창해, p. 44.

(paradeisos: 울타리 안의 영토, 나무들을 심어놓은 정원, 사냥을 위한 공원이라는 뜻을 지닌 단어)'를 직역한 말이며, 그리스어 파라데이소스는 페르시아어에서 차용해 왔다. 이에 해당하는 페르시아어의 단어는 일반적으로 기원전 200년 경, 구약성서를 그리스어로 번역한 79명의 학자들에 의하여 그리스로 건너가게 된 것으로 추정된다.[130]

중요한 점은 오늘날의 자연적인 공원이 고대의 낙원과 동일한 제도적 계열에 속한다는 사실이다. (영국이나 중국의 공원, 일본의 정원, 프랑스의 국유림 역시 여기에 포함된다.) 인도의 왕들이 사냥을 하러 나가던 공원들처럼 원시적인 전통이 유지되었을 경우, 그 공원들은 고대의 낙원에서 직접적으로 이어져 온 것이라 할 수 있다. 반면, 그 전통이 재창조되거나 재해석되었을 경우, 그 공원들은 간접적인 연속성을 지닌다고 할 수 있다.[131] 즉 비보성이다.

대부분의 도시인들에게 자연은 마음을 안정시켜주는 휴식의 공간이다.(물론 그 자연이 즐기기에 너무 불편한 상태가 아니라는 전제하에서) 오랫동안 지속되어 온 이 같은 시각은 아마도 그다지 빨리 바뀌지는 않을 것이다. 비록 때때로 자연 스스로가 자연에 대한 이런 시각을 부정하는 경우가 있기는 하지만.[132] 부정적 자연이란 단순히 끔찍한 자연재해를 떠올려 보는 것으로 충분히 이해가 된다.

세계화globalization는 자본이 어디에서나 누구에게나 절대적 권한을 휘두

130 프랑스아 시고, "자연과 문명", 베어드 캘리콧 외 지음, 윤미연 옮김, 《자연은 살아 있다》, 2004, 창해, pp. 46~47.
131 프랑스아 시고, "자연과 문명", 베어드 캘리콧 외 지음, 윤미연 옮김, 《자연은 살아 있다》, 2004, 창해, p. 48.
132 프랑스아 시고, "자연과 문명", 베어드 캘리콧 외 지음, 윤미연 옮김, 《자연은 살아 있다》, 2004, 창해, p. 53.

를 수 있는 권리를 보장한 체제다. 또 평등이란 다른 어떤 고결한 의미보다 시장에서 상대를 능가하거나 착취할 수 있는 고른 기회를 뜻하기에 이르렀다. 신화와 미신에 대한 상쾌한 비판은 과학지상주의로 변질되어, 실험실에서 만지작거릴 수 없는 것은 진지하게 여길 필요조차 없다고 여기는 지경이 돼버렸다. 그런가 하면 자기 스스로 생각할 용기를 가지라는 칸트의 명령은 전통이라는 자원에 대한 경멸과 무시, 권위란 본디 억압적이라고 보는 유아적 발상 따위로 왜곡돼 왔다.[133] 우리가 어쩌다가 단순히 자연회귀自然回歸라는 실현 불가능하고 따라서 유치하기만 한 개념에 집착하게 되었을까? 그곳이야말로 그 좋았던 옛날로 돌아갈 수 있다는 망상을 실현할 수 있다고 착각하게 만들기 때문이다. 이미 앞에서 강조한 바 있지만, 그 좋았던 옛날은 있지도 않았다. 어릴 때 추억은 한껏 미화되어 있다. 지금의 삶이 너무 어렵게 비치고 있기에 그렇게 된다. 정신 바짝 차리고 기억을 되살려 보면 그런 때는 단지 상상 속에서나 있었다는 것을 알 수 있다.

나는 상상 속에서 심리적 안정을 얻는 것까지 힐난할 생각은 없다. 그저 자신의 상상을 남에게도 강요하는 일은 하지 말라는 뜻에서 해본 얘기다.

"프로테스탄트주의의 우두머리인 독일의 마르틴 루터는 독자적인 비판의 눈으로 성서를 음미한 끝에 어느 수녀의 사타구니를 벌리고 매일 밤 그 짓을 하고 있으니까."

"마지스테르, 아무리 의견이 다르다고 해도 그런 비방과 중상은 너무한 거 아닙니까?"

I2I

133 테리 이글턴 지음, 강주헌 옮김, 《신을 옹호하다》, 2010, 모멘토, p. 100.

"중상이 아냐. 실제로 마르틴 루터는 수녀한테 아이를 다섯 명이나 낳게 했으니까. 흥, 이게 신앙의 구세주라니. 예수회가 욕할 만도 하지."[134]

만약 사실이라면, 이 문제가 암시하는 면은 매우 중요하다. 루터의 종교 개혁의 당위성은 역사적으로 인정되며 또한 그를 계기로 가톨릭은 개혁되었기 때문이다. 더구나 이것을 좀 확대 해석하면 이런 논리도 가능하다. 좌파 혹은 혁신 세력은 언제나 보수 세력에 대항하여 혁신적인 변화를 요구한다. 그런데 그들이 정권을 잡고 나면 철인哲人 정치가 도래하느냐 하면 그건 아니다. 그들 중 상당수가 도덕적으로 부당한 일들을 저지르는 사례가 많이 나온다. 공정치 못한 것이다. 나는 교육학의 대단한 저서인 《에밀》을 쓴 장 자크 루소가 자기 자식을 고아원에 집어넣었다는 사실을 알고 그 책을 버렸다. 주장은 이렇게 하면서 자신의 행동은 저렇게 하는 자들을 경멸하기에 그렇다.

이 문제는 내 경험에 공사公私를 구별한다는 주장과 비슷하게 보인다. 공식적인 자리에서 풍수의 폐해를 극구 주장하던 학자가 막상 자신이 친상親喪을 당하자 내게 도움을 청한 일이 여러 번 있었기에 하는 말이다. 공적으로 자신이 밝힌 주장이라면 사적인 일에도 그런 태도를 견지해야 옳다. "공은 공이고 사는 사 아닙니까?" 운운은 궤변일 뿐이다.

대중이 생각하는 창의적인 사람들의 이미지는 모든 규범과 관례, 관습에 정면으로 도전하는 모습이다. 그러나 이것은 잘못된 고정관념이다. 진정

134 사토 겐이치 지음, 김미란 옮김, 《카르티에 라탱》, 2004, 문학동네, pp. 136~137.

한 변화를 이끌어 내는 사람은 자신의 영역을 통달하여 기존의 기술과 지식을 온전히 이해하고 숙달하는 과정을 먼저 거친다. 그 후에야 비로소 진정으로 창의적인 흔적을 남길 수 있다. 마치 기존의 '규칙'을 모두 혼합한 다음에야 그것을 부수거나 구부려 새로운 무언가를 재창조해 내는 것처럼 말이다. '옛것을 익히고 새것을 안다'고 하는 온고지신溫故知新은 동양과 서양을 막론하고 만고의 진리다.

— 미하이 칙센트미하이Mihali Csikszentmihalyi의 《창의성의 즐거움》에서[135]

내가 지나치게 환경운동을 폄하한 혐의는 있다. 그런데 우리 사회 지식인들은 '인권과 환경'이라는 문제가 불거지면 회피하는 사례가 많았다. 그러다 보니 이 두 명제에 대해서는 운동가들의 주장만 유포되어 일반인들이 편식하게 되는 일이 빈번해졌다. '말 없는 다수'라는 표현으로 얼버무릴 문제가 아니다. 그래서 과장인 줄 알면서 장황하게 문제점을 지적해 보았다.

이 글을 쓰던 중 이런 황당한 기사를 보았다. 해군 청해부대가 소말리아 해적 5명을 생포한 이후 수일 동안 신병身柄을 억류하고 있었던 것을 두고 불법이라는 의견이 나왔다. (중략) 김대중 정부 말기에 대통령 사정 비서관을 지낸 노인수 변호사(국제 평화연대 회장)는 30일 '해적들을 전쟁포로가 아닌 민간인으로 본다면 국내법 절차를 밟는 게 맞다'며 '국내 형사소송법을 적용하면 체포 직후 48시간 이내에 해적들에 대해 구속영장을 청구해야 하고 그렇지 않으면 석방해야 하는데 이런 점에서 불법구속의 소지가 있다'고 주장했다. 이에 대해 법무부는 즉각 '해적들에게는 국제법이 적용되는

123

---

135 톰 버틀러 보던 지음, 황정은 옮김, 《내 인생의 탐나는 심리학50 Psychology Classics》, 2008, 흐름출판, p. 525.

데 이를 혼동해 국내 형사소송법 적용을 주장하는 것은 난센스'라고 일축했다.[136]

난센스가 아니라 어처구니가 없다. 도대체 해적의 인권은 존중하면서, 선박을 납치하고 돈까지 요구한 인질 납치범들에게, 더구나 군사작전으로 붙잡은 해적들의 인권은 말하면서 왜 그 상황에 대해서는 입을 다물고 있었는지 모르겠다. 법적인 거야 법무부가 지적했으니 내가 나설 문제는 아니지만, 피해자들의 인권은 어쩌라는 말인지. 아직 피랍 상태인 금미호 선원들의 자택이나 삼호 주얼리호 선장이 입원해 있는 수원 아주대병원 앞에 가서 그런 소리를 하면 어떻게 될까? 게다가 '~이면, 맞다'라든가, '~라는 소지가 있다'라는 식으로 책임 회피가 가능한 어법 구사는 참기가 어려울 정도로 속이 울렁거린다.

136 이태훈, "軍이 해적 불법 감금했다. 법무부 발끈", 《동아일보》 2011년 1월 31일자, A 4면.

3. 정치성政治性 : 새로운 세상, 개벽開闢 지향

본래 풍수는 정치적 도구로 많이 쓰였다. 자생풍수의 시조인 도선국사의 한반도 중부 지방 중심설이 그렇고, 무학대사의 한양 천도 주장이 또한 그 대표적인 예다. 효종 승하 후 이런 논란이 있었다. 효종대왕을 영릉寧陵에 장례하였다. 그 전에 윤선도尹善道가 수원부水原府 자리가 내룡來龍으로 해서도 최상이요, 풍수風水로서도 대단히 큰 천재일우의 자리라고 하여 새 능을 수원에다 모시기로 결정하고 이미 석물 일까지 시작했는데, 이경석李景奭, 송시열宋時烈 등 모두가, 수원은 바로 경기의 관문이요 요충지인데다 고을과 마을을 옮겨야 하는 폐단이 있고 또 장래 오환五患[137]의 염려도 있는 곳인 반면 건원릉健元陵 왼편 산등성이 건좌乾坐는 바로 태조太祖가 신승神僧인 무학無學과 함께 직접 정한 자리로서 명明나라 만세산萬歲山처럼 꾸미려고 했던 자리이기 때문에 바닥이 우선 너무 좋고 일하기에도 편리하다고 하면서 혹은 차자 혹은 상소로 계속 쟁집하였다. 그리하여 상上이 드디어 경석 등의 건의를 받아들여 건원릉 왼편 산등성이에다 새 능 자리를 정했던 것이다.[138]

무학은 태조 이성계의 친구이자 스승이었다. 그런데도 실록에는 그 기록이 지나칠 정도로 경미하다. 이상한 것은 그가 입적入寂한 《성종실록》의 기록이다. 임금이 국사國師 추존 의견을 냈을 때 조정 대신들은 장문의 상소를 올려 그 일을 극구 반대한다. 무학이 정말 무지몽매한 인물이었다면 대

---

137 정자程子가 《장설葬說》에서 말한 터 잡기에서 피해야 할 다섯 가지 근심거리.
    1) 훗날 도로가 되지 않아야 한다. 2) 성곽이 되지 않아야 한다. 3) 도랑이나 연못이 되지 않아야 한다.
    4) 권력자에게 빼앗기지 않아야 한다. 5) 논밭이 되지 않아야 한다.
138 《국조보감》 제39권, 한국고전번역원, p. 4, 8.

신들이 그토록 그를, 더구나 죽은 그를 그토록 깎아 내릴 필요는 없었을 것이다. 그의 영향력이 어떤 정도였는지를 짐작케 하는 대목이다. 그는 국가 대사에 있어 태조에게 막강한 영향력을 가지고 있었다. 그가 만약 정치적 야심이 있었다면 큰 세력을 형성했을 것이지만 그는 그렇게 하지 않았다. 하지만 유신儒臣들 입장에서는 그들의 강력한 적대세력이 되었을 가능성이 높기 때문에 그토록 폄훼할 수밖에 없었다. 풍수는 정치적인 도구였다는 증거다.

조선의 임금들은 기회 있을 때마다 풍수에 의한 천장遷葬을 금하는 명령을 내렸다. 특히 그 자리가 대단한 명당이라는 소문만 들면 반드시라고 할 정도로 집요하게 그 자리를 빼앗았다. 정치적으로 왕권에 대한 도전으로 받아들였기 때문이다.

사실 정치인에 대한 인식은 그리 좋지 못하다. 풍수 지관에 대한 인식처럼 말이다. 정치인들에 대해서 바라는 바는 정치는 논외論外이고 그저 솔직하기만 바라기까지 한다. 무참하지만 현실이다. 나 자신도 무식하기는 하지만 다음과 같은 정도의 무작정 솔직한 사람이 그립기는 하다.

열 손가락 안에 들 열성적이고 순수했던 독립투사 장건상 선생은 선거 연설 때 내가 어떻게 하겠다, 무엇을 하겠다, 국민을 위해 노력하겠다 등등의 말은 일체 하지 않았다.

'나를 국회로 보내주시오. 거기에 가서 앉아 있을랍니다. 경로당에 가서 앉아 있기엔 아직 나이가 이르고 막노동을 하기엔 나이를 너무 먹었소. 아무리 생각해도 내가 앉아 있을 곳은 국회밖엔 없을 것 같아 이렇게 출마를 한 것입니다.'[139]

액튼 경의 '권력은 부패하는 경향이 있고, 절대 권력은 절대적으로 부패한다'는 격언은 대개 정치권력과 연관되며 진부해질 위험이 있다. 하지만 그것은 열역학 제2법칙의 다른 표현이기도 하다. 만물은 낡고 약해지며 더 무질서해지는 경향이 있다는 법칙 말이다. 이 우주에서 좋든 나쁘든 어떤 목적으로도 에너지를 부패시키지 않은 채 사용하기란 불가능하다.[140] 그렇다면 정치에 대한 시민의 인식이 이렇게 된 것도 이해 못할 바는 아니나. 결코 이 주장이 그들의 면죄부가 되어서는 안 되지만 말이다.

산업화는 양면의 야누스적 얼굴을 한 것으로 드러났다. 현대 인류에게 인류 역사 어느 시대와도 비교할 수 없을 정도로 생산적 풍요를 가져다줌으로써 물질적 쾌락을 만끽하게 만들었고 또 달리 자연에 대한 압박과 착취를 초래함으로써 환경위기를 고조시키고 있다. 물질적 풍요를 더욱 확장시키기 위해서는 현대적 산업화를 재촉해야 하지만, 그것이 문화의 생명적 뿌리인 자연을 황폐화시킴으로써 스스로의 기반을 허물어 마침내 문명 자체도 허물게 되는 화를 자초할 수 있다. 따라서 현대인은 딜레마 상황에 놓여 있다고 볼 수 있다.[141] 정치는 현실을 반영한다. 위와 같은 딜레마를 해결하기 위해 정치는 필요하다. 그들이 말로 드러내는 이상이란 그저 표를

139 이병주 지음, 《그해 5월》, 2006, 한길사, p. 195.

140 제임스 러브록 지음, 이한음 옮김, 《가이아의 복수 The Revenge of Gaia》(원서는 2006년 출간), 2008, 세종서적, p. 111.

141 한면희, 《미래세대와 생태윤리》, 2007, 철학과현실사, pp. 6~7.

의식한 서비스일 뿐이다. 모두들 그걸 알면서도 이 역시 현실이므로 그냥 지나칠 뿐이다.

풍수는 역사에 드러난 신료臣僚들의 주장을 보면 철저히 정치적이란 것을 알 수 있다. 조선 건국 직후 벌어진 수도首都 결정 과정이나, 매 임금의 붕어崩御 때마다 벌어졌던 왕릉 결정 문제, 중신重臣 모모某某가 제 부모 묏자리를 과도하게 썼다는 탄핵, 광해군 때 논쟁이 되었던 교하交河 천도 논쟁 등 일일이 열거할 수 없을 정도로 많은 정치적 문제에서 풍수 논리가 작용했음을 알 수 있다. 사실 어린이들의 놀이 과정도 정치적인 부분이 있는 게 현실 아닌가.

요즈음(2010년 9월 말) 국무총리 인준을 위한 국회의 인사청문회 보도를 보고 있자면, 행정부 수반이자 다분히 정치적 자리인 총리에 도덕군자를 모시자는 얘기처럼 들린다. 수십 년 전 일부터 가족을 넘어 누나네 집까지 들추어 가며 꼬집어내는 것을 보면 대단하다는 것과, 이 사람들이 갑자기 플라톤의 철인哲人 정치로 돌아가자는 주장인 것 같아서 심히 거북하다. 공정한 사회를 만들기 위해서라는데, 총리 후보의 미성년자 시절 일까지 파헤치지 않는 게 그나마 다행인가. 난세亂世의 간웅奸雄이란 소리를 듣기는 했지만 탁월한 경세經世 능력을 갖췄던 조조도 이런 청문회에서는 당장에 구속 기소될 수밖에 없을 것이다. 국무총리로 공자를 고르자는 것인지 조조를 선택하자는 것인지 의도가 분명히 드러났다. 답은 공자다.

공자는 춘추시대에 조그만 나라 하나 제대로 관리하지 못했다. 행정의 실제 수완은 낙제란 얘기다. 물론 성현의 반열에 오른 대 철인哲人이다. 그렇다면 조조는?《삼국지연의》대로 그는 '치세治世의 능신能臣, 난세亂世의 간웅奸雄이다.' 현대가 한말漢末보다 더 공자와 같은 성인을 필요로 하는 것은 물론이다. 아마 그래서 총리감으로 공자 같은 사람을 찾는 모양이지만, 현실은 너무나도 조조 같은 능신을 바라고 있다. 이명박 정부는 '공정한 사회'를 국정 지표로 삼았다. 당연한 목표이기는 하지만 지나치게 이상적이다. 마치 유토피아처럼 꿈을 꾸기는 좋지만 결코 이루어질 수 없는 일이다. 더욱 난감한 일은 그 누구도 공정함을 거부할 수 없다는 사실이다. 수많은 전문가와 지식인들이 지금의 청문회가 도를 넘었다고 판단하면서도 누구 하나 이를 지적하지 못하는 것은 바로 그 때문이다. 누가 공정을 걸고넘어질 수 있겠는가? 지적하는 순간 자신도 비난받을 것이 분명하기에 나서려 하지 않는 것이다.

정치는 현실적이기에 만약 추진하고자 했던 정책에 제동이 걸리면 즉시 빠져나갈 궁리도 마련한다. 좋게 말해서, 아니 어렵게 말해서 출구전략이란 것을 쓰면 된다. 경제 영역처럼 성공의 출구 전략이 필요하듯, 실패의 출구 전략은 이런 때 더 절실하다. 세종시 수정안 폐기와 함께 정권을 상징하는 두 개의 마스코트가 사라졌다고 서운해할 필요도 없다.[142]

스페인 산탄데르 출신의 사회심리학자 페르난도 디에고 로페스도 지적했듯이, 정치인들은 자신들의 세력권 내에 진짜 선택권을 쥐고 있었다. 권

---

142 송호근 칼럼, "4대강 출구 전략이 필요하다",《중앙일보》, 2010년 7월 27일자, 31면.

력을 손에 쥔 인간들이란 으레 하급자들이 벌벌 떠는 모습과 추종자들이 아첨하는 모습을 좋아하기 때문에 필연적으로 비뚤어진 반사회적 인간일 수밖에 없었다.[143] 이렇게까지 말하기는 거북하지만 잘 살펴보면 이런 얘기를 들어도 할 말이 별로 없는 게 정치 아닌가? 간혹 지도적 위치에 있는 정치가들의 말솜씨를 보면 기가 막힌다. 이럴 때 으레 나오는 게 '시정잡배市井雜輩들 같다'는 표현인데, 가끔은 조직폭력배나 쓸 말들도 나온다. 예컨대 이런 식이다. '자연산 운운'한 것은 취한醉漢의 주정酒酊에 지나지 않고, '확 죽여 버려야 하지 않겠나 운운'하는 표현은 시정잡배들도 난투극 직전에나 내뱉는 말이다. 게다가 발언 당사자가 그 당의 지도층이란다. 이러니 일반인들로서야 정치를 도의道義는 차치하고 상식이나 사회통념조차도 미치지 못하는 무엇으로 인식할 수밖에 없는 까닭이다.

대중의 심리사회적 미성숙이란 대중이란 것이 본디 어린아이와 같아서 자기 부모들의 시시한 모습에 실망을 느끼고는 다른 어딘가에 있을 진짜 멋진 '부모'를 찾는 데 강압적으로 매달리는 그런 인간들이거든. 아닌 게 아니라 20세기와 21세기의 전반부를 수놓은 뉴스나 역사도 예외 없이 정치인들의 변덕, 취미, 스타일을 다룬 것이 대부분이었어.[144] 이런 인용문은 정치인들을 구상유취口尙乳臭하다고 평한 예이다. 정치를 쓰레기통에 비유한 경우도 있다.

반면 저드는 저널리스트이고 그에 걸맞게 현학적이다. 믹이 만났던 대부분의 저널리스트들처럼 저드도 세상만사에 나름의 의견을 가져야 한다고

143 매트 리들리 지음, 조현욱 옮김, 《이성적 낙관주의자》, 2010, 김영사, p. 68.
144 매트 리들리 지음, 조현욱 옮김, 《이성적 낙관주의자》, 2010, 김영사, p. 68.

여겼다. 정치에 대해서는 특히 그랬다. 정치는 가장 휘젓기 좋은 여물통이었다. 코와 눈과 머리와 앞발을 오물 속에 담그고 주위에 구정물을 튀겨대며 그럭저럭 시간을 보낼 수 있다. 정치는 아무리 탐해도 고갈되지 않는 주제이고, 뭐든지 조금씩은 들어 있는 구정물이었다. 저드의 말마따나 모든 것은 정치적이기 때문이다. 예술도, 섹스도, 종교, 원예, 상업, 식사, 음주, 방귀, 전부 다 정치적이었다. 저널리스트는 시끄러운 고집쟁이고, 정치는 쓰레기통이다.[145]

조선왕조실록에 나타난 풍수 논쟁은 그 자체가 난장판이다. 이런 주장을 했던 사람이 다른 논쟁에 가면 저런 주장을 한다. 비일비재한 현상이니 일일이 소개하기도 귀찮다. 게다가 이 책은 나의 망상록이니 그토록 치밀하게 고증할 필요도 느끼지 않는다.

사실 정치만 더럽고 구상유취하고 난감한 게 아니다. 사회의 전반적인 흐름이라고 본 문필가도 있었다. 이런 식이다. 나는 성수대교와 삼풍백화점이 차례로 무너지던 1995년 무렵을 일단 정치적으로는 형식적 민주주의 시대의 출발로, 경제적으로는 개발 독재가 종언을 고하면서 한국 자본주의가 스스로 재생산구조를 갖추게 되는 시기로, 그리고 문화적으로는 사회 변혁에 대한 열정으로 지식인의 머릿속에서만 형성되어 온 민중이 걷잡을 수 없는 소비 사회의 적나라한 대중으로 휩쓸려 들면서 욕망에 얽혀 가는 시대였다고 생각한다.[146]

145 매트 리들리 지음, 조현욱 옮김, 《이성적 낙관주의자》, 2010, 김영사, p. 239.
146 황석영 지음, 《강남몽》, 2010, 창비, p. 377. 작가의 말 중에서.

우리 사회는 이미 격변기를 한참 지나고 있는 중이다. 그 와중에 무수히 많은 문제들이 불거졌다. 그런 모든 문제들에 대해서 대중들은 예전처럼 입을 다물고 있지도 않는다. 그러니 세상이 온통 시끄러울 수밖에 없다. 극한적 대립도 있고, 그 극과 극 사이에 단락마다 층위層位를 달리하는 여론들이 있다. 무엇이 옳은 것인지 판단한다는 것은 현 시점에선 무리다.

여기서 결코 현명하지는 못하지만 현실적인 해결 방안으로 내세울 수 있는 게 다수결 원칙이다. 여기에도 문제가 있다. 여론을 몰아가는 세력이 다수인지가 불분명하다는 점이다. 침묵의 다중多衆이 있다는 뜻이다. 예컨대 많은 지식인들이 환경이나 인권과 같은 섣불리 나서기 힘든 이슈가 터지면 입을 다물어 버린다는 것인데, '환경 위주', '인권 본위'라는 원칙에 공연히 끼어들었다가 무슨 봉변을 당할지 모르기에 그런 것이다. 한편 환경과 인권을 내세우는 세력은 도덕적으로 자신들이 옳다는 잘못된 확신을 가지고 아무런 책임 의식이나 현실 인식을 위한 노력도 없이 마구잡이로 주장만 편다. 침묵의 다중과 입 다문 지식인, 천방지축인 운동권이 뒤엉켜 세상은 더욱 혼란스럽다.

기껏 중용中庸, 중도中道, 조화調和를 내세우는 정도이지만, 그게 말장난에 지나지 않는다는 것은 그걸 말하는 자신들도 잘 안다. 예컨대 우리가 단일 민족이라는 일종의 자부심도 이젠 옛이야기가 되었다.

이런 안이함과 조급증이 시간에 대한 인간의 한계성에 기인한다는 설도 있다. 진부한 얘기지만 벤저민 프랭클린이 말한 것처럼 시간은 돈이라 할 수도 있다. 이유는 간단하다. 인간이란 언젠가는 죽어야 할 필멸必滅의 유한有限 존재이기 때문이다. 왜 돈은 현명하게 쓰면서(물론 엉뚱한 곳에 허망하게 쓰는 사람도 많지만) 시간은 그러지 못할까? 시간은 저축할 수 없기 때문인지도 모르겠다. 쓰기로 마음먹든 그렇지 않든 흘러가 버리는 게 시간이니까 말이다.[147]

혁명의 초기 단계에 참여하는 사람들은 무언가 크고 완전한 삶의 변화를 갈구한다. 대중운동 지도자들은 이 점을 꿰뚫고, 대중의 환상적 희망을 부추기고 선동하는 데 집중한다. 조금씩 느리게 일어나는 변화가 아닌, 추종자의 삶을 한순간에 통째로 바꾸어 놓는 변화를 약속하는 것이다.

사람들이 어떤 조직에 들어갈 때는 그 안에서 자기 발전이나 이익을 얻으려는 이기적인 이유가 있다. 그러나 대중적인 혁명 운동에 참여하는 사람은 '원치 않는 자아를 버리기 위해' 그렇게 한다. 현재 자기 모습이 마음에 들지 않더라도 대중운동에서는 아무런 문제가 되지 않는다. 개인의 자아는 대중운동의 '성스러운 대의'에 밀려 의미를 갖지 못하기 때문이다. 그래서 지금까지 개인적 좌절과 무력만을 경험했던 사람들이 새로운 자긍심과 목표, 확신, 희망을 얻는다. '성스러운 대의명분'에 대한 믿음이 워낙 크기 때문에 자신에 대한 잃어버린 신뢰는 문제가 되지 않는다고 호퍼Eric Hoffer는 지적한다.

그렇다면 대중운동에 잘 휩쓸리는 사람은 어떤 사람일까? 호퍼는 '잠재적 후보자'라는 글에서 아주 가난한 사람들은 아니라고 말했다. 하루하루

147 필립 짐바르도, 존 보이드 지음, 오정아 옮김, 《타임 패러독스The Time Paradox》, 2008, 미디어 윌, p. 23.

먹고 살기 바쁜 그들은 원대한 전망에 관심을 둘 여유가 없다. 그보다는 좀 더 많이 가진 사람들, 좀 더 먼 곳을 바라볼 수 있는 여력이 있는 사람들이 대중운동에 잘 휩쓸린다. 호퍼는 '아무것도 갖지 못한 사람보다는 많이 갖고 있으면서 더 많은 걸 갖고 싶어 하는 사람의 욕구불만이 더 크다'고 말한다. 인간은 딱 하나만 갖고 있을 때보다 이것저것 부족한 것이 많을 때 더 큰 불만을 느낀다.[148]

이렇게 보면 대중 운동으로서의 정치는 필요악이라는 생각도 가능하기는 하다. 여기서 더 나아가면 또 이상을 추구한다. 공산주의가 대표적인 예일 것이다.

공산주의는 인간의 본성이란 것을 깡그리 무시한 주장일 뿐이었다. 어떻게 '능력껏 일하고 필요한 만큼 가져다 쓴다'는 꿈을 현실화시킬 수 있다고 생각했을까? 그러니 자멸할 수밖에 없었다. 자본주의는? 인간의 본성에 대한 이해는 했지만, 인간의 선함도 있다는 점은 무시했다. 역시 언젠가 자멸할 것이다. 지금이 바로 그즈음이 아닐까 생각해 본다. 세상은 인정사정 볼 것 없다는 식으로 흘러간다. 그러니 반동이 일어날 것은 분명한 사실이다. 아직은 패러다임을 전환시킬 정도의 주의가 나타나지도 않았다. 불안한 세월이 흐른다.

홍상화의 장편소설 《디스토피아》의 다음 대목에는 이 문제를 이렇게 표현하고 있다. "박 작가는 공산주의가 실패한 이유가 뭐라고 생각하나요?"

저녁과 함께 반주에 적당히 취했을 때쯤 구소련의 몰락에 관한 이야기가 이어졌고, 그 얘기가 끝났을 때쯤 내가 단도직입적으로 물었다.

148 톰 버틀러 보던 지음, 황정은 옮김, 《내 인생의 탐나는 심리학 50 Psychology Classics》, 2008, 흐름출판, pp. 88~89.

"현실적으로 너무나 높은 이상에 근거한 제도 때문이라고 봐야지요."

박진섭 작가는 조금도 주저함 없이 답했다. 역시 내 추측대로 박 작가는 정치현실에 초연한 것처럼 보였으나 뚜렷한 정치관이 있었음이 드러났다.

"높은 이상이란 어떤 건가요?"

"예컨대 체력이 허용하는 한 열심히 일한다. 필요한 만큼 이상은 어떤 물질도 보유하지 않고 사용하지도 않는다……. 그런 것이지요. 그것은 인간의 본성에 반하는 것입니다."[149]

역사 순환론을 들먹이지 않더라도 세상은 항상 자기 시대가 말세末世라 여기는 경향이 있다. "솔직히 이야기해서 앞으로는 더 어둡고 더 살기 힘는 세상이 되리라고 생각합니다. 희망을 가질 수 없는 사회라고니 할까요?" 최근에 단행본으로 나온 《메타볼라》를 《아사히신문》에 연재하던 중에 그 신문과의 인터뷰에서 기리노 나쓰오가 한 발언입니다. 자기 딸에게도 그렇게 이야기했답니다.[150]

이 힘든 세상에서 하나의 돌파구로 자살을 떠올리는 사람들이 있다. 세계의 어떤 정통 종교도 자살은 커다란 죄악으로 규정한다. 상식의 기준으로도 용납할 수 없는 무책임한 자기 방기放棄에 지나지 않는다. 우리나라 하루 36명 씩 자살, 40분마다 1명 꼴. 500만 명이 미성년자일 때 부모 이혼.[151] 충분히 세상 어렵다, 어두워졌다는 얘기가 나올 법하다.

희망이 없는 사회, 더 바르게 말한다면 희망이 없을 것 같은 사회. 이것이 아마 많은 사람들의 생각일 것이다. 하지만 그런 풍조가 현대만의 특징

149 홍상화 지음, 《디스토피아》, 2005, 랜덤하우스중앙, pp. 129~130. 이 소설에서 작가는 한국 지식인 특히 인문 분야 지식인들의 좌경화 원인을 대체로 시기심에 둔다. 즉 교수로 이미 확고한 사회적 신분이 보장되었음에도, 대학 시절 자신들보다 뒤떨어졌다고 보았던 자들이 이제는 자신들보다 경제적으로나 정치적으로 더 나은 위치에 있다는 점을 받아들일 수 없다는 인식 때문이라는 것이다.

150 기리노 나쓰오 지음, 권일영 옮김, 《DARK》, 비채, p. 548. 옮기고 나서 중에서.

151 2010년 8월 통계청 발표.

일까? 아니다. 어느 시대나 자신들의 세대가 가장 암울하다고 여겼다. 그렇다고 해서 지금이 괜찮다고 말하는 것은 아니다. 다만 소식 전달 속도가 너무 빨라서, 정보가 홍수를 이루기 때문일 수도 있다. 예전에야 남의 나라 일들을 알기나 했을까? 지구 어디선가 지진이 나고 화산이 폭발하고 홍수가 나더라도 우리는 모르고 살았다. 그러니 걱정도 그만큼 범위가 좁아서 그랬을 수도 있다. 한편으로는 자기 먹고살기도 바빴기에 그랬는지 모른다.

사람들은 흔히 "그 좋았던 옛날"을 말한다. 조선왕조실록을 보면 어느 한 해 천재지변이 없었던 적이 없고, 그 결과 수많은 사람들이 굶어 죽었다는 기록들이 나온다. 19세기 말 서양인들이 찍은 우리 선조들의 모습은 민생고民生苦에 지칠 대로 지친 바로 그것이다. 좋았던 옛날은 없었다. 우리가 어릴 때 보았던 사물은 실제보다 훨씬 과장되게 기억에 남아 있다. 어려서는 무척 긴 다리인줄 알았는데 어른이 되어 가 보니 너무 초라하더라는 경험은 누구나 갖고 있다. 그래서 그 좋았던 옛날이 자꾸 떠오르는 것이다. 게다가 당시에는 어렸기 때문에 삶을 책임질 필요가 없었다. 그러니 더구나 그 좋았던 옛날이다.

다시 자살 얘기로 돌아가자. 어찌 된 일인지 자살이 너무 늘었다. 2009년 우리나라 자살자는 15,413명 이었다. 인생이 문제에 봉착했을 때 하는 최악의 선택, "가장 불행한 죽음"이라는 자살, 이해하지만 절대로 납득할 수 없는 것이 자살이다. 세상이 어려워지고 희망도 없으며 미래도 불확실한 상황에서일까? 그렇지는 않다. 예전에도 이 풍진風塵 세상살이의 어려움은 다르지 않았으니까. 그렇다면 왜? 정보 과잉이 가장 큰 요인이다. 하지만 열정의 좌절이 원인일 수도 있다. 자살할 열의조차 끌어낼 수 없을 만큼 우울하다.[152]

누가 죽었다. 유명 배우가 가수가, 심지어는 전직 대통령까지. 전에야 동네 사람이라면 모를까 누가 자살했는지 알지도 못했다. 자살은 뉴스로 취급하지도 않았다. 사생활 보호 때문이기도 했지만 그보다는 그것이 결코 알려져서는 안 되는 일이었기 때문이다. 요즘은 '알 권리'라는 이상한 논리로 제멋대로 소식을 선파시킨다. 그러니 따르는 사람들이 느는 것은 당연한 일이다.

이왕 정치 얘기가 나왔으니 이런 얘기도 덧붙여 두겠다. 원래 나는 교원노조에 대해서는 비판적이었다. 교육자가 노동자로서의 자각을 가지는 것이 과연 타당한 일일까하는 회의가 있었기 때문이었는데, 이런 뜻의 말을 하자 이 주필은 현재의 사정이 아닐 바엔 일단 노동자의 자각으로써 단결할 필요가 있고, 또 교사들이 비굴하지 않기 위해서라도 그런 조직은 있음직하다며 교원노조를 지지한다고 했었다. 그러나 이 주필은 하나의 전제조건을 내세웠다. 권익 옹호의 뜻에 앞서 교사들의 질적 향상을 위한 자기 훈련적 단체로서의 의미에 중점을 두어야 한다는 것이다.[153]

---

152 스칼렛 토마스 지음, 이운경 옮김, 《Y씨의 최후The End of Mr. Y》, 2010, 민음사, p. 53.

153 이병주 지음, 《그해 5월》, 2006, 한길사, p. 68.

게다가 정치에는 여러 가지 부수적인 일들이 따른다. '운동'이란 것이다. 운동이 필요한 것은 사실이지만 그것이 비현실적이거나 현실을 왜곡하는 것이라면 문제가 커진다. 모두가 툴툴거리면서도 평등함과 공정함이라는 이름으로 술을 별로 즐기지 못하는 사람에게 가해지는 폭탄주 세례를 지켜보며 박수를 친다. 일상생활 속에 드러나는 관음증의 예이기도 하다. 평등을 가장한 집단적 압력의 표현이기도 하다.[154]

좀 엉뚱한 것 같지만 여성들의 평등한 권리를 위한 페미니즘 운동도 역시 정치적이다. "여성은 모든 종種을 통틀어, 배란排卵 중일 때도 섹스를 시종일관 거부할 수 있는 최초의 암컷이라는 사실이다. 이 부분에 관한 한 여성은 성별과 종을 불문하고 자신이 원하면 금욕생활을 할 수 있는 최초의 동물이다." 레너드 쉴레인은 이 점을 가장 중시한다. 여성이 본능을 통제하게 됨으로써(짐승들은 발정기를 스스로 통제할 수 없다.) 드디어 인간다운 삶을 살 수 있게 되었다고 보았기 때문이다. 그래서 그는 "우리의 종속種屬을 호모 사피엔스보다는 지나(여성을 뜻하는 그리스어의 접두어근) 사피엔스Gyna Sapiens라 명명하는 것이 더 정확할 것"이라고 주장한다.[155] 페미니즘도 그런 사회운동의 하나라 할 수 있다. 위의 인용문에서 우리는 여성에 의하여 보다 인간적으로 살게 되었다는 것을 알 수 있다.

다른 사회운동이나 마찬가지로 여기서도 극단적인 주장들이 나오고 있다. 그렇게 되면 역효과밖에 나지 않는다. 약자이기에 어쩔 수 없다는 방법론상의 변명이 나오기도 하지만 설득력은 없다. 그들은 운동가이기 때

154 하지현 지음, 《도시 심리학》, 2009, 해냄, p. 28.
155 레너드 쉴레인 지음, 강수아 옮김, 《자연의 선택, 지나 사피엔스》, 2004, 들녘, pp. 49~53.

문에 더더욱 책임감을 가지고 운동에 임해야 한다. 정치꾼들처럼 결과가 그렇게 나오지 않으면 그만이란 식은 위험하다. 그들은 누가 선출한 사람들이 아니다. 그러므로 책임에서는 충분히 회피할 수 있는 입장이다. 그런 상황이니 그 도의적 책임은 더욱 무거워질 수밖에 없다.

생애 초기에 아기는 자아와 외부 세계를 분명히 구별할 수 없다. 어머니와의 관계가 세상의 전부라 느끼고 모든 것이 자신의 소망대로 이루어지리라 믿는다. 그러나 안타깝게도 어머니의 젖가슴으로 대표되는 외부 세계는 항상 만족을 주지 않고 원할 때마다 존재하는 것도 아니다. 아기는 불쾌함과 고동을 경험한다. 이를 피하기 위해 고통의 원인이 되는 모든 것을 던져 버리고 쾌락의 근원만 내면에 남겨 놓으려 한다. 쾌락-자아가 만들어져서 쾌락원칙을 따르면 현실원칙을 따르는 외부세계에 반대하게 된다. 결국 대양감이란 유아기에 경험했던 외부세계와 단절된 쾌락-자아의 경험을 재경험하는 것이다.[156]

로망 롤랑은 종교에는 마치 자신이 커다란 세계와 하나가 되어 무한함과 일체감을 느끼는 대양감(大洋感, oceanic feeling)을 느끼게 하는 면이 있다고 했다. 프로이트는 1930년 《문명 속의 불만Das Unbebagen in der Kultur》에서 대양감은 사실 아이가 엄마 뱃속에 있다가 나와서 초기에 경험하는 정서에서 비롯된 것이라 했다.

139

---

156 하지현 지음, 《도시 심리학》, 2009, 해냄, p. 54.

4. 현재성現在性: 지금, 이곳에서 적응하라

　현재는 불안하고 미래는 불확실하다. 풍수에서 중시하는 것은 과거나 미래가 아니다. 현재다. 그러니까 불안과 불확실을 풍수는 대상으로 삼는 셈이다. 그 중 미래는 소위 발복發福과 발음發蔭에 관한 음택陰宅 풍수로 자생풍수가 중시하는 것은 아니다. 문제는 현재다. 지금 이곳에서 적응하는 것이 본래 목적이다. 호퍼는 희망과 꿈이 거리에 난무할 때 특히 조심하라고 경고한다. 그것은 대개 재앙을 불러오기 때문이다.[157] 만약 누군가가 어떤 곳이 천하의 대지, 최고의 명당이라면서 예컨대 대통령 자리를 보장한다면, 그것은 단지 꿈과 희망일 뿐이며 재앙이 멀지 않았다는 경고로 받아들이면 좋겠다.

　선택할 것들이 엄청나게 많고 실수도 잘 저지른다면, 늘 '최고'를 찾는 것보다는 '이만하면 괜찮은 것'을 찾는 편이 낫다. 슈워츠Barry Schwartz는 인간의 유형을 '극대화자(極大化者, maximizer)'와 '만족자(滿足者, satisficer)'로 나누었다.

　극대화자는 어떤 상황에서든 '최고'를 얻지 못하면 행복하지 않은 사람들이다. 그들은 결정을 내리기 전에 선택 가능한 모든 것을 모조리 점검하며 선택의 폭을 극대화한다. 열다섯 벌의 스웨터를 갈아입거나, 열 명의 배우자감을 만나는 것쯤은 개의치 않는다.

157　톰 버틀러 보던 지음, 황정은 옮김, 《내 인생의 탐나는 심리학50 Psychology Classics》, 2008, 흐름출판, p. 90.

반면 만족자는 이 정도면 더 알아볼 필요가 없겠다는 선에서 대체로 만족하는 사람이다. 그들은 '최고'를 갖고 싶다는 관념적인 욕구보다는 모든 결정에서 확실한 기준과 조건을 갖고 있다.

'만족'이란 개념은 1950년대에 경제학자 허버트 사이먼이 처음 소개했다. 그는 결정을 하는데 드는 시간을 고려한다면 만족이야말로 가장 좋은 전략이라고 말했다.[158] 마찬가지로 자생풍수는 최고의 명당이 아니라 만족스러운 땅을 찾자는 게 목적이다. 왕후王侯가 태어날 극도로 좋은 명당은 자생풍수가 바라는 바가 아니다. 장상將相도 목적이 아니다. 마음의 평온함을 얻을 수 있는 만족스러운 곳이 목적이다.

그런데 문제가 있다. 극대화자가 되느냐 아니면 만족자가 되느냐 하는 것이 유전자에 의한 것이라는 연구가 있기 때문이다. 극대화자냐 만족자냐의 조건은 사실상 낙관주의자냐 비관주의자냐 하는 비교와 같다. 《유에스 뉴스 앤드 월드 리포트》는 8일 미국 미시간대 브라이언 미키 교수 팀의 연구 결과를 인용해 '중추신경계 속에 있는 "신경 펩티드 Y(NPY)" 양에 따라 어떤 이는 낙관주의자로, 어떤 사람은 비관주의자로 태어나는 것으로 밝혀졌다'고 보도했다.[159]

이렇게 되면 우리가 선택할 소지는 없다는 말인가? 마음의 평온을 얻으려면 낙관주의가 유리하다. 그런데 그런 성향이 타고나는 것이라면? 그러나 낙담할 필요는 없다. 유전학은 유전자의 영향을 결정적이라고 하지는 않기 때문이다. 그래도 허망하기는 하다. 내가 마음의 수양을 해도 그 효과가 미지수라면, 그 다음은 어떻게 하라는 것인가? 기다려야 한다. 또 무

141

158 톰 버틀러 보던 지음, 황정은 옮김, 《내 인생의 탐나는 심리학50 Psychology Classics》, 2008, 흐름출판, p. 120.

159 황규인, '낙관론-비관론 차이 유전자가 가른다', 《동아일보》 2011년 2월 10일자, A 20면.

슨 연구가 나올지 모른다.

풍수에서도 다음을 기다려야 하는 경우가 있다. 유행 때문이다. 한때 자석이 좋다고 했다. 지구 자기장磁氣場의 영향이라는 과학적 논거까지 등장했다. 구두 밑창에도 이부자리 밑에도 자석이 깔렸다. 수맥이 유행이었던 때도 있었다. 인테리어 풍수는 지금도 관심을 가진 사람들이 많다. 잘 때 머리를 어디로 두는 게 좋은가라는 질문은 지금도 가끔 받는다. 유행을 따르는 것이야 말릴 일이 아니지만, 좀 진중하게 살기를 바란다면 기다리는 게 좋다. 언제 또 무슨 유행이 찾아올지 누가 알겠는가?

여기서 우리는 다시 한 번 '지금 여기서(NOW & HERE)'라는 삶의 현재성을 떠올리지 않을 수 없다. 다행히 풍수에는 현재성이라는 특성이 있다. 알 수 없는 미래보다 지금 여기서 발생한 문제에 집중하는 것이 현실적이란 얘기다.

흔히 명당을 전원풍田園風의 어떤 곳으로 생각하지만 지금 여기서 만족스러운 곳이 시골이나 산골은 아니다. 현재 우리 대다수는 도시에 거주하고 있다. 다음 인용문을 보면 공감이 갈 수 있다. 베스코스의 주민들은 모든 이방인이 자연을 벗 삼아 살아가는 자신들의 건강한 삶에 매료되어 있다고 생각했다. 그래서 그들은 '아! 현대문명과 동떨어져 사는 것은 정말 좋은 일이야!' 따위의 말들을 반복했다. 하지만 내심으로는 이 무료한 곳을 벗어나 공기를 오염시키는 자동차들 틈에서, 범죄가 난무하는 도시에서 살아 봤으면 좋겠다는 생각을 하고 있었다. 시골사람들에게 대도시는 유혹 그 자체였다. 하지만 방문객들이 나타날 때마다 그들은 말로만, 오직 말로만, 잃어버린 낙원에서 살아가는 기쁨을 증명하려 했고, 그럼으로써 그곳에서 태어나야 할 행운이라고 애써 마음을 달랬다. 그때까지 호텔에서 묵은 사람들 중 모든 것을 정리하고 베스코스에 들어와 살기로 결심한 사람이 단 한 명도 없었다는 사실을 그들은 까맣게 잊고 있었다.[160]

지금 대다수 사람들은 도시에서 산다. 그러니 도시를 무시한 풍수는 비현실적일 수밖에 없다. 어떤 면에서 도시는 인류 최초의 모임 장소였는지도 모른다. 도시 역사가 루이스 멈포드는 '죽은 사람을 묻은 무덤에 흙더미나 나무, 거대한 돌로 표시를 하는 것은 살아 있는 사람들을 위한 최초의 정식 회합 장소를 위한 것일지도 모른다'고 했다. 이 주장이 맞는다면, 무덤은 '도시의 싹萌芽'이라고 할 수 있다. '오래도록 변하지 않는 재료로 지은 이 최초의 도시는 '죽은 자들의 도시'였다.'[161] 도시가 인류의 거주 조건 중 최상일 수는 없다. 그저 현실에 꿰어 맞춘 만족할 수도 있는 장소 중 하나일 뿐이다.

소심한 성격 탓에 또 변명을 좀 해야겠다. 도시 생활을 견디지 못하는 사람들이 있다는 것을 나도 알고 있다. 가끔 그들의 삶이 그립기도 하다. 아버님은 넷째이자 막내아들이셨다고 한다. 둘째 아들, 그러니까 내게는 둘째 큰아버님이셨던 어른은 내가 초등학교 3학년 때(1959년) 강원도 산골에서 홀로 돌아가셨다. 군부대에서 어찌어찌 알아가지고 연락이 와서 그곳

143

---

160 파울로 코엘료 지음, 이상해 옮김, 《악마와 미스 프랭》, 2003, 문학동네, p. 37.

161 마르코 부살리 지음, 우영선 옮김, 《세계 건축의 이해Understanding Architecture》, 2009, 마로니에북스, p. 74.

에 그대로 모셨다고 한다. 내 형님은 그곳을 가셨지만 나는 아마도 아직 어리다고 빼셨던 모양이다. 그래서 큰아버님 산소가 어디인지는 모른다.

그 큰아버님은 내 기억 속에 비현실적이고 이상한 분으로 남아 있다. 산속을 떠돌다 홀연 나타나셔서 며칠 묵으시며 옛날얘기랑 기억에 남아 있지는 않지만 신기한 얘기들을 들려주시곤 했다. 충분히 도시생활을 해 나갈 수 있는 분이었지만 그러지를 않았다. 아버님도 그런 형님을 굳이 잡지 못했다. 떠돌이 생활, 정처도 없이 산골을 찾는, 도대체 무엇 때문이었을까? 모른다. 그분의 품성과 체질 때문이었을까? 그럴지도 모른다. 지금 내 기억 속에는 자유인으로 남아 있다.

답사를 다니며 수많은 산골의 이인異人들을 만나 보았다. 간혹 그럴 수밖에 없는 사연을 가진 이들, 그러니까 치료를 위해서라든가, 수도修道를 위해서라든가 실연이나 실패를 극복하기 위해서라는 경우도 있었지만 대부분은 그냥 거기서 산다고 했다. 그들 역시 자유인이었다. 그들도 그립다. 도저히 도시를 떠날 수 없는 체질인 나는 진정 그들이 부러울 때가 있다. 세상에는 그런 사람들도 있다.

그런가 하면 산에 취하여 산에 기대어 살아가는 유장悠長한 성품의 사람들도 있다. 예컨대 《중앙 SUNDAY》에 포토 에세이를 매주 쓰고 있는 사진작가이자 농부인 이창수 같은 사람이 그렇다. 나는 그를 본 적이 없다. 그의 글만 보았다. 아직 겨울 풍경은 눈에 가득합니다. 하나 갈대밭 늪지에 홀로 선 버드나무 가지 끝에는 연두색 빛이 자분하게 서려 있습니다. 얼음 땅 깊숙이 뻗어 있던 뿌리는 벌써부터 봄을 준비했던 겁니다. 추위를 탓하며 게으름을 피우던 나에게 버드나무가 이미 봄은 왔다고 한마디 합니다. 그러고 보니 저 역시 두껍던 옷이 한 겹 가벼워졌습니다. 알게 모르게 봄이 왔나 봅니다.[162] 이 글, 참 마음 편하게 해 준다. 내가 그를 모른다 한들 무슨 문제인가. 세상엔 그런 사람도 있다. 내 바람은 그저 글처럼 그의 인품도 그러하기를 빌 뿐이다.

실제 조사로도 극대화자가 만족자에 비해 덜 행복하고 덜 긍정적이며, 우울해하는 경향이 강하다고 한다. 마음의 평화와 만족스런 삶을 원한다면 만족자가 될 일이다.[163]

이와 유사한 방정식이 있다. 기대치가 없을 수는 없고, 따라서 0을 기대할 수는 없다. 만약 0이란 게 있을 수만 있다면 아마도 최대의 만족치가 될 수는 있을 것이다. 루이스는 행복에 대한 수학 공식을 고안한 경제학자로 역사에 기록될 것이다. R/E, 즉 기대치Expectation로 나누어지는 현실Reality. 행복해지는 데는 두 가지 길이 있다. 현실을 개선하거나 아니면 기대치를 낮추는 것. 한번은 이웃집 저녁 식사 자리에서 레이시는 남편에게 만약 기대치라는 게 없다면 어떻게 되느냐고 물었다. 영零으로 나눌 수는 없지 않느냐고. 인생의 모든 편차를 그대로 받아들이면 결코 행복해질 수 없는 거냐고.[164]

당연히 정답은 편차를 그대로 받아들이는 쪽이다. 이런 태도에 대하여 일부 사람들은 이렇게 물을 수 있다. "그렇다면 언제나 히죽거리는 바보는 행

145

---

162 이창수, "봄이 오는 길목", 《중앙 SUNDAY》, 2011년 2월 13일자, 11면.

163 톰 버틀러 보던 지음, 황정은 옮김, 《내 인생의 탐나는 심리학50 Psychology Classics》, 2008, 흐름출판, p. 121.

164 조디 피콜트 지음, 곽영미 옮김, 《19분Nineteen Minutes》, 2009, 이레, p. 51.

복한 것인가?"라고. 이건 질문 자체가 틀렸다. 바보라는 기준도 모호하거니와 그런 예가 있다고 하더라도 누가 그들의 의식을 장담할 수 있겠는가?

　나는 항상 지금 내가 살고 있는 이곳을 명당이라고 여겼다. 지금도 당연히 그렇다. 좋은 면만을 부각시키고 마음에 들지 않는 부분은 받아들인다. 계속 불만을 갖고 투덜거린다면 무슨 이득이 있겠는가. 물론 그런 부분을 개선할 수 있다면 해야 한다. 그것이 바로 비보다. 비보가 인과관계가 명확한 방책은 물론 아니지만 심리적으로 긍정적인 효과를 낸다면 그걸 거부할 이유는 없다.

　주변 환경과 진정한 접촉을 나누는 사람은 흥분 상태에 놓인다고 펄스 Friz Perls는 말한다. 그들은 언제나 이런저런 방식으로 주변을 느낀다. 반대로 신경증자들은 세상과 진정한 접촉을 나누는 대신에, 그들이 익히 알고 있는 내면세계로 후퇴하며 성장을 멈춘다. 그러나 건강한 사람은 세상과 맞물려 바삐 돌아간다. 그들은 '음식을 먹고, 사랑을 나누고, 공격하고, 갈등을 빚고, 의사소통하고, 인식하고, 무언가를 배운다.'[165] 결국 인생을 살아가면서 행복을 찾으라는 얘기다. 인생을 포기하면 기대치는 없어지겠지만, 그런 게 어디 인생일 수 있겠는가.

　아마도 앞으로 나타날 도시는 건축물뿐 아니라 도시 전체가 도시다운 특성을 띠게 될지도 모른다. 집안의 대부분을 지배하는 정보기술은 가구가 적고 기능이 다중적인 공간을 가능케 할 것이다. 특정 기능을 위한 고정적

165　톰 버틀러 보던 지음, 황정은 옮김, 《내 인생의 탐나는 심리학50 Psychology Classics》, 2008, 흐름출판, p. 166.

166　수전 그린필드 지음, 전대호 옮김, 《미래Tomorrow' People》, 2005, 지호, p. 31.

인 가구들로 채워진 작은 방들이 많이 있는 것이 오늘날 집의 전형이라면, 미래에는 더 넓은 소수의 방이 있는 집이 주류가 될 것이다. 실내와 실외의 구분도 그러한 추세를 따르지 않을 이유가 없다. 이미 사리지고 있는 집과 정원의 구분은 2020년에는 완전히 사라질 것이다. '실내'와 '실외'의 개념은 변덕스러운 날씨와 관련된 의미를 상실할 것이다. 건축가 버크민스터 풀러는 거의 60년 전에 뉴욕시를 덮어씌우는 거대한 구형 지붕을 상상했다. 그러므로 실외도 실내처럼 통제되는 거대한 주거지를 구상하는 것은 지나친 상상이 아니다.[166]

　　이제 다시 살아 있는 지구, 가이아 문제로 돌아가 보자. 가이아는 누구일까? 그녀는 무엇일까? 여기서 '무엇'은 지구의 뜨거운 내부(160킬로미터)와 그것을 둘러싸고 있는 상층 대기(160킬로미터) 사이에 있는 땅과 물로 된 얇고 둥근 물질을 말한다. '누구'는 40억 년이 넘는 세월 동안 그 안에서 살아온 살아 있는 생물들의 상호작용하는 조직을 말한다. 이 무엇과 누구의 조합 그리고 둘이 끊임없이 영향을 주고받는 방식에 '가이아'라는 이름이 붙여졌다. 그것은 살아 있는 지구에 대한 비유이다.[167] 아마도 경험에서 우러나온 비유일 가능성이 높다. "이론은 조만간 경험에게 숙청당할 수밖에 없다." 알베르트 아인슈타인의 말이다.[168] 경험에는 시행착오라는 좋지 않은 과정이 따른다. 그것이 낭비일지도 모르지만 독설가 버트런드 러셀의 말처럼 즐기며 낭비한 시간은 낭비한 것이 아니다.[169]

I47

167　크리스펀 티컬, "서문", 제임스 러브록 지음, 이한음 옮김, 《가이아의 복수The Revenge of Gaia》(원서는 2006년 출간), 2008, 세종서적, p. 12. 재인용.

168　알렉스 로비라, 프란세스크 미라예스 지음, 박지영 옮김, 《아인슈타인, 비밀의 공식》, 2010, 레드박스, p. 172. 재인용.

169　필립 짐바르도, 존 보이드 지음, 오정아 옮김, 《타임 패러독스The Time Paradox》, 2008, 미디어 윌, p. 341. 재인용.

손해를 볼 위험이 있을 때는 검증되지 않은 새로운 것을 포기하고 기존의 것을 유지하는 것이 유리하다. 현재 상태가 이상적이지는 않더라도 어느 정도 안전하니까 말이다. 그리하여 유기체는 기존의 유기체로 만족하는 듯하다. 자연은 보수적이다.[170]

진화론에 따르면 유전 과정에서 자연적 선택에 따라 열악한 형질은 도태되고 우세한 것만 대물림된다고 한다. 그런데 어째서 사람을 힘들게 하는 질병은 유전이 되는 것일까? 그는 그 이유를 '우성優性'에 대한 사람과 자연의 기준이 다른 데서 찾는다. 사람이 생각하는 우성의 기준은 '삶의 질'이지만 자연이 선택하는 기준은 '생존과 번식'이라는 설명이다. 예컨대 당뇨병의 경우 그 고통은 삶의 질을 현저히 떨어뜨릴 정도지만 혈액 농도가 높으면 동사凍死할 가능성이 낮아져 빙하기를 넘기는 데 유익했으며 그 유전자가 지금까지 이어져 온 것이란다.[171]

땅이 나쁘면 버려야 하는가? 땅이 병든 것은 무조건 나쁜 것인가? 반드시 그렇지는 않다. 자연의 입장에서 보자면 그럴 만한 이유가 있다.

흔히 명당을 찾으면서 완벽한 곳을 희구希求하는 사람들이 있다. 나는 땅을 사람에 비유하여 살핀다고 밝힌 바 있다. 사람 중에 완벽한 사람이 있을 수 없는 것처럼 땅에도 그런 것은 없다. 만약 완벽한 사람을 만나는 일이 벌어진다면 극구 피하기를 권한다. 완벽한 이에게는 더 이상 바랄 것이 없기 때문이다. 말하자면 실망할 일만 남았다는 뜻이다. '한마디로 말해

---

170 스테판 클라인 지음, 유영미 옮김, 《우연의 법칙Alles Zufall》, 2006, 웅진지식하우스. p. 124.
171 채인택, "아파야 산다.", 《중앙일보》 2010년 9월 25일자, 20면.

너무 미인이라서 거절하는 겁니다. 전 할 일이 많은데, 그런 아내를 맞이하면 아내 하나 지키기에도 힘이 부족할 것 같습니다. 전 주로 육상 근무를 한다고 되어 있지만 해군인 이상 언제 해상 근무를 해야 할지 모르는 처지에 있습니다. 그런데 전 아내 때문에 불필요한 신경을 쓰는 형편에 스스로를 몰아넣기가 싫습니다.'

이 대답은 나를 놀라게 했다. 그는 내가 몇 번 번의翻意를 종용했는데도 거절 의사를 굽히지 않았다.

아름다운 여자를 아내로 삼기 위해 별의별 수단을 쓰는 남자가 있기도 하고 미녀에게 홀려 평생을 망친 남자가 있는 세상에 이런 남자를 건실하다고 평할 것인지, 너무나 고지식이고 옹솔하다고 병해야 할 것인지 모른다. 그는 그 후 초등학교 여교사와 결혼했다고 들었다.[172]

우리는 완벽을 선택하려고 애쓸 것이 아니라 그런 관계가 되도록 노력하는 것이 중요하다는 것을 안다. 내가 이해하는 바의 기독교 신앙에서 일차적인 것은 하느님이 존재한다는 명제에 동의하느냐 않느냐의 문제가 아니라, 어둠과 고통과 혼란 속에 허덕이며 막다른 지경에 이르렀음에도 세상을 변화시키는 사랑에 대한 약속을 충실히 믿고 지키는 인간들이 보여 주는 헌신이다.[173]

인류의 미래에 관한 현대의 담론을 지배해 온 것은 비관주의적 관점이다. 1960년대에는 인구 폭발과 세계적 기근이, 1970년대에는 자원 고갈이,

149

172 이병주 지음, 《그해 5월》, 2006, 한길사, pp. 223~224.
173 테리 이글턴 지음, 강주헌 옮김, 《신을 옹호하다》, 2010, 모멘토, p. 55.

1980년대에는 산성비가, 1990년대에는 세계적인 전염병이, 2000년대에는 지구 온난화가 이를 대표했다. 비관론의 취지는 '인류는 경제성장이라는 어리석은 목표를 포기할 때에만 비로소 살아남을 수 있다'는 것이다. 유엔 환경계획의 수석 책임자인 모리스 스트롱은 '지구의 유일한 희망은 산업혁명이 붕괴하는 데 있지 않을까?' 라고까지 물었다. 오바마 미국 대통령의 과학 고문인 존 홀드런은 '미국의 역逆발전'이 필요하다고 역설했다.[174]

　이미 인용했던 것이지만 아무리 완곡하게 표현한다 치더라도 세상은 너무 힘든 곳이다. 그 종점에 죽음이 있다. 풍수가 죽음과 주검의 처리 문제에 관심을 갖고 있는 것은 사실이다. 그러나 본령本領은 그게 아니다. 어디까지나 산 사람의 관심이고 산 사람이 대상이다. 그럴 수밖에 없지 않겠는가. 죽은 사람이 무언가에 관심을 갖는지 아닌지 누가 알겠는가?

　인간 50년, 천상의 하루에 비한다면 덧없는 꿈과 같구나. 한 번 생을 얻은 자, 그 누가 멸하지 않으리오. 일본 헤이안 말기 구마가이 나가자네라는 사무라이가 타이라노 아쓰모리를 죽이고 인생무상을 느껴 불문佛門에 들어가며 읊었다는 시가다. 최근 궁리에서 출판한 최철주의 《해피…엔딩, 우리는 존엄하게 죽을 권리가 있다》와 《유경의 죽음 준비학교》를 읽고 문득 떠오른 예전에 읽은 시구詩句다.

　위 시 구절은 참으로 진부하다. 그런데도 묘하게 가슴을 친다. 죽음이란 게 본래 진부해서인지도 모르겠다. 항상 곁에 있음에도 또 항상 잊고 지내

174 　조현욱, "이성은 낙관주의를 선택했다", 매트 리들리 지음, 조현욱 옮김, 《이성적 낙관주의자》, 2010, 김영사, pp. 535~536. 재인용.

는 죽음. 하기야 수시로 죽음을 떠올리는 삶이란 얼마나 잔인한 것일까? 최철주가 편안한 죽음을 권하고 있다면, 유경은 죽음과 친해지기를 강조하고 있다. 좋은 말씀들이다. 공감도 한다. 하지만 실제 내가 죽음에 직면한다면 그들의 조언대로 할 수 있을까? 자신 없다. 아무리 생각해도 죽음은 현재가 아니다.

　　많은 이들은 모든 종교의 권력과 기원이 바로 이런 죽음의 비즈니스에서 비롯된 것이라고 말한다. 즉 종교는 죽음과 망각의 현실성을 있는 그대로 대면하지 못하는 이들에게 보상적인 낙원을 제공한다. 다시 말해 종교는 헛된 희망에 매달려 산다는 것이다. 예컨대 종교는 빅토리아 시내의 소책자 《죽음으로부터 생명에 이르게 하는 여행 안내서The Travellers' Guide from Death to Life》라는 제목과 같은 헛된 희망을 제공한다. 인류의 종교사를 통틀어 보건대, 모든 종교는 잘레스키C. Zaleski가 '타계他界 여행'이라고 불렀던 것을 묘사해 왔다. 하지만 그런 여행을 실제로 할 수 있단 말인가? 오셀로Othello의 대사처럼 '죽음은 여정旅程의 종착점'이란 점을 인정하는 것이 훨씬 현실적이지 않을까? 도대체 우리가 사후에 어디로 갈 수 있단 말인가?[175]

　　대학시절에 나는 톨스토이 선생님의 《인생독본》을 더러 읽었어요. 의식, 영혼이 사라지는 듯한 경험을 누구나 매일 한다고 선생님은 말하였습니다. 그게 잠이랍니다. 칠십 평생이라고 할 때 사람은 2만 번 이상 잠을 잡니다. 하느님이 지칠 줄도 모르고 그야말로 매일같이 잠이라는 이름의 죽음 연습

175　존 바우커 지음, 박규태, 유기쁨 옮김, 《죽음의 의미》, 2005, 청년사, pp. 21~22.

을 시켜 주는데, 왜 죽음이 두렵냐고 톨스토이 선생님은 말하셨어요. '내일 일어날 것을 알기 때문에 잠이 두렵지 않다'고 잠과 죽음의 다른 점을 선생님은 물론 덧붙였고요.[176] 정말 그렇게 생각할 수 있다면 성인聖人의 반열에 오를 수도 있겠다. 그러나 현실은 그렇지 못하다. 특히 나이가 들면 더 심해진다.

옷에 가려진 이 몸을 보라. 이것은 상처투성이요, 육체의 여러 부분이 모인 것에 지나지 않는다. 또한 질병의 소굴이며, 수많은 망상을 가진, 안주安住하지 못하는 존재다. 《담마빠다(Dhammapada, 法句經)》에 나오는 말이다.[177] 안주할 수 없기에 죽음은 두렵다. 외롭다. 죽음이 고통스러운 것인지는 모르겠지만 기쁨일 수 없음은 확실하다. 초등학교 2학년 때던가 뚝섬에서 헤엄을 치다가 죽음 직전까지 몰렸던 경험이 있다. 숨을 쉬지 못하는 고통은 분명 있었다. 그러다가 어머니가 떠올랐고, 그다음은 고통이 사라졌다. 그 순간 어떤 아저씨의 손에 몸이 잡혔다. "살았구나." 하는 감상은 분명 기쁨이었다. 그래서 내 기억 속에 죽음은 고통, 삶은 기쁨으로 되어 있다.

붓다, 그분조차 죽음의 고통은 있었던 것이다. 한 사람의 인간으로서 그 고통을 감내하는 모습에 슬프기까지 한 친밀감을 느끼지 않을 수 없다. 붓다는 젊은 아난다에게 '피로하다'고 하셨고 또한 '물을 마시고 싶다'고 말씀하셨다.[178]

176 김곰치 지음, 《빛》, 2008, 산지니, p. 368.
177 타니 타다시 지음, 권서용 옮김, 《무상의 철학》, 2008, 산지니, p. 28. 재수록.
178 타니 타다시 지음, 권서용 옮김, 《무상의 철학》, 2008, 산지니, p. 36.

  아아! 아난다여. 나를 위해 이 한 쌍의 사라나무(사라쌍수) 사이에 침상을 준비하여라. 머리를 북쪽으로 하도록 하여라. 아난다여! 나는 피로하다. 눕고 싶다……. 아난다여! 너희들은 수행 완성자(자기 자신을 말함)의 유골의 공양(숭배)에 관여해서는 안 된다. 아무쪼록 너희들은 바른 목적을 위하여 노력하라. 바른 목적을 실천하라. 바른 목적을 위하여 노력하라. 바른 목적을 실천하라. 《마하빠리니빠나(Mahaparinibbana, 大涅槃經)》에 수록된 붓다의 마지막 말이다.[179] 죽음을 맞은 주검은 허망하다는 말씀으로 새긴다. 주검을 우상화偶像化하는 어리석은 짓을 하지 말라는 말씀으로도 여긴다. 인간의 주검은 비인간적인 표현이기는 하지만 혐오스럽다. 세월이 지나 이장移葬을 위해 파헤쳐 놓은 주검은 너욱 끔찍하나. 그저 빨리 화장火葬을 하여 모시는 것이 제일 낫겠다는 생각이 절로 든다.

  《올드 피플즈 디스토피아Old People's Distopia》에서 읽은 부분이다. 말장난을 좀 해 보자. 유토피아Utopia는 '어디에도 없는 곳'이란 뜻이다. 디스dis라는 접두사는 그에 반대되는 것이라는 의미이므로 디스토피아는 '어디에도 없는 곳이 아닌 곳' 즉 '어디에나 있는 곳'이란 뜻이 된다. 흔히 우리는 유토피아를 이상향理想鄕이라 여긴다. 물론 실재로 존재하지 않는 곳, 존재할 수 없는 곳이다. 이상理想이란 게 워낙 그런 것이니까, 당연하다. 그런데 그 반대가 되면? 끔찍한 곳이 된다. 그런 곳이 어디에나 있는 디스토피아이고, 사실 이 인간 세상은 디스토피아에 지나지 않는다. 나와 내 주위를 보면 고통이 즐비하다. 괴로움은 길고 행복은 순간이다. 죽음 그 뒤

179 타니 타다시 지음, 권서용 옮김, 《무상의 철학》, 2008, 산지니, p. 38. 재수록.

는 무신론자에게는 미래가 없는 것이기에, 삶의 행복은 그리 중요한 게 아닌 것이 된다.

아직 학계에서 추종 세력이 많지 않긴 하지만, 혼성混成 학문 중에서 가장 난폭한 것이 미래학future studies이다. 여기서 난폭하다는 것은 기존 학문을 자유자재로 이용하면서도 나름의 고유한 학문 방법도 없이 알 수 없는 미지의 것들에 대한 지식을 떠들고 있다는 의미에서다. 아직 일어나지도 않았고, 존재하지도 않으며, 앞으로 영영 일어나지 않을 수도 있는 것들을 어떻게 '연구'한다는 것인가? 분명히 이것은 보통 사람의 생각으로는 가능한 일이 아니다. 그러나 못할 것도 없다.[180]

실존주의란 쉽게 말해, 우리가 열아홉 살이고 집에서 멀리 떠나 약간의 우울감에 젖어 있으며, 유아원에 간 아이처럼 뭐가 뭔지 갈피를 잡지 못하고 있다는 사실을 존재론적으로 그럴 듯하게 말하는 방식이다. 이삼십 년 지난 뒤에도 십대 후반 아이들의 조건은 마찬가지였지만, 그걸 대변하는 어법은 후기 구조주의라고 불렀다.[181]

그래서 사람들은 더욱 현재에 집착한다. 그 집착은 현세의 행복으로 귀착된다. 강남은 현대인들에게 비난의 대상이 아니라 동경의 대상일 수 있다는 것은 억지가 아니다. 선악善惡은 차치하고 말이다. 이홍이 《성탄 피크닉》에서 이전의 계급소설이나 강남소설과 다르게 보여준 것은 '강남이 강북을 억압한다는 당연한 사실의 확인이 아니다. 강북도 강남을 욕망한다'

154

---

180 W. 워런 와거 지음, 이순호 옮김, 《인류의 미래사A SHORT HISTORY OF THE FUTURE》, 2004, 교양인, p. 15.

181 테리 이글턴 지음, 강주헌 옮김, 《신을 옹호하다》, 2010, 모멘토, pp. 14~15.

는 현실의 인정이다.[182]

사람들은 자신들이 억압당하고 착취당했다고 생각하는 이면裏面에 항상 자신이 그 위치에 올라서고 싶다는 소망을 품고 있는 것은 아닌지 자문해야 한다. 만약 그렇다면 그것은 위선일 뿐이다.

공자님 말씀에 위방불거危邦不居 난방불입亂邦不入이란 게 있어. 위험한 나라엔 살지 말 것이며 혼란된 나라엔 들어가지 말라는 얘기다. 나라라는 말을 상황이란 말로 바꾸면 돼. 위험한 상황, 혼란된 상황을 피하고 자기를 보전하는 데 우선 중점을 두라는 가르침이다.[183] 현실을 중시하라는 조언은 일부러 기피하는 바이지만, 속마음을 들여다보면 꼭 그렇지도 않다. 대다수가 입으로는 이상理想을 말하지만 행동은 지금, 여기에 머무는 까닭이기도 하다.

155

---

182 이홍 지음, 《성탄 피크닉》, 2009, 민음사, p. 225.
183 이병주 지음, 《그해 5월 4》, 2006, 한길사, pp. 225.

5. 불명성不明性 : 비논리의 논리. 논리 뛰어넘기

이 세상에는 상반되는 뜻을 가진 경구警句가 참 많다. '아는 것이 힘'이라고 하지만 '모르는 게 약'이란 말도 있다. 보통 불행은 '아는 것'에 의해 초래된다.[184] 후자에 중점을 둔 말이다.

인간은 합리적인 존재가 아니라 합리화하는 존재일 뿐이다. 레온 페스팅거의 말이다.[185] 이 말은 세상 일 중에는 합리가 아닌 것들이 훨씬 많다는 함의含意가 들어 있다. 하지만 합리건 아니건, 합리화하려는 경향은 뚜렷하다. 풍수에서는 그런 비합리의 합리화가 많다. 하기야 풍수만 그러겠는가? 대부분 자신의 합리화에 열중하는 것이 인생이다. 그래서 의견 충돌이 생기고, 그것은 화해를 어렵게 만드는 중요한 요인이 된다. 이럴 경우 과학은 그런 일들을 단연코 아니라고 부정하기도 곤란하다.

물리학자 폴 스타인하트는 이렇게 말했다. 나는 사람들이 과학자에 대해 그릇된 인상을 가지고 있다고 생각한다. 사람들은 과학자들이 질서정연하게, 1단계에서 2단계를 거쳐 3단계로 착실하게 사고한다고 믿는다. 그러나 실제로 일어나는 일은 흔히 그 당시에는 터무니없어 보일 수도 있는 상상력의 도약이다. 그런 일이 이루어지는 단계에 당신이 과학자들을 만난다면, 그들은 마치 증명도 없이 상상하는 시인처럼 보일 것이다.[186]

184 나카지마 라모 지음, 한희선 옮김, 《가다라의 돼지》, 2005, 북스피어, p. 361.
185 EBS 지식프라임 제작팀 지음, 《지식 프라임》, 2009, 밀리언하우스, p. 58. 재인용.
186 수전 그린필드 지음, 전대호 옮김, 《미래Tomorrow' People》, 2005, 지호, p. 250.

이런 억지 합리화까지 풍수를 빙자하여 만들어지는 판이다. 엘리베이터 문은 아가리입니다! 행운을 먹어 버리죠. 이런 곳에 살면 불행이 따라와요.[187]

교부教父인 테르툴리아누스는 Credo quia absurdum이라고 말했다. '그것이 터무니없기 때문에 나는 그것을 믿는다'라는 뜻이다.[188] 독실한 종교인의 고백이지만 행간行間에는 버리지 못할 뜻이 숨어 있다. 터무니가 있다면 굳이 믿을 필요가 없다. 자명하기 때문이다. 스스로 분명한 사실을 무슨 까닭에 믿어야 한단 말인가? 그냥 받아들이면 될 일이다.

일단 믿으면 의심하지 않게 된다. 판단을 하지 않게 된다는 뜻이다. 세상에는 그런 현상이 비일비재하다. 판단을 유예할 줄 모르는 것이야말로 비합리성의 가장 두드러진 측면 중 하나다.[189]

이런 우스갯소리가 있다. 런던의 한 타블로이드 신문 편집자는 별점란을 맡은 점성술사에게 해고를 알리는 편지를 쓰면서 '틀림없이 이미 예측하셨겠지만'이라는 말을 맨 앞에 썼다.[190]

땅에 생명이 있는가?

생물학적 의미에서라면 단연코 땅에는 생명이 없다. 즉 땅은 생명체일 수 없다는 것이다. 그런데 모든 생명체는 땅을 바탕으로 한다. 강이나 바다 같은 물도 있지 않으냐고 할지 모르지만, 거기에 있는 생명체도 결국

157

187 데이비드 미첼 지음, 《유령이 쓴 책》, 2009, 문학동네, p. 119.
188 크리스토퍼 히친스 지음, 김승욱 옮김, 《신은 위대하지 않다》, 2008, 알마, pp. 110~111.
189 스튜어트 서덜랜드 지음, 이세진 옮김, 《비합리성의 심리학Irrationality》, 2008, 교양인, p. 14.
190 크리스토퍼 히친스 지음, 김승욱 옮김, 《신은 위대하지 않다》, 2008, 알마, p. 115.

땅으로부터 흘러 들어가는 먹이가 아니면 생명 부지가 안 되는 것은 물론이고 그 물 밑이 땅이란 것을 생각해 보면 생명체가 땅을 바탕으로 한다는 것은 결코 억지가 아니다. 여기서 땅 그 자체를 생명체로 오인誤認할 수 있는 소지가 생겨난다. 오인일까? 오인이면 어떤가? 이 세상에 진정으로 오인 아닌 현상이 있을까?

 나는 땅을 사람에 견주어 판단하는 버릇이 들었다고 여러 번 언급했다. 그렇다면 나는 분명 땅을 생명체로 여기고 있는 셈이다. 사람은 항상 무언가를 생각하며 산다. 이 생각의 대부분은 오인이리라. 분명한 것은 아무것도 없다. 종교? 아직 믿는 종교는 없지만 필요는 느낀다. 식민지 인도를 경영하던 영국인들은 팔이 여덟 개나 달린 토착민들의 신을 어리석은 미신의 소산이라고 믿어 의심치 않았다. 당연히 경멸을 담아서였다. 그런 토착민이 예수의 어머니 마리아 얘기를 듣고는 황당하다는 반응을 보였다. 어떻게 처녀가 애를 낳을 수 있는가? 물 위를 걷는 것 정도야 인도인들에게는 별로 신기할 일도 아니지만 이 문제만은 불가사의였다고 한다.

 세상사 앞일을 알 수 없는 경우가 너무나 많다. 사람이든 땅이든 그들의 인연도 그와 같다. 이렇게 쉽게 집이 결정되리라고는 아무도 예측을 못했을 것이다. 상상력도 때로는 필요가 있다. 우리는 첫사랑처럼 집과 조우하기도 하는 것이다.[191] 일곱 번째 유전자 결손으로 생기는 질병인 윌리엄스 증후군이라는 장애 아동인 윤훈이 부모를 따라 집을 구하러 다니다가 결정하게 된 경위가 그렇다. 물론 이런 일은 우연일 수 있다. 문제는 그것이

191 김윤영 지음, 《내 집 마련의 여왕》, 2009, 자음과모음, p. 230.

'의미 있는 우연의 일치synchronicity'인 경우다. 우연과 의미는 맥락이 닿지 않는 단어이기는 하지만, 이상하게도 일상생활에서 우리가 흔히 사용한다. 만약 그렇다면 그건 단순한 우연과는 다르다고 해야 한다.

우연은 육아育兒에도 적용된다. 우리가 자식을 키울 때 의도된 행동을 하는 것은 아니다. 그런데도 많은 부모들이 자식으로부터 응분의 보답을 요구한다. 그건 응보應報가 아니다. 욕심일 뿐이다. 자식이 아기 때 얼마나 귀여웠는가? 그것만으로도 효도는 끝났다고 생각해야 옳다. 의미심장하다고 여겨지기에 다시 한 번 인용한다.

"아이들은 세 살이 되기까지 평생 동안 해야 할 효도를 모두 끝낸다는 말도 있습니다."

"그래서요?"

"자신이 낳은 자식을 세 살까지 키우는 동안 부모는 충분한 기쁨과 행복을 얻는다는 거죠. 그 후에는 자식 때문에 어떠한 고생을 한다 해도 그 기억만으로 아이를 사랑할 수 있는 겁니다."[192]

21세기인 지금 우리는 진정으로 위대한 물리학자 리처드 파인만이 양자론에 대해 했던 말을 받아들이기 시작하고 있다. '그것을 이해한다고 생각하는 사람이야말로 아마 제대로 이해하지 못한 사람이다.' 우주는 우리가 상상할 수 있는 것보다 훨씬 더 복잡한 곳이다. 생명, 우주, 의식, 심지어 자전거 타는 법 같은 단순한 것들까지도 말로는 설명할 수 없는 부분이 있

---

192 혼다 다카요시 지음, 이수미 옮김, 《Alone Together》, 2010, 소담, p. 124.

다. 우리는 이런 창발적創發的 현상을 이제 겨우 다루기 시작했다. 가이아에서 그런 현상들은 거의 마법 같은 얽힘의 양자역학만큼 어렵기 그지없다. 그러나 그것이 현상의 존재를 부정하지는 않는다.[193] 육아도 효도도 마찬가지다. 이해가 어려운 경우도 우리는 그것을 받아들여야 하는 경우가 많다.

존 디John Dee는 어린 시절 에식스(잉글랜드 남동부의 주)에서는 물론이고 케임브리지에서도 탁월한 학생이었다. 디는 라틴어와 그리스어, 산수와 기하학과 철학 그리고 천문학을 완벽하게 배웠다. 또 튀코 브라헤와 케플러처럼 점성학에도 매료되었다. (당시 천문학과 점성학은 같은 것이었다.) 디는 행성이 강한 광선을 발사하며, 인체, 특히 사람들에게 작용한다고 생각했다. 이 생각은 정확히 1세기 후에 아이작 뉴턴이 수학적으로 계산해 낸 중력이라는 개념으로 발전하게 된다.[194] 이게 단순한 우연일까? 아니다. 우연 이외의 섭리 비슷한 것이 작용한 결과다.

케플러는 점성가 교육에서 적극적인 활동을 벌였다고 한다. 그러나 그는 명민한 사람이었다. 케플러가 내린 점성술의 정의는 유명한데, '천문학의 망나니 어린 딸'이 그것이다. 후에 다음과 같은 말을 했다. '설사 점성가들이 간혹 알아맞힌다고 해도 그건 단지 우연일 뿐이다.' 그렇지만 튀코 브라헤와 마찬가지로 케플러는 별과 인간 사이에 희미한 관계가 있다고 생각했다.[195] 희미하더라도 그것은 관계다. 우리는 그런 점을 무시해서는 안 된다.

193 제임스 러브록 지음, 이한음 옮김, 《가이아의 복수The Revenge of Gaia》(원서는 2006년 출간), 2008, 세종서적, pp. 69~70.

194 엔리케 호벤 지음, 유혜경 옮김, 《보이니치 코드》, 2010, 해냄, pp. 158~159.

195 엔리케 호벤 지음, 유혜경 옮김, 《보이니치 코드》, 2010, 해냄, p. 260. 참고로 이 소설의 저자인 엔리케 호벤은 물리학 박사이며, 현재 스페인 카나리아 제도에 있는 천체물리학 연구소의 상임연구원이기도 한 과학자다.

문명 차원에서 우리는 계속 사용해도 죽고 갑자기 끊어도 죽는 마약에 중독된 사람과 너무나 비슷하다. 현재 우리는 자신의 지성과 창의력 때문에 엉망진창이 된 상태다.[196] 지성도 창의력도 실은 중요한 게 아니다.

문제는 우리의 정서에 관한 문제다. 역사는 과학적 또는 학문적 용어가 될 수 없고, 결국 정서적 용어가 될 수밖에 없다.[197]

서양에서 기독교의 영향을 받아 규정한 씻을 수없는 일곱 가지 죄란 분노, 교만, 정욕, 게으름, 탐욕, 탐식, 시기심을 말한다.[198] 서양만은 아니다. 인간 세계의 일반적 현상이다. 특히 분노는 사람의 이성을 마비시킨다. 다행히 혈육 사이에는 그런 것이 잘 작동되지 않는다.

인간은 조금씩 정도의 차는 있을망정 누구나 죄를 짊어지고 사는 거란다. 단순하게 선악을 구별하는 게 아니라 어디까지는 용서되고 어디까지는 용서받을 수 없는지 그 미묘한 차이를 구별하는 작업을 사람들은 신학이라고 하는 거란다.[199] 신학이건 뭐건 상관없다. 문제는 차이를 인식하는 우리의 판단이다.

해방된 내가 여기에 있다.

대나무숲 속에서의 어두운 나날. 끊임없이 나를 대지에 눌어붙게 하고, 구속해 온 중력. 예상했던 대로 여의치 않았던 별 볼 일 없는 운명. 일체의

196 제임스 러브록 지음, 이한음 옮김, 《가이아의 복수The Revenge of Gaia》(원서는 2006년 출간), 2008, 세종서적, p. 28.

197 이병주 지음, 《그해 5월 4》, 2006, 한길사, pp. 252.

198 그리오드 지브리 지음, 임산. 김희정 옮김, 《마법사의 책》, 2004, 루비박스, p. 39.

199 사토 겐이치 지음, 김미란 옮김, 《카르티에 라탱》, 2004, 문학동네, p. 65.

법률이나 관습, 인습이나 불문율 등등. 성기를 포함한 귀찮기 짝이 없는 육체. 한없이 질질 이어지는 번민. 시간의 파도가 끊임없이 실어 오던 불안과 공포. 그런 쐐기에서 완전히 해방된 내가 여기에 있다.[200] 바로 그것이다. 해방이 중요하다.

어떤 장소에서 느끼는 불명료不明瞭한 기분. 그것을 논리적으로 설명해 보라면 할 수는 없다. 그러나 자신의 기분이 그런 것은 사실이니 아니라고 말하기도 어렵다. 풍수에서 명당이 갖는 성격은 분명 존재하지만 제대로 표현하기는 정말 어렵다.

에이텔E. J. Eitel이 1873년 홍콩에서 발간한 《중국 자연과학의 원리 Principles of the Natural Sciences of Chinese》에는 위의 상황을 아주 잘 표현한 대목이 있다.

그리고 진실로 믿을만한 자리-별천지別天地-는 궁극적으로 오직 순수한 체험에 의해서만 기술될 수 있다.

진정한 혈장穴場에는 …… 비술적秘術的인 빛의 감촉이 있다. 어떻게 그처럼 비술적인가? 그것은 말로써는 표현할 수 없고, 직관적으로만 이해될 수 있는 것이기 때문이다. 산은 밝고, 물은 맑으며, 태양은 아름답고, 바람은 부드럽다. 즉 별유천지別有天地이다. 혼돈 속에 평화가 있고, 평화 속에 흥겨운 기운이 있다. 그런 장소에 들어서는 순간 새로운 눈이 뜨인다. 앉거나 눕거나 가슴은 기쁨으로 가득하다. 여기에 기氣가 모이고, 정精이 뭉친다.

---

200 마루야마 겐지 지음, 김춘미 옮김, 《물의 가족》, 2005, 현대문학, p. 31.

중앙에서 빛이 비추이고 비술의 기운이 산지사방으로 뻗쳐 나간다. 그 위나 아래, 또는 오른쪽이나 왼쪽은 그렇지 않다. 손가락 크기보다 크지 않고, 한 숟가락의 분량 이상도 아니며, 이슬방울같이, 진주알같이, 갈라진 틈 사이로 스며드는 달빛 같고, 거울에 반사되는 영상과도 같다. 그것과 함께 놀려고 해도 붙잡을 수가 없을 것 같다. 없애려고 해도 다함이 없다. 이해하도록 노력하라. 말로는 표현할 수가 없다.[201] 불명료하지만 좋은 표현이다. 그걸 따르면 된다. 한데 그걸 증명할 방법이 없다는 것이다. 증명이 안 된다고 해서 없는 것은 아니다. 그건 있는 거다.

풍수가 바로 그런 것이다. 풍수란 용어 자체는 얼마나 상식인가? 사람들은 그저 그 신비적 속성 때문에 쓸모도 없는 기대를 하고 있을 뿐이다. 그렇다고 해서 풍수가 불필요한 미신일 뿐이라는 말은 아니다. 선인先人들의 지혜가 안전히 무의미한 것은 아니지 않은가? 바람과 물을 의미하는 중국어인 '풍수'는 고대의 전통에서 영향을 받은 원리로, 최근에는 극동 지역에서부터 서양에까지 전파되고 있다. 풍수 원리에 따르면 세계는 양기와 음기로 차 있다. 양기는 중시하고 활용해야 하고 음기는 손대지 않고 그대로 두어야 한다는 것이다. 양기와 음기가 조화를 이루기 위해, 즉 음기의 영향을 피하기 위한 방의 배치와 가구의 배열까지 연구되고 있다. 오늘날 저명한 많은 서양 건축가들이 풍수 원리로부터 많은 영감을 받고 있다. 노만 포스터는 처음으로 풍수 원리를 받아들인 영국 건축가다. 그가 설계한 작품 중에는 홍콩 상하이은행 본점(1979년)이 있다. 조화로운 환경에서 생

163

---

201 Andrew L. March, 1968, "An Appreciation of Chinese Geomancy", 《The Journal of Chinese Geomancy》 Vol. 27, No. 2, 1968, 최창조 편역, 《터잡기의 예술》, 1992, 민음사, pp. 184~185.

활하는 것은 건강에 이로울 뿐만 아니라 사업에도 도움이 된다. 부동산 개발업자 도널드 트럼프는 뉴욕의 거대한 리버사이드 사우스 프로젝트를 풍수 이론에 따라 추진한 바 있다.[202]

명백한 환상이랄 수 있는 현상도 있기는 하다. 산 정상 저 너머에 누군가가 서 있었다. 게다가 그 사람의 몸은 빛을 발하고 있었다. 키는 소녀와 거의 비슷한데, 몸의 윤곽을 따라 옅은 황색 빛을 발하고 있었고, 머리 주변은 무지개색 광채에 감싸여 있었다. 이때 뒤에서 한 남자가 나타나 말했다. "저건, 너 자신의 모습이야. 태양의 각도와 안개의 농도가 미묘하게 맞아떨어지면 이런 현상이 일어나는 거야. 안개를 극장의 스크린으로 삼아서 사람의 그림자가 비치는 거지. 독일의 브로켄이란 산에서 자주 볼 수 있다고 해서 브로켄Brocken 현상[203]이라고 해. 옛날 일본에서는 신이나 부처님의 현현顯現이라고 착각되었던 모양이지만, 저건, 너야. 지금 너 자신의 모습을 보고 있는 거야."

그러나 소녀의 내면에서는 생리적인 혐오감과 분노가 끓어올랐다. 그 남자를 지금 당장 절벽으로 밀어 버리고 싶은 충동을 느꼈다.[204]

지식은 전달할 수 있으나, 지혜는 전달할 수 없다. 지혜는 찾아낼 수도 있고, 그것에 따라 살아가고, 그것에 의지하고, 그것으로 기적을 행할 수도 있다. 그러나 그것을 입 밖에 내어 말하고 남에게 가르칠 수는 없다.

— 헤르만 헤세[205]

164

202 마르코 부살리 지음, 우영선 옮김, 《세계 건축의 이해Understanding Architecture》, 2009, 마로니에북스, p. 37.

203 이 용어는 《카를 융, 기억 꿈 사상》(2007, 김영사) 170쪽에도 소개되어 있다. 옮긴이는 이를 '높은 산에서 비쳐오는 햇빛으로 관찰자의 그림자가 짙은 안개 속에 비쳐 보이는 현상'이라 풀이했다.

204 텐도 아라타 지음, 김난주 옮김, 《영원의 아이上》, 1999, 살림, pp. 21~22.

205 엘프리다 뮐러-카인츠, 크리스티네 죄닝 지음, 강희진 옮김, 《직관의 힘》, 2004, 시아출판사, p. 42.

풍수를 제대로 전달할 수 없는 가장 큰 이유는 그것이 지성을 바탕으로 한 지식이 아니라 감성을 기반으로 한 지혜이기에 그렇다.

주인공인 킬러 심은옥 여사의 생각이다. 오랫동안 딸 진아에게 팔베개를 해 줬다. 아들 진섭이가 첫 걸음마를 떼어 놓던 순간, 진아가 첫 생리를 시작하던 날이 떠올랐다. 그땐 그게 행복인줄 몰랐다. 알았다면 좀 더 기뻐했을 텐데. 아쉬웠다.[206] 지혜는 즐거움을 준다. 지식은 만족을 준다. 무엇이 더 중요할까? 단연히 즐거움이다. 만족은 곧 시들어 가지만 즐거움은 그 의미가 없더라도 오래간다.

다행증多幸症. 항상 행복한 정신 병리학적 상태. 이런 인생은 어떨지? 가장 난감한 일은 병리적 상태에서 행복을 느끼는 상황이다. 다행증까지 들어갔다면, 그건 절망이나 마찬가지다.

당연히 이건 정상이 아니다. 행복은 불행이 있어야 성립한다. 불행을 모르는데 어찌 행복을 알겠는가. 하지만 너무나 불행한 상황에 빠진 경우라면, 그래도 좋다는 생각이 누구나 들 것이다. 견디기 힘든 괴로움, 그 속을 벗어날 수 있다면 어떤 짓이라도 하겠다는 사람은 많다. 이를 적극적으로 받아들이면 마약이나 술 같은 습관성 물질에 의존하는 경우도 생긴다. 그러나 이런 중독은 얘기가 전혀 다르다. 중독 상태에서 빠져나왔을 때 그 괴로움은 이전의 괴로움을 훨씬 능가하기에 전혀 도움이 되지 않는다.

165

---

206 강지영 지음, 《심여사는 킬러》, 2010, 씨네21, p. 284.

카타르시스의 효험을 믿는 정신 분석이 길러낸 통념, 즉 화가 나면 즉각 풀어 버리라는 등의 믿음이 틀렸다는 실험 심리학의 증거는 많이 발견된다. 오히려 폭력의 악순환과 선행의 순순환順循環이 증명되는 추세이다.[207] 이것 역시 잘못된 믿음이다. 흔히들 말한다. 화를 빨리 풀어 버리라고. 그게 가능하지 않다는 것을 우리는 잘 안다. 그저 포기하라는 말과 다름없다. 이건 해결책이 아니다. 화가 나는데 어떻게 없었던 일로 하겠는가? 화는 화로 풀어야 한다. 다만 전제가 있다. 정도正道라는 것이다. 어디까지가 한도인지를 알아야 화를 풀 수 있다. 그게 바로 이성이고 지성이고 지혜다.

죽음까지도 이런 시도는 적용된다. 1934년 화장터가 새로 들어선 이래 묘지는 잇따라 수모를 겪었다. 도굴이 이어졌고 묘지는 뒤집어져 박살났다. 그리고 개들과 낙서로 인해 더럽혀졌다. 지금은 묘지를 찾는 조문객이 거의 없다. 동시대를 함께 살았던 사람들은 하나둘 세상을 떠났고, 아직도 사랑하는 이를 이 묘지에 묻은 사람 몇몇이 남아 있었다. 그러나 그들은 묘지를 찾아 숨 막히는 보도步道를 걸어오기에는 너무도 허약했고, 야만적인 파괴 행위를 참고 보기에는 너무도 섬세했다.

늘 그렇지만은 않았다. 저명하고 영향력 있는 가족들이 빅토리아 왕조풍의 장려한 대리석 무덤 뒤에 묻혀 있었다. 도시를 세운 선조들, 지역 기업가들이다.[208]

얼만가 시간이 흐르면 우리나라에서도 그런 꼴을 보게 될 것 같다는 예감이 든다. 지금처럼 난감한 세태가 계속된다면 틀림없이 그렇게 될 것이다.

207 엘리엇 애런슨, 캐럴 태브리스 지음, 박웅희 옮김, 《거짓말의 진화Mistakes were Made》, 2007, 추수밭, pp. 43~52.

208 엘리엇 애런슨, 캐럴 태브리스 지음, 박웅희 옮김, 《거짓말의 진화Mistakes were Made》, 2007, 추수밭, p. 222.

인생이라는 에베레스트 산을 오를 때, 단번에 오를 수 없음을 안 선각자들이 요소요소에 설치해 놓은 베이스캠프.[209] 인생의 여러 중독증中毒症들. 알코올, 마약, 담배, 골프를 비롯한 운동, 수집, 심지어는 속도까지.

지금 상황은 어떨까? 세대별 차이는 상상을 초월한다. 그러나 그게 현실이므로 그것을 받아들여야 하는데, 쉽지가 않다. 그러나 반드시 필요하다. 유소년들은 버릇이 없고, 노년들은 실제로는 권위도 없는 고집불통의 권위주의자들이며, 청장년은 기회주의자들이다.

당시의 상황에서는 그것이 기쁨인 줄 몰랐지만 뒤에 그런 줄을 알았을 때가 있다. 간혹 명당에서도 그럴 때가 있다. 몇 번 가 본 적이 있지만 그때는 몰랐는데 어느 순간 "그래, 그곳이었어. 바로 그곳에서 마음의 평온을 얻었지"라고 회상할 때가 있다. 그런 회상을 되살릴 수 있는 방법은 무엇일까?

제일 좋은 방법은 어린이로 돌아가는 거지만 그게 불가능하다는 것은 누구나 안다. 아이들과 바보들은 항상 진실만을 말한다. ─독일 속담[210]

진실은 아기와 바보에게서만 기대할 수 있다는 뜻도 된다.

나는 아이들과 강아지를 아주 좋아한다고 했다. 그런데 "이런 사람들은 진정한 인간관계를 맺을 수 없다"는 글을 보고 깜짝 놀랐다. 하기야 아이들과 강아지는 귀엽기는 하지만 속을 끓여 가며 고민할 관계일 수는 없는 일이니까. 표면적으로 내성적 성격이라든가 사회성 결여라는 표지를 붙일 수는 있겠지만, 그건 변명이다.

167

---

209 박광수 지음, 《악마의 백과사전》, 2010, 홍익출판사, p. 162.
210 엘프리다 뮐러-카인츠, 크리스티네 죄닝 지음, 강희진 옮김, 《직관의 힘》, 시아출판사, p. 41.

6. 편의성便宜性 : 이상보다 현실에 충실하라

푸앙카레가 제시한 규약주의의 핵심은 기하학과 시간 측정술의 원리들이 일종의 규약이며 우리가 경험에 공간적, 시간적 질서를 부여하기 위하여 만들어 낸 것에 지나지 않는다는 그의 주장에 놓여 있다. 관계를 추정하는 체계로서의 공간과 시간은 결국 우리의 풍부한 경험으로부터 추상화를 통하여 도출되는 것이다.

'자연이 시간과 공간을 우리에게 부여하는 것이 아니라 바로 우리가 공간과 시간을 자연에 부과한다. 왜냐하면 우리는 우리 자신의 편의를 위하여 그들을 발견해 낸 것이기 때문이다.'[211] 말하자면 우리 마음대로라는 뜻이다. 자신의 편의를 위하여 자연에 시간과 공간을 부여했다니 당연한 일이다.

아나톨 프랑스의 말이다. "우연은 신이 자신의 이름으로 서명하기 싫을 때 사용하는 신의 가명이다."[212] 우리가 신의 이름을 사용하기 꺼리는 이유는 이런 데도 있다. 우연은 말 그대로 우연인 경우가 드물다. 그 프로세스를 알지 못할 뿐, 뭔가 이유가 있을 수 있다.

우연의 효과는 돌로 언덕을 쌓는 경우와 비슷하다. 돌덩이 몇 개만 쌓아서는 규칙적인 형태를 얻을 수 없다. 하지만 돌을 많이 모아 놓으면 비록

---

211 롬 하레 지음, 김성호 옮김, 《천년의 철학One thousand years of Philosophy》, 2006, 서광사, p. 288.

212 스테판 클라인 지음, 유영미 옮김, 《우연의 법칙Alles Zufall》, 2006, 웅진지식하우스. pp. 19~20. 재인용.

가까이에서 보면 표면에 구멍이 뻥뻥 뚫려 있다 해도, 멀리서 보면 그런 울퉁불퉁한 것들이 보이지 않고 제법 그럴싸한 언덕이 생겨날 것이다. 수많은 개별적인 우연들도 거리를 두고 관찰할 경우 수많은 동종의 사건들을 관찰할 때처럼 조화로운 전체로 녹아든다.[213] 우리나라 시골에서 비보의 방책으로 세운 탑[214]은 막쌓기식으로, 보기에는 우연히 그렇게 된 것처럼 여겨지지만 실제로는 여러 장인匠人들의 공이 쌓여 이루어졌다.

우연은 입증된 생명의 기본 구조를 그리 쉽사리 위험에 빠뜨리지는 못한다. 세부적인 부분에서만 실험이 이루어질 뿐, 진화는 보수적인 동시에 진보를 환영한다.[215]

진화가 문제가 아니다. 세부적인 상황을 중시한다. 풍수 논의에서 전체적인 맥락 즉 논리체계를 요구하는 사람들이 많다. 그러나 풍수는 현실을 살아가는 사람들의 편의에 의하여 쌓여 온 지혜일 뿐 사고의 진화가 불러온 구조는 아니다. 그때, 그곳에서 무슨 판단이 필요한가가 중요하다. 의미를 부여하고 상징성을 조작manipulation하는 것도 역시 인간의 편의를 따를 뿐이다.

많은 고민에 빠진 사람들이 풍수나 점복, 무당을 찾아가 그에 의지하려는 경향이 있다. 그들은 그러한 고민이 해결될 때까지 자신들도 진정으로는 믿지도 않는 그런 것들을 찾아 헤맨다. 여기서 만족하지 못하면 저기를 찾아간다. 그게 얼마나 모순인지를 따질 겨를도 없이 말이다. 그러다 우연이 그들을 행운으로 이끌면 거기에 빠지고 만다. 이것이 진정한 불행이다.

213 스테판 클라인 지음, 유영미 옮김,《우연의 법칙Alles Zufall》, 2006, 웅진지식하우스. p. 37.
214 비보탑 혹은 조산造山, 진탑造塔으로도 불린다.
215 스테판 클라인 지음, 유영미 옮김,《우연의 법칙Alles Zufall》, 2006, 웅진지식하우스. p. 132.

자신의 책임인 일들을 천지의 조화에 돌리려는 암담한 태도를 유지하며 삶을 지탱한다. 이것이 불행이 아니면 무엇이겠는가?

　새로운 발견은 불만족스런 해결책과 오류를 참아내며 많은 실험을 하고 적은 선택을 하는, 다소 불편해 보이는 진화의 법칙을 통해서 탄생할 뿐이다. 우연과 직관이 이성을 대신할 수 있다는 말이 아니다. 논리적 사고가 있어야 우리의 착상이 얼마나 의미 있는지를 점검할 수 있다. 하지만 그것은 2차적 단계다. 처음에는 언제나 우연에 대해 열려 있는 개방적인 자세가 요구된다. 그리하여 프랑수아 자코브는 혁명적인 발견을 추구하는 것을 '밤의 과학night science'이라 명명했다.[216] 그가 만약 풍수를 알았더라면 자코브는 풍수를 밤의 과학으로 불렀을지도 모른다.

　이런 것이 과학은 아니다. 그렇다고 무시할 필요는 없다. 사람은 심리적인 기재mechanism가 의외로 강한 영향을 미칠 수 있기 때문에, 비합리적인 경향성을 띨 수 있다는 점을 염두에 둬서 해로울 것은 없지 않은가. 과학은 영적이고 윤리적인 문제들에 대해 오랫동안 침묵을 지키지는 않을 것이다. 지금 우리는 그러한 문제들에 다가가는 진정한 과학적인 접근법(공개적이고 과학적인 연구 범위 내에서 가장 고상하고 신비로운 체험을 안겨주게 될 접근법)이 어떤 것이 될지에 관해, 심리학자와 신경과학자들이 벌이는 격론을 보고 있다. 우리의 삶을 사랑, 동정심, 환희, 경외심으로 가득 채우기 위해 우리가 비이성적이 되어야 할 필요는 없음을, 이성理性과 잘 지내기 위해 일체의 영성靈性이나 신비주의와 관계를 끊어서도 안 된다는 사실을 깨달을 때다.[217]

216　스테판 클라인 지음, 유영미 옮김, 《우연의 법칙Alles Zufall》, 2006, 웅진지식하우스, p. 138.
217　샘 해리스 지음, 김원옥 옮김, 《종교의 종말THE END OF FAITH》(원서는 2004년 출간), 2005, 한언, p. 53.

　최근에 방문한 오슬로의 한 병원에서 나는 마치 다윗이 골리앗을 억누르듯이 인간의 본성이 현대 기술을 억누른 사례를 보았다. 넓은 복도를 가로지르는 육교와 유사한 구조물 위를 걷고 있을 때, 나를 초대한 병원 관계자는 건물의 내부가 길거리와 유사하게 느껴지도록 설계되었다고 설명했다. 병원은 마치 중심도로가 있는 마을처럼 보였다. 직원과 환자와 방문객들은 중심도로 격인 중앙 복도를 거닐면서 길가에 있는 카페와 상점을 드나들었다. 우리의 자연적인 성향을 특히 예리하게 반영한 특징은 복도가 기능적인 직선이 아니라 곡선으로 뻗어 있다는 점이었다. 단지 실제 마을들의 도로들이 죽은 직선인 경우가 결코 없기 때문에 복도가 그렇게 설계된 것이나. 이 인간적이고 위협직일 수도 있었을 병원의 분위기는 매우 편안하고 아늑했다. 비인간적이고 '탈 개인적'인 거대한 것들은 우리에게 겁을 준다.[218]

　이런 건물 구조는 우리의 명당 구조와 닮았다. 간선도로에서 마을로 들어가는 진입로[이를 명당구明堂口라 함]는 구불구불한 지현之玄 모양이다. 그래야 마을 안쪽인 내부 공간個人空間과 마을 바깥쪽인 외부 공간社會空間을 연결과 동시에 단절되도록 하여 거주민의 심성을 안정시킬 수 있다. 연결과 단절은 상호 모순되는 개념이다. 그런데 명당구의 곡선 길은 이 두 가지를 모두 만족시킨다. 간선幹線에 이어져 있으면서도 시계視界는 닫히는 절묘한 구성이다. 시계를 닫는 대표적인 예가 마을 숲이나 서낭당, 솟대, 돌무지, 당산나무 같은 것들이다. 요즘의 건물 내 공간은 이런 식으로 만든 것이 많다. 예전처럼 동선動線을 최단화最短化시키기 위한 직선을 피

171

218　수전 그린필드 지음, 전대호 옮김,《미래Tomorrow' People》, 2005, 지호, p. 341.

한다. 역시 풍수의 명당구明堂口를 닮았다.

주변 사람과 장소와 물건과 오래 함께 할수록 더욱 편안하게 느껴진다는 사실은 누구나 알 것이다. 예를 들어, 자기 집 거실로 들어갈 때가 다른 도시의 고급 호텔방 '거실'에 들어갈 때보다 한결 마음이 편해지기 마련이다. 가구며, 카펫이며 모두 최신 인테리어로 꾸며져 있어도 호텔 방이 우리 '집'처럼 느껴지지는 않는다. 집에서의 편안한 느낌은 세계와 우리를 조화시키는 미묘한 에너지의 미세한 조율 덕분에 생겨나는 것이다. 우리는 이를 '평형 공명equilbrium resonance'이라고 부른다.[219]

이렇게 생각해 보자. 너무 생활 속에 복잡한 규정을 두는 것은 이로운 것만은 아니다. 정리와 정돈은 초등학교《바른 생활》에서부터 배워온 덕목이다. 그러나 사람에 따라서는 좀 어질러져 있어야 평온을 느끼는 체질도 있다. 그들에게 정리, 정돈의 지나친 강조는 스트레스를 가중시킬 뿐이다. 너무 복잡한 규칙은 규칙이 아니다. 철학자 라이프니츠의 말이다.[220]

제4차 북벌北伐에 나선 제갈량은 위나라의 총사령관인 사마의를 궁지에 몰아넣고 화공火攻으로 끝을 낼 즈음 하필 비가 내려 뜻을 이루지 못한다. 이에 제갈공명이 일을 도모圖謀하는 것은 사람이지만 일을 완성하는 것은 하늘이라謀事在人 成事在天 말하며 탄식한다.

그런데《삼국지연의》에는 이런 대목도 있다. "본래 시운時運은 하늘로부

219 그렉 브레이든 지음, 김시현 옮김,《디바인 매트릭스Divine Matrix》, 2008, 굿모닝 미디어, p. 210.
220 스테판 클라인 지음, 유영미 옮김,《우연의 법칙Alles Zufall》, 2006, 웅진지식하우스. p. 35.

터 받는 것이라고는 하지만, 공업功業은 반드시 사람에 의해 성사되는 것입니다夫其運雖天所授 而功業必因人而成." 이것은 서진西晉의 형주 방면의 군사 책임자인 양호가 오나라 정벌을 요청하며 무제에게 보낸 상소문의 한 구절이다.[221]

이렇듯 상반된 견해가 서로 명언이라는 이름으로 회자膾炙되는 게 현실이다. 딱 부러지게 확언할 수 있는 일이란 없는 법이다. 제 편의대로 해석한다는 뜻이다. 풍수에는 이런 사례들이 아주 많다. 그래서 편의성도 풍수의 한 특징이 된다.

그러니까 자신에게 맞는 쉬운 방법으로 생활하면 그것으로 충분하나. 풍수도 마찬가지다. 너무 어려운 용어와 복잡한 논거를 들어 이해 불가능한 설명을 하는 풍수라면 다시 생각해 볼 일이다. 당신 할아버지에게 제대로 설명할 수 없다면, 당신은 제대로 알고 있지 않은 것이다.

—알베르트 아인슈타인[222]

"신神의 도리道理에는 어긋나지 않아."

네 놈은 정통 기독교인의 말을 듣지 않을 셈이냐? 데시몽과 마찬가지로 나 역시 말문이 막혀 입을 벌리고 있을 수밖에 없었다. 말도 안 되는 논리였다. 그러나 로욜라의 말은 언제나 논리를 벗어나 있었으나, 항상 영감靈感으로 충만해 있었으므로 결국에는 옳은 것으로 되어버렸다.

나중에 성인聖人이 되는 이니고 데 로욜라(이그나티우스 로욜라)는 이때부터

173

221 이나미 리츠코 지음, 이정환 옮김, 《명언으로 읽는 삼국지》, 2007, 까치글방, p. 348.
222 알렉스 로비라, 프란세스크 미라예스 지음, 박지영 옮김, 《아인슈타인, 비밀의 공식》, 2010, 레드박스, p. 143. 재인용.

영감의 힘으로 다른 사람을 굴복시키는 카리스마를 발휘하고 있었던 것 같다.[223]

　사회심리학자 토머스 길로비치Thomas Gilovich는 편향 확증Confirmation-Bias 이라는 용어를 도입했다. 자신의 믿음이나 신념에 유리한 정보에는 지나치게 관대하고, 그와 반대되는 정보에는 지나치게 인색한 것이 인지상정이다. 그런데 이러한 인지상정이 단순한 '태도'의 문제가 아니라 '인식'에도 영향을 미친다는 주장이 있다. 즉 사람들은 자신의 믿음이나 신념에 유리한 정보를 의도적으로 구해 기존의 인식을 더욱 강화하려는 경향이 있으며, 자신의 믿음이나 신념에 불리한 정보는 의도적으로 배제하거나 경시함으로써 인식의 수정을 기피한다는 것이다.[224] 이것이 바로 편의성이라는 개념이다.

　《춘추좌씨전春秋左氏傳》 애공哀公 11년에, "새는 나무를 선택할 수 있다지만 나무가 어찌 새를 선택할 수 있으리오"라는 말이 있다. 《삼국지연의》 제3회에 "머리 좋은 새는 나뭇가지를 골라 앉고, 현명한 신하는 주군을 선택하여 섬긴다良禽擇木而棲 賢臣擇主而事"는 말의 연원이다.[225]

　그들의 이야기에 한없이 귀를 기울여 인륜에 어긋나지 않는 길을 설득하는 것이 정도正道라 한다. 하지만 그가 아무리 의미 있는, 좋은 말을 내뱉어 봤자 그 어딘가에서 빌려 온 인생철학 따위는 마사코의 현실에 짐이 되고 있는 가정적 고뇌의 거대한 치부 속에 어이없이 흡수되어 사라질 뿐이

174

223 사토 겐이치 지음, 김미란 옮김, 《카르티에 라탱》, 2004, 문학동네, p. 264.
224 EBS 지식프라임 제작팀 지음, 《지식 프라임》, 2009, 밀리언하우스, p. 16.
225 이나미 리츠코 지음, 이정환 옮김, 《명언으로 읽는 삼국지》, 2007, 까치글방, pp. 32~33.

다.[226] 머리말에서 이미 고백했듯이 지금까지 내가 써 온 글들이 누군가에 게서 빌려 온 것이라는 점은 안타깝지만 현실이다. 의도했건 아니건 결과 적으로는 그렇게 되었다. 그런데 서양의 학술 서적을 보면 처음에 '감사의 글'이 나오고 끝에는 참고문헌이 빽빽하게 소개되어 있는 것을 본다. 그들 도 많은 부분 베꼈다는 뜻이다. 편의성의 다른 예다.

환경을 통제하지 못한다는 생각과 미래에 대한 불확실성은 불안의 두 원 천이다. 통제능력과 예측가능성을 높여 불안해지지 않겠다는 욕망이 문명 발달의 원동력이었다. (중략) 슈퍼컴퓨터로도 날씨를 예측할 수 없는데 어떻 게 자기 앞날을 이성적 판단으로 내다볼 수 있겠는가. 답이 나오지 않고 가 르쳐 주는 사람도 없다. 불안만 더 커진다. 차라리 초자연적이고 비이성적 이라 해도, 묻지도 따지지도 말고 무조건 믿고 따를 답을 누가 던져줬으면 하는 기대를 하게 된다. 차라리 그게 이성적 판단이다. 바로 이것이 21세기 현대사회에 젊은이들이 여전히 점占에 열광하는 이유다.

점을 보지 않아도 되는 사회가 되려면 합리적으로 예측이 가능하고, 결 과를 통제할 수 있다는 확신을 개개인이 가질 때이다. 안타깝지만 세상은 그렇지 못하다. 그래서 오늘도 타로점집에는 젊은이들이 평소 생활에서는 보기 어려운 참을성을 갖고 줄을 서 있는 것이다.[227]

가끔 나도 풍수 자문에 응하는 경우가 있다. 요즘의 내 조언은 요약하자 면 이렇다. "남에게 피해를 주지 않는다면 당신께서 좋은 대로 하십시오. 잘 때 머리를 남쪽에 두니 두통이 사라졌다거나, 자석을 몸에 지니니까 건

175

226 시노다 세츠코 지음, 김해용 옮김, 《가상 의례 上》, 2010, 북홀릭, pp. 225~226.
227 하지현, "기습폭우와 점집", 《중앙일보》 2010년 9월 27일자, 33면.

강에 좋았다면 그렇게 하십시오." 불행히도 사람들은 소위 전문가라는 사람의 이런 조언에 만족하지 않는다. 보다 분명한 해결책을 바란다. 그걸 어찌 알겠는가? 다만 풍수건 점술이건 전문가의 과히 부담이 가지 않는 돈을 요구하는 수준에서 마음 편한 얘기를 들을 수 있다면 그렇게 하는 편이 좋다. 얼마나 답답하면 미신이라 확신하는 데까지 관심이 끌렸겠는가? 그러나 분명한 사실이 하나 있다. 경제적으로 부담을 가지면서 그에 의지하는 것은 안 된다.

나는 과학 기술의 진전에 상당히 희망을 품고 있다. 종말론이 판을 치는 세상보다는 낙관적인 분위기가 좋지 않은가? 좋은 소식은 이 과정에 불가피한 '막장' 같은 것이 없다는 점이다. 세계 전역의 사람들이 분업을 더 많이 할수록, 더 많은 사람이 전문화하고 교환할 수 있으며, 우리는 더 부유해질 것이다. 더구나 이 과정에서 우리를 괴롭히는 문제들을 해결하지 못할 이유도 없다. 경제 붕괴, 인구 폭발, 기후 변화, 테러리즘, 빈곤, 에이즈, 경기 침체, 비만 등의 문제 말이다. 물론 해결하기가 쉽지는 않겠지만 분명히 가능하고 정말로 가능성이 높다.[228]

도저히 동의할 수는 없지만 심지어 이런 얘기까지 있다. 무기는 진실에 대한 탐구의 결과물일세.[229] 소설이지만 레오나르도 다 빈치가 했다는 얘기다.

228 매트 리들리 지음, 조현욱 옮김, 《이성적 낙관주의자》, 2010, 김영사, pp. 23~24.
229 레오나르도 고리 지음, 이현경 옮김, 《신의 뼈 LeOssa Di Dio》, 2008, 레드박스, p. 295.

진실이 인간을 구원해 주지는 못한다. 리처드 도킨스 같은 세계적 석학이 아무리 신은 없다고 논증해 봐야 실익은 없다. 과학적이고 따라서 객관적일 수밖에 없는 진실이라도 신과 신앙을 부정하는 일에는 별로 소용이 없다는 것이다. 도킨스는 종교가 얼마나 많은 해악을 끼쳤는지를 한탄하고 있지만, 그것은 종교 자체의 문제가 아니라, 잘못된 종교관이 문제이니 그 점을 공박해야 할 일이다. 살아 있는 인간은 언젠가는 죽어야 할 존재이기에 누구나 예외 없이 잠재적 시체다. 잠재적 시체에게 그것이 진실이 아니라 하더라도 기댈 곳이 없다면 어쩌겠는가? 진실이건 아니건 못 견딜 일을 당한 사람에게는 의지할 곳이 필요한 법이다. 만약 자식을 잃은 부모가 신앙에 의지하지 못한다면, 그게 무슨 실익인가. 그렇게라도 해야 조금의 위안이라도 받을 것이 아닌가. 나 자신은 기성종교의 신앙은 없지만, 그런 면에서는 솔직히 무신론자이지만, 광신狂信이 아니라면 신앙인을 존중한다. 최소한 그들에게는 기댈 언덕이라도 있으니 말이다.

풍수도 그 자체로는 당시 풍토에 관한 지혜의 축적이었다. 그러나 그것은 변질되었다. 그것도 아주 교묘한 방법을 병행해서였다. 효도라는 거부할 수 없는 수단을 부른 것인데, 이 점은 물론 의심스러운 부분이 있다. 처음부터 죽음에 대한 외경畏敬이 효도와 결합했을 가능성도 있다는 뜻이다. 어찌 되었거나 그것 때문에 풍수는 상당 부분 타락했다.

전생前生과 후생後生을 넘나들며 금지된 사랑으로 절절한 얘기를 현학적으로 풀어놓은 김진규는 그의 소설에서 이렇게 말한다. 땅은 땅일 뿐입니다. 땅은 아무 짓도 하지 않습니다.[230] 소설의 내용에서 이 표현은 아주 적절하다. 그렇다. 땅은 땅일 뿐이다. 사람이니 그에 대한 감사의 마음이야 당연하지만 그렇다고 해서 무언가를 더 달라고 하는 것은 비례非禮다. 풍수에서 발복發福을 바라는 태도에 관한 의견이다.

　땅뿐이 아니다. 시간의 문제에서도 사람들은 편의성을 좇는 경향을 보인다. 사람마다 좋아하는 시기가 다르다. 매우 주관적이라는 뜻이다. 내가 군에 입대할 때는 그 날짜에 선택의 여지가 없었다. 지금은 입대 시일을 자신이 고를 수 있다. 나 같으면 훈련받기 좋은 봄이나 가을을 선호할 것이다. 그런데 아들 친구 녀석 중 하나는 1월에 가겠다고 했다. 왜? 제대하고 복학하기가 알맞기 때문이란다. 나는 지금을 중시했고, 그 아이는 미래를 염두에 둔 것이다. 어찌 되었거나 객관적으로 군대 가기 좋은 날이란 없다는 얘기다. 항상 주관이 문제다.

　신에게 인간에 대한 사랑이라는 지옥이 있다면, 모든 인간에게도 바로 손닿는 곳에 지옥이 있소. 그것은 가족에게 쏟는 사랑이오.[231] 풍수에서 '어머니인 땅'이라고 할 때, '어머니'는 자애로움의 극치를 의미한다. 모두들 그렇게 믿어 왔다. 한데 알고 보니 그게 아니다. 어떤 일정한 생존경쟁의 규칙이 있더라는 것이다. 한마디로 '이기적'이란 얘기인데, 충격이다. 우리가 어머니로부터 많은 것을 빼앗을 때, 어머니인 땅은 우리에게 엄격한 교훈을 준다. 그렇다면 땅은 이기적인가, 이타적인가? 필자의 생

178

230　김진규 지음,《저승차사 화율의 마지막 선택》, 2010, 문학동네, p. 99.
231　파울로 코엘료 지음, 이상해 옮김,《악마와 미스 프랭》, 2003, 문학동네, p. 86.

각은 '둘 다'라는 것이다. 이기적 유전자[232] 혹은 이타적 유전자[233], 둘 다 존재할 것이다. 비록 과학이 아닌 풍수에 생물학을 끌어들이는 짓은 거북하지만 말이다.

어떤 이들은 해를 아버지, 달을 어머니, 그리고 특이하게도 땅을 유모에 비유하기도 한다.[234] 하기야 어머니인 땅이라고 하면 지나치게 어리광을 피울 염려가 있다. 다시 말해서 난개발亂開發의 소지가 커진다는 뜻이다. 유모라면 얘기가 다르다. 어리광에도 정도가 있는 법이다. 도를 넘어서면, 특히 유모라면 응징을 각오하는 것이 옳다. 지금 우리의 현실은 어디까지가 어리광이고 어느 선까지가 허용되는 수준인지를 가늠하기가 어렵다. 환경론자는 어리광이라 판단하고 있고 개발론자는 그렇지 않다고 한다. 나는 앞서 밝힌 바대로 중병을 앓고 계신 어머니를 치료하는 개발까지 반대하는 것은 잘못된 판단으로 여긴다.

대자연 어머니는 인간 외의 포유류 암컷들에게 생명 유지를 위한 본능— 새끼의 태반胎盤을 다급히 먹어 치우려는 갈망—을 부여했다. 풍부한 철분, 아미노산, 필수지방 덩어리인 태반은 어미가 분만의 시련 직후 곧바로 먹어야 하는 최고의 만찬이다. 어미는 태반을 먹음으로써, 바로 몇 분 전에 잃어버린 바로 그 영양분을 완벽하게 복원시킨다. 갓 배출된 태반에는 1, 2회의 수혈輸血에 해당하는 철분이 들어 있다.

지나 사피엔스는 이 맛난 영양식에 대한 갈망을 잃어버렸다. 우리의 가

179

232 R. Dawkins, 《The Selfish Gene》, 1976, Oxford University Press.

233 Matt Ridley, 《The Origins of Virtue》, 1996, Allen Lane.

234 엔리케 호벤 지음, 유혜경 옮김, 《보이니치 코드》, 2010, 해냄, p. 465.

까운 친척 침팬지만 해도 새끼를 낳자마자 태반을 맛있게 먹어 치운다. 이와 반대로, 사람은 산모가 태반을 구경하기도 전에 간호사들이 얼른 집어 쓰레기통에 버리는 것이 일반적이다. 현재 병원에서는 태반을 '유독성 폐기물'로 분류하여 처리를 엄격히 규제하고 있다. 태반을 개에게 던져 주는 일도 다양한 문화권에서 자주 있었다. 그러면 개는 이 귀한 것을 알아보고 고마워하며 얼른 먹어 치운다.[235]

어디까지가 어머니의 본심인지 알기는 어렵다. 지금이라면 산모 중 그 누구도 자신의 태반을 먹으려 하지는 않을 것이다. 그러나 문제는 그게 아니다. '어머니인 땅Mother Earth'이라고 했을 때 그분이 태반은 아무리 좋은 것이라 할지라도 섭취 여부를 가릴 형편이 되지 못한다는 점이다. 분명한 것은 그 어머니인 국토가 응급실 혹은 중환자실에 계시고 우리는 그분을 치료해야 한다는 것이다. 문제는 외과 수술을 할 것인가 말 것인가를 결정하는 일인데 그게 참 어렵다. 누구는 안락사를, 누구는 수술을, 또 누군가는 방치를 주장한다. 무엇이 적절한 조치인지를 알아내는 지혜가 필요하다. 그 지혜가 서로 자기 것이라고 우기는 것이 현실이란 게 우려스러운 일이다.

어머니의 노후를 생각해 보자. 근래 (대략 2006년부터 2010년 현재까지) 구로 도서관에서 아무거나 특히 일본 소설을 거의 손이 가는 대로 빌려 보았다. 여기서 한 가지 뚜렷한 현상이 눈에 들어왔다. 치매에 관한 내용이 현저히 많아졌다는 점이다. 나의 어머니도 그렇고 내 친구 어머님들도 많은 분들이 그 병에 시달리고 계시다. 엄밀히, 아니 매정하게 말한다면 시달

235 레너드 쉴레인 지음, 강수아 옮김, 《자연의 선택, 지나 사피엔스》, 2004, , 들녘, p. 63.

리고 있는 것은 그 가족들이다. 큰 문제다. 더 큰 문제는 대책이 별로 없다
는 것이다. 정확히 말하자면 거의 대부분이 무력감에 빠져 있다. 막연히
효도를 들먹거릴 일이 아니다. 그런 상황에 빠진 사람들이라면 누구나 공
감하리라.

아이를 위해 많은 시간을 보내고 삶의 지혜를 나눠주는 것이 오랜 세대
동안 이어져 온 조부모들의 임무였다면 지금은 아니다. 손자가 좋은 대학
에 가려면 아이의 특출한 머리가 아니라 '할아버지의 재력, 아버지의 실력,
어머니의 정보력'이라는 삼박자가 갖춰져야 한다는 말처럼 조부모는 더 이
상 삶의 지혜만을 나눠주는 존재가 아닌 것이다. (중략)

조부모의 권위는 이제 재력이 뒷받침되지 않으면 의미를 갖지 못한다.
삶의 냉정함이 여기서도 드러난다.[236] 애처롭고 난감한 우리들 조부모님의
처지는 이쯤 해 두고, 다시 어머니인 땅 얘기로 돌아가자.

라파엘 라레르는 현대 미술이 자연에 자리하는 방식에는 두 가지 경향이
있으며, 그 경향에 따라 각기 다른 표현 방법이 있다는 것을 보여 준다. 그
중 하나는 어스 아트(Earth Art: 자연 재료를 이용한 예술 작품)로, 자연 위에서 작
업하고 자연을 도구화하는 것이다. 이 미술은 자연의 거대함을 이용해서
인간중심주의적인 기념물을 만든다. 대표적인 작품은 러시모어 산(미국 사
우스 다코타 주에 있는, 워싱턴, 제퍼슨, 링컨, 루스벨트의 거대한 얼굴상이 새겨져 있는 산)
의 조각상이다.

두 번째는 대지 미술로, 이는 자연 속에서 그리고 흔히 자연과 더불어 작

---

236 A. C. 그레일링 지음, 윤길순 옮김, 《새 인문학 사전》, 2010, 웅진지식하우스, p. 91.

품을 만드는 것이다. 자연에서 찾아볼 수 있는 서명은 불안정하고 덧없는 표현물이며, 그 자연 속에 우리가 다녀갔다는 것을 은밀하게 표시하는 증거이기도 하다. 여기서는 인간의 손길이 미치지 못하는 곳에 있는 야생 상태의 자연을 그대로 잘 보존해야 한다는 지극히 구시대적인 진부한 개념에 집착해서는 안 된다. 그보다는 오히려 질 클레망(프랑스의 원예가, 희귀식물 연구가)의 견해에 따라, 우리의 야생에 대한 개념을 변화시켜야만 한다. 결코 원시림은 아니지만, 황무지와 미개간지, 사람들이 기대하지 않은 그곳에서 다시 무성하게 자라는 잡초들, 야생 상태가 아닌 것처럼 보이지만 사실상 야생 상태인 자연, 우리가 영원히 관계를 끊지 못할 것임을 우리의 오만 앞에 보여 주는 자연…….[237]

클레망의 생각은 자연의 치료라는 자생풍수의 특성과 어울린다. 자연을 원시 그대로 두어야 한다는 강박관념을 벗어나 인간의 손길을 거친 사실상 자연 상태인 자연이 바로 그렇다. 우리는 이런 관점에서 중요한 사실 한 가지를 적시摘示해야 한다. 즉 아직 원시 상태인 것 혹은 그에 가까운 것은 절대로 건드리지 말고 오직 보호만 해야 한다. 예컨대 국립공원, 람사협약에 의한 야생습지, 한국의 DMZ 등이다. 이런 곳은 그저 사람이 건드리지 못하도록 보호하는 일이 중요하다. 이런 곳을 개발하겠다는 것은 마치 건강한 신체 부위를 미용 성형 수술하겠다는 꼴이니 적극 말려야 한다. 성형 수술에도 신체의 불구를 고치기 위한 것은 권장해야 하지만 오직 그 진위眞僞도 판단기준도 불분명한 미美를 위해서 칼을 댄다는 것이 어불성설語不成說이기 때문이다.

237 카트린 라레르, "머리말", 베어드 캘리콧 외 지음, 윤미연 옮김, 《자연은 살아 있다》, 2004, 창해, p. 25.

7. 개연성蓋然性 : 그럴듯하게 보인다

풍수에서는 말로 잘 표현할 수 없는 내용을 설명하기 위해서 비유를 많이 쓴다. 그런데 이 비유란 것이 조금만 궤도를 벗어나면 이현령비현령耳懸鈴鼻懸鈴이 되어 버린다. 그렇다고 비유를 무시해 버리면 설명 불가에 빠지기 쉽다. 그래서 개연성이란 관점에서 땅을 설명하는 특성을 갖출 수밖에 없었다.

인류는 자연의 위력을 인간과 교제하듯이 그렇게 교제할 수 있는 인격체로 만든 것이 아니다. 인간은 자연의 위력이 인간에게 주는 압도적인 인상을 정당하게 평가하지 못했다. 그래서 인간은 자연의 힘에다 아버지의 성격을 부여했다.[238] 어머니인 땅이란 개념만으로는 개연성을 너무나 많이 지니고 있는 자연을 설명하기엔 역부족이다. 그래서 아버지라는 함축含蓄이 추가된 것을 볼 수 있다.

그런 개연성의 대표적인 예가 인류 역사상 무수히 점멸點滅했던 유토피아 개념이다. 그런 곳이 있을 까닭이 없지만 인간은 그 존재의 개연성을 믿으며 끊임없이 그런 장소를 공상 속에서 만들어 왔다. 개중에는 실제로 건설을 시도했던 경우도 있었지만 너무나도 당연히 될 일이 아니었다. '유토피아Utopia'는 물론 '어디에도 없는 곳'을 뜻하지만, 역사적 이유로 더 정확하

183

---

238 존 바우커 지음, 박규태, 유기쁨 옮김, 《죽음의 의미》, 2005, 청년사, p. 41.

게는 '좋은 곳'을 뜻하는 '유토피아Eutopia'라고 불러야 할 곳을 뜻하게 되었다. (접두사 eu는 각각 '희열'과 '안락사', '우생학'을 뜻하는 'euphoria', 'euthanasis', 'eugenics'에서와 같은 작용을 한다.) 유토피아의 반대말은 '나쁜 곳'을 뜻하는 '디스토피아Distopia'이다.[239] 유토피아의 사전적 정의는 위와 같다.

　세계의 문헌에서 제안한 유토피아들 가운데 그것을 현실에 적용하려는 노력의 대상이 된 것은 거의 없었지만, 두 가지는 실제로 실천에 옮겨졌고, 그 가운데 하나는 작동이 되었지만 하나는 그렇지 않았다. 작동이 되지 않은 것은 이른바 마르크스레닌주의의 '공산주의'와 그것의 소산인 스탈린주의와 마오이즘이다. 작동이 된 것은 에베네저 하워드Evenezer Howard의 전원도시田園都市 구상이며, 꽃으로 장식되고 푸른 잔디가 깔린 조용한 교외에 있는 어떤 영국 도시들은 모든 편의시설이 걸어서 갈 수 있는 거리에 있고 다른 곳과는 편리한 교통수단으로 연결되어 있어 그것이 지금도 꽤 잘 작동되고 있다.[240]

　자연에 대한 서구적인 시각은 태초의 신화들에서 구축되었다. (중략) 이 신화들 가운데, '아르카디아'와 '낙원'은 서구 사회의 모든 문명에서 자연의 고유한 표현물들을 만드는데 필수적인 역할을 맡고 있다. 펠로폰네소스 반도 중앙 고지에 위치한 그리스의 한 지방인 아르카디아는 고대의 창조자들에게 있어서 황금시대, 즉 항상 따뜻한 봄날만 있고 이상적인 자연 속에서 행복하고 순결한 인간들이 평화롭게 살고 있던 이상적인 시대의

184

239　A. C. 그레일링 지음, 윤길순 옮김,《새 인문학 사전》, 2010, 웅진지식하우스, p. 87.
240　A. C. 그레일링 지음, 윤길순 옮김,《새 인문학 사전》, 2010, 웅진지식하우스, p. 91.

목가적인 장소였다. (중략)

이상적이고 영원한 전원시田園詩 자체였던 삶에 관한 이러한 표현에서는 많은 고대 문명에 공통되는 낙원이 등장하곤 했는데, 특히 그 낙원은 지상의 낙원으로서 정원庭園을 의미하는 것이었다. 오늘날과 마찬가지로 태곳적에도 정원을 만든 창조자는 혼돈의 공간을 행복과 정신적 평화에 대한 이상적인 조건들이 실제로 표현되는 질서정연한 장소로 변형시켰다.

영국 시인 존 밀턴(John Milton, 1608~1674)은 저 유명한 '실락원'에서 잘 가꾸어 놓은 정원을 예언하면서 그곳은 마치 에덴동산과 같을 것이라고 말한다. (중략)

이 신화늘은 크게 누 가지로 분류되는 아르카디아적인 공간을 묘사하고 있다.

그중에서도 널리 알려진 곳 – 이는 서구사회로 하여금 인공적인 낙원을 꿈꾸게 만들었는데, 그 가장 놀랍고도 집요한 화신化身은 아마도 교외의 잔디밭들일 것이다 – 은 밝고 전원에 가까운 아르카디아이다. 이곳은 한때 고대의 폐허와 이국적인 건축물 애호가들이 엄청나게 찾아왔던 곳이다.

나머지 하나는 어둡고 야생적이며 동물과 신들이 살고 있던 곳으로, 두려움과 공포를 일으킨다. 이곳은 인간의 상상력이 드러내는 밤의 측면이며, 싸움과 전쟁이 발발하고 피가 흐르는 경이롭고도 마술적인 세계이다. 이곳은 또한 장 자크 루소(Jean-Jacques Rousseau, 1712~1778)가 성공적으로 그려냈던 것처럼, 언제나 미화되곤 하던 무법자들의 피신처이자 원시적인 세계이다.

이 두 아르카디아는 마치 야누스의 두 얼굴처럼 서로 불가분의 관계를 가지고 있는 자연, 즉 우리가 자연을 생각할 때 그 상상력의 근원이 되는 낮과 밤의 이미지를 의미한다.[241] 우리의 자생풍수 명당은 전적으로 밝고 전원적인 아르카디아는 아니지만, 야만적은 흔적은 전혀 없는 곳이다. 대체로 평온함을 중시하지만 거기에 사회적인 조화가 혼합되어 있는 상태이다. 그래서 자생풍수는 사람의 지리학이다.

좀 더 세속적인 바람은 불로장생不老長生의 꿈이다. 서양에도 이런 예는 있다. 콜럼버스의 부하 중 하나는 나름대로 성경을 해석하여 오늘날 푸에르토리코의 북쪽 어딘가에 있는 젊음의 샘 근처에 에덴동산이 있으리라 여기고 그 일대를 탐사하며 물맛을 보았다고 한다. 그 물을 마시면 30대의 젊음을 유지하며 영생에 가까운 장수를 누릴 것으로 예상한 것이다. 그는 그곳을 '꽃의 땅'이라는 뜻으로 '라 플로리다'라 불렀다. 당연히 그의 예상은 틀렸다. 다만 지명에 그의 허망한 꿈이 남았을 뿐이다. 만약 젊음을 고통으로 여기고 인생을 고해苦海로 받아들이는 사람이라면 이런 불로장수는 악몽일 뿐이다.

이탈리아어로 눌라nulla는 아무것도 아님nothing을 뜻하고 치타citta는 도시, 마을이라는 뜻이니 '눌라치타'는 결국 아무 곳에도 없는 마을이라는 뜻이 된다.[242] 이탈리아 나폴리에서 동남쪽으로 40킬로미터쯤 떨어진 분지에 있었다는 이 마을은 지금은 공식 명칭이 토루치아라고 한다. 이탈리아 북부 출신의 지성적이고 근면한 사람들과 남부의 게으르고 평온한 사람들이

186

---

241 피에르 도나디외, "가꾸어진 자연, 야생의 자연", 베어드 캘리콧 외 지음, 윤미연 옮김, 《자연은 살아 있다》, 2004, 창해, pp. 92~95.

242 조선희 지음, 《열정과 불안 1》, 2002, 생각의나무, p. 267.

혼융되어 나름대로 유토피아 흉내를 낸 적은 있었던 모양이다. 지금은? 지금 주민들 만나서 얘길 들어보면 하나 같이 불평투성이야. 은행도 멀고 대도시도 멀고 교통도 불편하고 교육시설도 열악하고 문화시설도 별로 없고.[243] 작가는 이렇게 말한다. 눌라치타를 보고 느낀 건데, 유토피아를 그려 놓고 절치부심切齒腐心으로 준비해서는 절대 유토피아가 오지 않는다는 거야. 살아가면서, 과정 속에서 그걸 발견하지 못하면 그건 끝내 오지 않는다는, 뭐 그런 얘기지.[244] 이것은 눌라치타가 꿈속에서나 그리던 곳이 아니라 삶의 과정에서 이루어지는 곳이라는 뜻이다. 삶과 유리遊離된 곳은 인간 세상과는 멀다. 그런 곳은 신들의 세상, 즉 우리의 발이 닿지 않는 것에나 있을 뿐이다.

그 비슷한 곳이 신선이 사는 세상이다. '신선놀음' 현대인의 꿈이다. 아니, 예로부터 우리 민족의 바람이었다. 그런 놀이를 할 수 있는 곳이 어디일까? 신선도神仙道나 도가道家 들의 명당이다. 불로장생하며 일하지 않고 근심걱정 없이 살아갈 수 있다면 더 바랄 일은 없다. 당연히 도시는 아닌 것 같고, 대체로 명승지일 것이다. 여기에 하나 덧붙이자면 사람들과 부대끼는 데 넌덜머리가 난 이들이 고요한 휴식을 취할 수 있는 어딘가 격리된 곳이 떠오른다. 신선들의 명당이란 일단 속세의 현실을 떠난다. 그리하여 각성이나 마비의 상태를 맞는다. 이럴 때 그들은 한때이긴 하지만 강한 해방감과 통렬한 절정을 맛본다. 그 때문에 우리는 선유동을 찾는다.

문제는 이런 상태나 이런 장소가 길게 이어지는 것을 사람들은 견디지 못

---

243 조선희 지음, 《열정과 불안 1》, 2002, 생각의나무, p. 219.
244 조선희 지음, 《열정과 불안 1》, 2002, 생각의나무, p. 222.

한다는 점이다. 일없이 격리되어 산다? 길어야 일주일이 고작이다. 놀아 본 경험이 있다면 잘 알겠지만 노는 것도 쉬운 게 아니다. 그러니 신선이란 그저 사람들이 마음속에 품고 있는 허상일 수밖에 없다. 정말 신선이라면 모든 면에서 무애일 것이니 언제 어디서나 그들의 놀이터가 될 수 있다.

현실은 그렇지 못하다는 것을 우리는 잘 안다. 그래서 그저 잠깐이라도 그 비슷한 꿈을 꾸며 그런 곳을 찾는다. 그곳이 바로 선유仙遊다. 선유도, 선유동, 선유계곡. 가장 먼저 떠오르는 것은 군산의 선유도다. 서울이라면 한강 양화대교 옆 선유도가 있다. 무녀도, 신시도 등으로 이루어진 군산 선유도를 나는 1980년대에 몇 번 가 봤다. 특히 수평선 이내嵐氣 위로 떠 있는 듯 드러나던 망주봉은 왜 이곳이 신선과 결부되었는지를 뚜렷이 보여 주었다. 게다가 무당(무녀도)까지. 바로 연상되는 진안 마이산의 기괴함과도 통했다. 술이 취했을 때는 무릉도원을 들어간 어부와 같은 마음이었으리라고 추억된다. 서울의 선유도는 이런저런 공사, 특히 양화대교 공사로 본 모습을 잃었지만 사진으로 본 옛 자태는 역시 군산의 선유도와 비슷한 점이 있었지만, 보지 않은 것은 말하지 않는다는 풍수 원칙상 확신은 없다. 그렇다면 본모습을 잃은 지금은 선유도가 아닌가? 그렇지는 않다. 신비는 잃었지만 접근성과 편리함이라는 새로운 신선놀음의 선유도 시민 공원으로 바뀌었기 때문이다. 이를 누가 부인할 수 있겠는가. 그 좋았던 옛날은 있지도 않거니와 있을 수도 없다. 선유도는 지금도 선유도다.

선유동은 물론 이외에도 많다. 위 두 곳 외에 좀 알려진 문경과 괴산 사이의 선유동이나 경남 고성 영오면에 있는 선유산 역시 비슷한 향취를 갖고 있지만, 모양은 다르다. 느낌이 그렇다는 것이다. 그러나 이런 곳들을 드러낼 마음은 없다. 나를 비롯해서 소위 전문가란 사람들이 어떤 곳이 좋다고 하면 머지않아 그곳은 관광객이 몰려들어 난장판이 되고 만다. '아는 것'이 그 좋은 곳의 불행이 되어 버리는 꼴이다.

사실 풍수에서는 한반도 자체를 신선이라고 보는 견해仙人鍛鍊形도 있다. 신선이 흔히 쓰는 솥 위에 우리나라가 놓여 있다는 뜻이다. 이때 솥의 세 발은 울릉, 제주, 강화도라 한다. 그렇게 되면 우리는 모두 선유동에 사는 셈이다. 그리고 위의 세 섬은 우리의 기둥이니 새삼 우러러볼 필요가 생긴다. 여기에 한 가지 문제가 있다. 선유는 신선이 한군데서 논다는 뜻보다는 여기저기 유람을 다닌다는 뜻이 더 맞다. 그러니 선유동을 득정할 필요는 없다는 말이다. 수많은 신선놀음 터가 있어도 이상할 게 없다.

게다가 우리나라에서 신선사상은 중국의 도교처럼 체계를 갖고 있는 게 아니다. 풍수, 도참, 정감록, 도가, 불교, 무가, 전통신앙이 골고루 섞여 신선이란 개념을 만들었다. 이능화는 《조선 도교사》에서 우리 풍수의 시조인 도선국사를 선가 부류로 본다. 《청학집》에는 우리나라 신선의 조상인 물계자를 도선이 만나는 대목이 있다. 풍수의 시조가 신선의 조상이 된 셈이다. 이런 식으로 여러 종파와 사상들이 융합하여 신선을 만들었으니, 이 나라에 선유동이 많은 것은 조금도 이상한 일이 아니다.

또 선녀는 옥녀로 표현되기도 하는데, 풍수 형국론에는 무수히 많은 옥녀 관련 명당이 등장한다. 당연히 옥녀는 신선이면서 모성을 상징하기도 하고 어머니의 품속과 같은 평안과 안온을 가리키기도 한다. 여기에 신선은 무릉도원과도 궤를 같이한다. 풍수에서 명당은 근심 걱정 없이 살아갈 수 있는 장소이다. 역시 어머니의 품 안이다. 이미 세상에 잘 알려진 경남 하동군 청암면 중이리 칠성봉 아래 논골은《정감록》이 지적한 '3은 3점'의 피난처 중 하나다. '3은'은 고은동, 심은동, 노은동(논골)이고 '3점'은 풍점리, 먹점리, 미점리라고 한다. 예컨대 논골은 한국전쟁이나 지리산 빨치산 준동 때 다친 사람 하나 없었던 곳이라 한다. 그 가까이 묵계리에 소위 청학동으로 알려진 곳이 현존한다. 이인로는《파한집》에서 "꽉 막힌 골짜기 안에 들어 있는 넓은 별천지로 곡식을 심을 양전옥토가 있는 곳"을 청학동이라 하였다. 논골은 역시 이 기준에 잘 맞는다. 노는 게 본분인 신선도 먹는 일은 신경이 쓰이는 모양이다.

여기서 분명히 해야 할 일이 있다. 신선도 결국 사람이 되는 것이라면 거기엔 인격이 있다. 사람처럼 생각해야 할 필요가 인정된다. 사람들이 누군가를, 무엇인가를 좋아한다는 것은 지극히 주관적인 일이다. 내가 좋다고 다른 사람들까지 좋아할지는 모르는 일이다. 나는 유연한 능선을 가진 투박한 지리산이나 덕유산을 좋아하지만 많은 사람들은 절벽과 암반이 두드러지는 절세미인 금강산, 설악산을 좋아한다. 능선을 좋아하는 이가 있는가 하면 골짜기를 좋아하는 이도 있다. 실은 이런 주관성이 풍수 명당론, 여기서는 선유동 입지조건을 헷갈리게 하는 본질적인 이유다. 자신이 좋다면 풍광이 명미明媚하지 않아도 선유동이 될 수 있다. 반대로 천하절승이라도 자기 마음에 들지 않으면 선유동이 될 수 없다. 거지가 멀리서 보기에 그럴 듯하여 동냥을 얻으러 들어가 보니, 속은 텅 비었더라는 여주시

북내면 석우리 '거지혜탕골'이 사기당한 선유동이라면, 내 학창시절, 가슴 저미는 애절한 그리움을 주었던 첫눈 내리던 종로구 북촌 골목길에서 지나쳐 간 여학생. 그를 만난 골목길에 가면 나는 지금도 그 여학생을 선녀로 회상한다. 오해 마시라. 선녀와 결혼할 수는 없으니까. 그곳이 내 선유동이다. 모름지기 그런 감성의 기반을 뒤흔들 수 있는 장소가 바로 선유동이라는 비유다.[245]

사회적인 면에서의 유토피아는 대체로 평등을 위주로 한다. 이미 공자도 밝힌 것처럼 사람들은 절대적인 가난보다 남보다 못사는 것에 불만이었다. 평등이라는 이상이 구현된 예로 19세기와 20세기의 사회주의 운동과 공산주의 운동을 드는 사람들이 있을지도 모른다. 그러나 두 이념의 실험은 불완전하게 실천되어 다른 무엇보다도 고통과 박탈, 억압의 평등을 경험하게 한 경향이 있었다.[246] 인간 본성에 관한 조그마한 성찰만 있어도 세상에 절대적 평등이란 있을 수 없다는 것을 안다. 어찌 보면 사람은 태어나면서부터 평등치 못하다. 출신은 물론이고 타고난 체질과 재능이 평등할 수는 없다. 그런데 무리하게 그것을 이루려고 하면 결과는 불행일 뿐이라는 것을 역사는 증명한다.

내가 풍수에 들어있는 신비주의(사이비 신비주의까지 포함해서)를 거부하지 못하는 까닭은 거기에 인간 자체의 모순과 알 수 없는 이끌림이 숨어 있기 때문이다. 근대에 들어 예술이 사실상 또 하나의 상품에 불과해졌음에도

245 이 글은 2010년 여름 《동아일보》에 게재했던 필자의 칼럼을 옮긴 것이다.
246 A. C. 그레일링 지음, 윤길순 옮김, 《새 인문학 사전》, 2010, 웅진지식하우스, p. 156.

그토록 커다란 비중을 지니게 된 이유는 영적인 가치가 거의 퇴색한 세상에서 예술이 초월성의 대용품을 제공하기 때문이다. 아무리 철저한 합리주의자라도 이성理性만으로는 살 수 없으며 어떤 불가해한 창조성에 대한 변함없는 믿음이 필수적임을 보여 주는 게 문학이라는 애기다.[247] 문학만이 아니다. 지금 애기의 주제인 풍수는 그것이 더욱 강조되는 분야다. 이성 말고 다른 불가해한 부분이 가득하다는 것은 사실이다. 하지만 세상에서 공식적으로 통용되는 것은 이성이다. 그래서 풍수는 공식적으로는 대접을 받지 못한다. 내가 경험한 공식적인 풍수 조언의 예는 상당히 많다. 그러나 그것이 공식화된 경우는 없었다. 겨우 작년(2010년)에야 '거마비' 또는 '수고비'란 이름으로 행정이나 사법기관에서 내 개인 통장으로 그 기관 이름으로 계좌이체를 받은 것이 그나마 조금 위로가 되는 정도다.

 풍수에서 명당 찾기는 지관의 실력에만 좌우되는 것은 아니다. 그런 것을 찾는 사람의 덕망을 평가해야 했다. 그러니 실력과 덕망 그리고 알 수 없는 그 무언가를 갖추어야 명당을 얻을 수 있다는 애기인데, 그것은 거의 우연에 의존해야 이룰 수 있는 일이다. 저자는 우연에 자리를 허락하지 않는 사람은 행복할 수 없다고 말한다. 우연으로부터 이익을 얻고자 하는 사람은 우리가 계획대로 살 수 없다는 환상에서 벗어나야 한다. 우연을 인정하는 것은 사람을 겸손하게 만든다. 우연을 인정해 주면 우리는 생각보다 자주 우연이 주는 선물을 받게 될 것이다.[248]

247 테리 이글턴 지음, 강주헌 옮김, 《신을 옹호하다》, 2010, 모멘토, p. 113.
248 스테판 클라인 지음, 유영미 옮김, 《우연의 법칙Alles Zufall》, 2006, 웅진지식하우스, p. 347.

칸트의 스승이었던 철학자 요한 고트프리트 폰 헤르더는 '인류를 지배하는 독재자가 둘 있는데, 그 중 하나는 우연이고 다른 하나는 시간'이라고 했다.[249] 이처럼 우연이란 시간처럼 불가해不可解하고 통제 불능인 요소다. 우리는 우연을 불러들일 수 없다. 그야말로 우연이기 때문이다.

우리 몸의 구성 요소들이 매 순간 죽는 동안에도, 우리가 아침 식사에 의해서 구성되듯이 우리는 관계들에 의해 계속적으로 구성된다.[250]

우리 몸의 세포들은 매 순간 죽어가고 있다. 그래야 우리가 산다. 세포가 죽기를 거부하면 암세포가 된다. 부분을 죽임으로써 전체의 삶이 된다. 삶이 끝나면 부분도 죽는다. 그것들은 부패 박테리아의 먹이가 되어 다른 생명을 얻는다. 순환체계의 구성이다. 아무리 그것이 천리天理라 해도 개체로서의 인간은 자신이 먹이가 되기를 바라지 않는다. 결국 죽는다는 것을 알지만 나는 예외이기를 바라고, 또 그렇게 믿으며 산다. 매일 죽음만 생각하는 삶이란 무슨 의미가 있으랴. 죽음에서 멀리 떨어진 아기들은 죽음 그 자체를 모른다. 하기야 삶도 모르지만. 죽음에 가까이 다가갈수록 죽음을 실감한다. 죽음 후도 떠올린다. 음택풍수는 그런 까닭에 말도 되지 않는다는 것을 알면서도 끊이지 않고 명맥을 유지하고 있다. 전형적인 개연성의 증거다.

국제 생명센터 의장인 매트 리들리는 이렇게 현대의 비관론자들apocaholics을 향해 일갈한다. '예전 영국의 광우병 소동을 보자. 휴 페닝턴 등 전문가

193

---

249 스테판 클라인 지음, 유영미 옮김, 《우연의 법칙Alles Zufall》, 2006, 웅진지식하우스. p. 8.

250 존 바우커 지음, 박규태, 유기쁨 옮김, 《죽음의 의미》, 2005, 청년사, p. 372.

들은 영국에서 광우병에 걸린 소 75만 마리가 인간 먹이사슬에 유입되면서 수만, 수십만 건의 인간 광우병vCJD이 발병할 것이라고 예측했다. 하지만 현재까지 사망자 수는 166명이며, 2008년 사망자는 단 한 사람, 2009년에는 단 두 명이 전부다.' 행인지 불행인지 2년 전 한국의 광우병 괴담은 그의 책에서 전혀 언급되지 않았다.

1950년대 '기적의 살충제'로 통했던 합성 화학물질 DDT는 우리에게도 낯설지 않다. 몸에 축적되면 내분비계를 교란시켜 암을 유발한다는 치명적 독성이 확인된 것은 훗날이다. 1962년 생태운동의 고전 《침묵의 봄》의 저자 레이첼 카슨은 DDT 같은 화학물질 때문에 대규모 암이 퍼진다고 인류 앞에 공언했다. 당시 이 책의 저자는 영국의 10대 소년이었다. '학교에서 내가 병이 들어 일찍 죽을 것이라고 배웠을 때 정말 겁이 났다. 이 후 세상은 과연 어찌 됐나? 암 발생률은 되레 떨어졌다. 학계는 화학물질과 발암 사이의 상관관계를 추적했지만 모두 헛수고로 끝났다. 현재 화학물질에 의한 암은 모든 암 발생의 2% 미만. 저자는 당시 DDT가 매년 5억 명의 생명을 구해 냈다는 미국 과학 아카데미 자료를 제시하면서 '입이 큰' 사람들이 암의 시대라고 단정했던 80~90년대는 건강, 수명, 환경이 외려 더 좋아졌다. 나와 내 초등학교 동창들도 가끔 DDT로 세례를 받았지만 암과는 상관없이 잘들 살고 있다.[251]

내가 아무리 인간 위주의 사고를 주장해도 환경론자들의 노력은 꾸준히 계속되고 있다. 댐 건축을 막고, 망가진 습지를 복원하고, 위기 종을 되살

251 조우석, '비관론자들아 보아라, 이 눈부시게 발전하는 세상을', 《중앙일보》 2010년 8월 21일자, 20면.

려 낸, 전 세계 흩어져 있는 수많은 제인 구달에게서 듣는 희망의 메시지라는 표제가 붙은《희망의 자연》은 그 모습을 자세히 보여 준다. 뿐만 아니라 커다란 감동까지 안겨 준다. 딜레마다.

작고한 공상과학 소설가인 더글라스 애덤스의 대표작《은하수를 여행하는 히치하이커를 위한 안내서》는 주인공이 멀쩡하게 살아오던 집이 급작스러운 고속도로 건설공사로 하루아침에 밀려 없어질 위기에 처한 날로부터 시작한다. 주인공은 그런 계획을 들은 바 없고 집주인으로서 동의할 수 없다며 트랙터 앞에 드러눕지만, 시에서는 그 계획이 오래전부터 시청 게시판에 붙어 있었으며 그 사실을 확인하지 않은 것은 시민정신이 부족하고 게으른 탓이라며 공사를 강행하려 한다. 주인공에게는 일생 최대의 위기인 순간, 지구 상공에는 난데없이 우주선이 나타나고, 우주선은 은하 고속도로 건설을 위한 지구 행성 철거 계획을 알린다.[252]

우주인들도 지구인에게 같은 소리를 히며 질책을 한다. 이는 마치 개발을 위해 야생동물들에게 어느 날 갑자기 나가라고 하는 인간들의 말이나 같다고 한다. 개발과 보전, 참으로 지난至難한 문제다.

그는 변변해 보이는 구석이라곤 전혀 없었다. 게이 아니면 페미니스트, 고래 보호 운동가 아니면 파시스트 채식주의자…….[253] 그들은 보통 사람들과 다르다. 그래서 우리 보통 사람들은 그들을 두려워하거나 혐오한다. 그들 대부분은 원리주의자들이고 과격하다. 소수 부류이기 때문에 자신들을 보호할 필요가 있다. 그러나 우리는 그들을 받아들이기에는 너무 평범

195

---

252 제인 구달 외 지음, 김지선 옮김,《희망의 자연Hope for Animals and their World》, 2010, 민음사, pp. 635-636. 옮긴이의 글에서.

253 제인 구달 외 지음, 김지선 옮김,《희망의 자연Hope for Animals and their World》, 2010, 민음사, pp. 288~289.

하다. 나는 동성애자들을 싫어한다. 그래도 그들과 대화해야만 할 때가 되면 스스럼없이 할 준비는 되어 있다. 그렇다고 해도 그건 위선적인 태도일 뿐이다.

레드먼은 자신이 맡게 될 이곳(청소년 갱생원)의 제자들에 대해 일말의 환상도 품지 않았다. 그들은 거칠었고 그럴 만한 이유로 갇혀 있었다. 여기 아이들 대부분은 당신을 보자마자 강탈하려 들 것이다. 필요하다면 눈 하나 깜짝 않고 당신을 불구로 만들 것이다. 그는 오랫동안 경찰에 몸을 담았기 때문에 이런 아이들을 옹호하는 사회학적인 거짓말을 믿을 수 없었다. 그는 희생자들을 알고 이런 아이들도 알고 있었다. 이 아이들을 저능아라고 생각하는 건 오해다. 그들은 혀 밑에 숨겨 놓은 면도날처럼 빠르고 날카로울 뿐 아니라 죄의식도 없었다. 따라서 그들을 감상적으로 대하는 건 쓸데없는 짓이었다.[254]
현실감이 결여된 휴머니스트들은 조심할 필요가 있다. 그들의 주장이 피해자들에게 얼마나 상처를 주고 있는지 전혀 깨닫고 있지 못하기 때문이다.

그리고 나를 화나게 한 것은(아니, 기가 막혔다고 해야 할까), 자백을 했다는 가와하라 데루오를 구명하기 위한 모임이 생겼다는 사실이었다. 어째서 그런 인간쓰레기를 구하려 드는지, 그 의문이 내 분노의 도화선에 불을 붙였다. 입만 열면 인권, 인권. 뭐가 인권이란 말이냐. 폭력에 사랑하는 사람을 잃은 내 심정, 피해자의 연고자가 느끼는 마음의 고통을, 너희들 '인권 단체'

196

254 클라이브 바커 지음, 정탁 옮김, 《피의 책Books of Blood》, 2008, 끌림, pp. 114~115.

가 알기나 해? 너희들의 연인, 아내, 아이를 잃었을 때에도 과연 변함없이 '인권'을 부르짖을 수 있을까? 육친이나 연인을 잃고도 똑같은 마음으로 가와하라 데루오 같은 짐승보다 못한 인간을 후원할 수 있겠는가 말이다. 네 놈들은 입만 살아서 그렇게 되어도 마음은 변하지 않는다고 말하지만, 실제로는 그런 일이 생길 리 없다고 생각하니까 속 편하게 어리석은 소리를 지껄일 수 있는 거겠지.[255]

어떤 학자는 이성적으로도 낙관주의의 근거가 얼마든지 있다고 한다. 인류는 숱한 난관과 위기에 부닥쳤지만 꾸준히 번영의 길을 걸어왔고 앞으로노 그러하리라는 것이나. 옛날이 좋았나는 막연한 노스탤지어에서 깨어나자고 한다. 그렇다면 인류가 지금까지 생존의 조건을 개선해 온 비법은 무엇인가? 그것은 한마디로 교환과 협동을 통한 끊임없는 혁신이다.

인류 문명의 수수께끼는 커다란 두뇌에서 비롯됐다고 흔히 이야기된다. 그러나 리들리는 두뇌와 두뇌 사이에서 일어나는 집단 지능에 열쇠가 있다고 말한다. 근대 사회 이후, 그리고 20세기에 접어들어 그 성능은 놀랍게 업그레이드되어 왔다. 그 결과 노동생산성과 에너지 효율이 가파르게 신장됐고 생활의 제반 여건이 크게 개선됐다. 그리고 지금은 아이디어의 네트워크가 전 지구적으로 확장되고 복합화되면서 앞으로 혁신은 더욱 숨 가쁘게 진행될 것이고 삶의 질도 점차 향상될 것이라고 저자는 확신한다.

왜 비관주의가 득세하는가? 지식인 사회에서 낙관론자는 철부지 또는 기득권자로 여겨진다. 반면에 세상이 곧 끝날 것이라는 경고에는 비장함의

197

255 오리하라 이치 지음, 김선영 옮김, 《원죄자》, 2010, 폴라북스, pp. 117~118.

미학이 풍겨난다. 비판적 지식인은 염세론에 친숙하다. 저자는 그 자체가 엄청난 황포라고 비판한다. 그리고 극단적 생태주의의 이면에는 때때로 추악한 이해관계가 있기도 하다고 폭로한다. 환경운동에 헌신하는 이들에게 '불편한 진실'이 될 수도 있겠다.

지금 온갖 비극을 자아내는 주범은 결국 '탐욕'이다. 그것을 제어하는 기술을 아직 인류는 제대로 개발하지 못했다. 그런데 인간이라는 동물은 생물학적 연명 이상의 욕망을 갖는다. 그 욕망은 추악한 탐욕으로 흐를 수도 있고, 창의성의 무한한 확장으로 이어질 수도 있다.[256]

책임은 질 수 있어야 의미가 있다. 무책임은 무관심보다 더 위험하다. 아무렇게나 떠들어도, 그리고 그 결과가 어떻게 되어도 상관없다면 그런 주장을 받아들인 자들에게 책임이 돌아간다. 굳이 책임이 아니라도 손해는 감수해야 한다.

이런 경우는 또 어떤가? 대단히 매력적이지만 비현실적이고 무책임하다. 정통 기독교 신앙은 사회주의와 유사하다. 사회주의에서 미래 사회를 앞장서 이루어 낼 자는 현재 잃을 게 거의 없는 사람들이기 때문이다.[257]

계속 기술의 진보를 생각해 보자. 미국 세인트루이스에 있는 몬산토는 2009년 회계 연도(8월 31일까지)에 총매출 117억 달러, 순익 21억 달러를 기록했다. 몬산토의 매출은 5년 간 매년 18%씩 늘었고 자본 수익률은 연 12%였다. 이런 성과 덕분에 몬산토는 2009년에 포브스 올해의 기업으로

256 김찬호, "이상적 낙관주의자", 《동아일보》 2010년 8월 21일자, A 16면.
257 테리 이글턴 지음, 강주헌 옮김, 《신을 옹호하다》, 2010, 모멘토, p. 70.

선정되었다.

하지만 경제적 이득과 대중의 사랑은 별개였다. 그동안 몬산토는 혹독한 비난의 대상이었다. 초기에는 감히 옥수수와 콩의 유전자를 조작하려는 '농업계의 사탄'으로 매도됐다. 이 회사의 유전자 조작은 지구 생태계의 재앙을 초래할 뿐이라는 인식이 지배했다. 유전자 조작 작물을 금지하는 법률이 됐고, 유럽과 기타 지역에서는 바이오테크 작물을 땅에 갈아엎는 시위가 일어났다. 2002년 잠비아는 기근에 시달리면서도 기부받은 옥수수 화물 입국을 거부했다. 유전자 조작 종자로 오염됐을지도 모른다는 이유에서다.

시간이 가면서 시위는 점차 누그러졌다. 유전자 변형에 대한 법직 조치도 완화되고 있다. 굶주리는 세계가 농업 생산성을 높일 수 있는 수단을 거부하는 것은 합당하지 않았다. 여전히 유전자 변형 작물 재배를 금지하는 유럽 대부분의 지역도 그런 작물로 만든 식품의 수입은 허가한다.[258]

누차 강조해 왔듯이 배가 고프면 유전자 조작 작물이라도 먹겠다는 것이 내 주장이다.

자기 정당화를 추동推動하는 엔진, 즉 행위와 결정을 정당화할 필요성을 만드는 에너지가 '인지認知 부조화不調和'라 부르는 불유쾌한 감정이다.

인지 부조화의 예를 보자. '나를 죽일 수도 있기 때문에 흡연은 어리석은 짓이다'는 사실과, 흡연이 긴장 이완이나 비만에 도움이 된다는 등의 여러 가지 구실을 들어 자기를 기만한다. 부조화를 느끼는 사람들이 불안해하

199

---

258 "GM으로 종자 혁명. Monsanto",《GOLD CLUB, HANA BANK》, February, 2010, Vol. 70, pp. 82~83.

는 이유는 상충相衝하는 두 가지 생각 즉 부조리(不條理: absurdity)와 더불어 살기 때문이다.[259] 이 의견에 동의한다. 하지만 예로 든 흡연의 경우는 좀 생각해 볼 필요가 있다. 대마초의 해독과 담배의 해독 중 담배가 훨씬 심각하다고 주장하는 학자도 있기 때문이다.[260] 담배의 해독은 이미 충분히 증명되었다. 술이 끼치는 해독은 어떤가? 사실 매우 심각하다. 그러나 술은 버젓이 광고를 한다. 주변에 알코올 중독자가 있는 사람이라면 잘 이해가 될 것이다.

시간이든 돈이든 노력이든 불편이든 노력의 대가가 클수록, 그리고 그 결과를 물릴 수 없는 정도가 높을수록 부조화는 커진다. 더불어 자신이 내린 결정에 따르는 좋은 것들을 과도하게 강조함으로써 부조화를 줄일 필요도 커진다. 따라서 목전에 큰 거래나 중요한 결정을 앞두고 있을 때, 바로 전에 그것을 한 사람에게는 조언을 구하지 않는 것이 좋다. 그 사람은 그렇게 하는 것이 옳다고 당신을 설득하려는 동기가 무척 강화되어 있을 것이다. 고급 대형 외제차를 산 사람은 비록 자신이 큰 실수를 한 것을 인지한다 할지라도 자기 정당화를 하게 되며, 따라서 누가 자기 같은 일을 벌이려 한다면 적극 그렇게 하도록 권장할 것이다.[261]

부모님 산소를 옮기고 나서 좋은 일이 많이 생기고 나쁜 일은 잦아들었다고 말하는 사람들의 심리도 이와 마찬가지다. 그런 사례만 골라서 기억에 저장하고 싶어 한다. 듣는 사람은 그에 영향을 받는다. 그리고 여유만 있다면 자신도 그렇게 하고 싶어 한다. 김두규 교수가 조사한 우리나라 대

---

259 앨리엇 애런슨, 캐럴 태브리스 지음, 박웅희 옮김, 《거짓말의 진화Mistakes were Made》, 2007, 추수밭, p. 27.

260 마리 명옥 리, "나는 왜 9살짜리에게 대마초를 주는가", 《녹색평론》 116호, pp. 210~225. 이 글의 필자는 자식이 고통 속에 있는 형편이다. 나는 대마초에 관해서 아는 바가 없다. 그러나 이 글만으로 대마초를 찬양하고 싶지는 않다. 다만 그 유익함이 경우에 따라서는 나타날 수 있다는 증언에는 충격을 받았다.

통령 희망자들의 상당수가 조상 산소를 이장移葬한 경험이 있다[262]는 것은 인지 부조화의 대표 격이라 할 만하다.

　세상에는 헤아릴 수 없을 정도로 다양한 인간이 살고 있다. 일본의 한 아동병원 아동정신과 병동은 흔히 동물원이라 불린다. 환자는 동물 이름의 별명이 있다. 그중 매일 유서를 쓰기 때문에 하루살이(이페메라ephemera)라고 알려진 한 소녀가 있다. 그 내용 중 이런 부분이 있다. 노력하지 않으면 살아갈 가치가 없다고, 당신들은 거듭 강조했다. 노력하지 않으면 인생은 의미가 없다고 질타했다. 그렇지만 당신들이 말하는 노력, 그리고 노력하는 길은 무한히 욕망을 충족시키는 생활을 뜻하는 것이 아닌가? 소용이 있는지 없는지를 가지고 모든 생명의 가치를 판단하고, 살아남기 위해서는 늙음과 장애를 무시하는 한이 있어도, 거짓말로 약속을 파기하는 한이 있어도, 어쩔 수 없는 것이라고 변명할 수 있는 그런 길을 말하는 게 아닌가? 그런 길로 나아가기 위해 있는 힘을 다해 노력하는 것이 진정한 행복이냐고 물으면, 당신들은 시끄럽다고 뿌리쳐 버린다. 이상한 애라고 상대도 하지 않는다. 개성과 순종이 동시에 요구되고 있다. 실체도 없는 환상이 나를 무참히 찌부러뜨린다.[263] 개연성이 엿보이는 대목이다.

261　앨리엇 애런슨, 캐럴 태브리스 지음, 박웅희 옮김, 《거짓말의 진화Mistakes were Made》, 2007, 추수밭, p. 39.

262　김두규, 안영배 지음, 《권력과 풍수》, 2002, 장락.

263　텐도 아라타 지음, 김난주 옮김, 《영원의 아이 上》, 1999, 살림, p. 311.

8. 적응성適應性 : 모든 사람의 분야와 연결된다

풍수는 어려울 필요가 없다. 어려워서도 안 된다. 사람人은 하늘天과 땅地 사이에서 삶과 죽음을 맞는다. 그런 것에, 이해의 어려움은 있을지라도 행위 자체에는 그저 자연스러움만 존재할 뿐이다. 그래도 사람들은 이해하기를 원한다. 이건 쉽지 않은 일이다. 그래서 천지인을 해석, 이해하는 데는 이성과 감성이라는 두 가지 잣대를 사용해 왔다. 천에는 천문학Astrology과 점성술Astronomy이 있고 지에는 지리학Geography과 풍수법술Geomancy이 있으며 인에는 경학經學과 위학緯學이 있게 되는 까닭이다. 자신도 답을 모르는 질문을 증인에게 해서는 안 된다.[264] 경학이 있다면 위학이 있는 이유가 바로 이것이다.

초자연 현상에 관해 '내 눈으로 보기까지는 믿지 않는다'라고 말씀하시는 분이 종종 계십니다. 처음부터 부정도 하지 않고 광신도 하지 않으니 일견 상당히 합리적인 것 같지만, 그런 사람도 사실 위험합니다. '자신의 눈'이란 것은 그다지 믿음직스럽지 않습니다. 실제로 오늘 이 스튜디오에 계신 분들 중 대부분이 자신의 눈으로 보고도 쉽사리 속았으니까요. 심령 현상, 초자연 현상의 연구 역사는 그야말로 사기꾼과 학자, 순진한 민중의 속고 속이기의 역사입니다. 저는 마술은 마술로서, 속임수도 장치도 있는 것 같지만 도저히 알 수가 없어서 고개를 갸우뚱하며 넋을 잃고 보는 그런 오

---

264 조디 피콜트 지음, 곽영미 옮김, 《19분Nineteen Minutes》, 2009, 이레, p. 65.

락으로 존재했으면 좋겠습니다. 이상한 종교나 사이비 초능력자가 밥벌이를 하려고 착한 일반 사람들을 홀리는 짓은 결코 용서 못 합니다.[265] 초능력자를 비판하는 미스터 미라클이 TV에서 그 트릭을 까발리며 한 말이다. 한 번 곱씹어 볼 필요가 있는 말이다. 풍수가 지닌 우리 선조들의 지혜는 물론 중요하지만, 돌아가신 부모님 음덕蔭德까지 바라는 것은 너무나 이기적인 것이기에 하는 얘기다. 하기야 그래서 나는 책 제목에 "망상록"이란 다분히 무책임한 말을 붙였다.

그런데 까다로운 문제가 있다. 사기꾼이야 그 행위에 명백한 목적이 있나. 즉 그의, 사기꾼의 목적은 명료하다. 한편 사기를 당하는 사람은 어떨까? 미안한 판단이지만 당하는 측도 비록 잘못되었다 하더라도 목적의식이 있다. 즉 나름대로 그렇게 되었으면 하고 바라는 인식 작용이 있었다는 뜻이다. 생물 인식의 본질이란 그 정보가 자신에게 있어 무엇을 의미하는가 하는 '의미 해석'이다. 이 해석은 그 정보가 생물 자신의 정보계(내부 세계) 속에서 어떤 방법에 의해 '위치'(귀속된 내부 정보와의 관계)를 부여받게 되는가에 따라 달성된다.

즉 인식의 본질은 자기에게 있어서의 의미 해석이고 해석이란 내부 정보와의 관계를 만들고 입력된 정보를 내부 세계 전체에 있어서 위치를 정하는 것이다. 이 내부 세계에 있어서의 관계의 자율적인 생성은 '정보의 종합'이라는 작용을 활용해서 행해진다. 이렇게 생각하지 않으면, 미리 상정되지 않은 정보를 생물이 그 나름대로 인식하고 적절한 행동을 취한다는

---

265 나카지마 라모 지음, 한희선 옮김, 《가다라의 돼지》, 2005, 북스피어, p. 65.

메커니즘을 이해하는 것은 불가능하다.

모든 정보는 그것을 수용하는 생물에게 있어 일정한 의미를 가지고 있다. 이 의미가 없으면 설사 관측자에게 있어서 정보일 수는 있어도 그 생물에게 있어서의 정보는 아닌 것이다.[266]

저주詛呪는 실제 효력이 있다고 생각하고 싶어. SF 작가가 쓰고 싶어 하는 초능력 같은 게 아니라 문화적인 체계로서 저주는 실제 효력이 있지. 극단적으로 말하면, 예를 들어 말이라는 것은 하나의 저주다. 단, 그것은 같은 문화 토양 속에서만 효력을 갖는다. 간토 사람은 '아호(바보, 멍청이)'라는 말을 들으면 깊이 상처받지만 간사이 사람에게는 반쯤은 칭찬이나 마찬가지야. 즉 주문이라는 것은 절대적인 게 아니라, 같은 삶의 터전 안에 있어야 작용한다는 거다.[267] 소설 속 주인공인 민족학자 오우베 교수의 말이다.

풍수에서도 같은 논리를 적용할 수 있다. 풍토와 문화가 유사해야 풍수가 받아들여질 수 있다. 풍수를 어느 나라에서나 쓸 수 없다는 것은 그런 때문이다. 최근 소위 글로벌화니 세계화니 하는 현상으로 인하여 풍수를 받아들일 수 있는 토양도 상당히 퍼져 나가는 추세다. 아마도 대표적인 것이 인테리어 풍수라는 것일 터인데, 이에 대해서는 앞서 설명한 바 있다.

또한 거기에는 일종의 최면 효과도 작용한다. 미신인 줄 알면서도 남들따라 그에 반응하는 현상이다. 나는 위선의 미덕을 존중하는 편이다. 거짓인 줄 알면서 역겨움을 감추고 덕담을 하다 보면 그 선량한 말들이 진짜라는 착각들을 하게 되고 그러다 보면 덕담을 하는 사람도 듣는 사람도 조금

266 시미즈 히로시 지음, 박철은, 김광태 옮김, 《생명과 장소》, 2010, 그린비, pp. 185~186.
267 나카지마 라모 지음, 한희선 옮김, 《가다라의 돼지》, 2005, 북스피어, p. 290.

씩 선량해지는 것이다.[268]

그런 착각은 환경에도 작용한다. 잘 알려지지는 않았지만 우리가 위선적으로 자연을 대하는 태도와 같은 것이 그렇다. 현대적으로 비유하자면 인류는 자본 투자에 실패했기 때문에 자신과 지구에 손실을 끼치고 있다. 지구의 자연자원을 사용한다는 것은 헤픈 씀씀이 때문에 연금을 가불받는 것과 마찬가지다.[269]

우리는 여러 방면에서 적응을 한다. 하지만 본능을 무시하는 적응은 잘 이루어지지 않는다. 타인他人은 위협이다. 그래서 모르는 사람과 근접해 있으면 자연스럽게 방어 기제가 작동한다. 엘리베이터에 타면 사람들은 표정이 굳어진다. 좁은 공간에 타인이 있다는 사실이 긴장감을 유발하기 때문이다. 이 긴장감에는 호감보다 저대감 비율이 높다.[270] 여담이지만, 그런 까닭에 엘리베이터 위쪽에 거울이나 눈길을 줄 만한 무언가를 설치하는 것이 어떨까 하는 생각도 했다.

심지어 이런 얘기까지 있는 형편이다. 자기만의 공간이 없는 사람은 결국 철로에 몸을 던진다.[271]

말이 난 김에 하는 말인데, 돈도 '내면 공간' 가운데 하나다. 돈은 자신의 가치를 매기는 방법이다.[272]

268 조선희 지음, 《열정과 불안 2》, 2002, 생각의나무, p. 53.

269 에드워드 윌슨 지음, 전방욱 옮김, 《생명의 미래》, 2005, 사이언스북스, p. 230.

270 조선희 지음, 《열정과 불안 2》, 2002, 생각의나무, p. 55.

271 데이비드 미첼 지음, 《유령이 쓴 책》, 2009, 문학동네, p. 66.

272 데이비드 미첼 지음, 《유령이 쓴 책》, 2009, 문학동네, p. 79.

당신만의 공간은 당신을 제 정신으로 있게 해 주지만 또한 당신을 외롭게 할 수도 있다.[273] 역설적이지만 타당한 말이다. 그렇다면 어떻게 해야 하나? 매우 무책임한 답변이지만 양자兩者를 조화시키라는 것이다. 사회생활을 위해서 자신만의 공간이나 내부공간만을 고집할 수는 없다. 그렇다고 본능을 무시할 수도 없다. 사회생활을 하면서 자신만의 상징적 공간, 이를테면 산책로, 공원의 벤치, 자신의 방, 단골 다방의 구석자리나 술집의 지정석 같은 곳이 그렇다.

세상을 혼자 살 수 없는 것과 마찬가지로 모든 생물군도 서로 연결되어 생명을 유지한다. 좀 심하게 표현하자면 먹이사슬이고 점잖게 말하자면 공생共生이다. 행성行星 의사(醫師: 자신을 지칭함)는 생물다양성을 하나의 증후군, 변화에 대한 반응이라고 볼 것이다. 그는 한 생태에서는 희귀종이 다른 상태에서는 흔한 종이 된다는 것을 안다. 따라서 풍부한 생물다양성은 반드시 아주 바람직한 것이자 어떤 대가를 치르고서라도 보존해야 할 것은 아니다.[274]

모든 현상은 이중적 해석이 가능하다.
누차 강조하는 말이지만 나는 아기와 강아지를 아주 좋아한다. 이것은 내 마음이 동심童心을 닮았기 때문이라고 믿었다. 그러다 어느 날 책을 읽다가 '아기와 강아지를 좋아하는 사람은 진정한 인간관계를 맺을 수 없다'는 글귀를 보고 경악했다. 사실이 그랬다. 내가 아기와 강아지를 좋아하는 것은

273 데이비드 미첼 지음, 《유령이 쓴 책》, 2009, 문학동네, p. 106.
274 제임스 러브록 지음, 이한음 옮김, 《가이아의 복수The Revenge of Gaia》(원서는 2006년 출간), 2008, 세종서적, p. 77.

순수한 마음의 발로였으며, 또한 내게 약간의 인간 기피증이 있는 것도 사실이기 때문이다. 결국 현상에는 양면성이 있다는 뜻이 아닐까?

세상사 대부분 이중성을 띠고 있다. 지금 정치권이 열띤 논쟁을 벌이고 있는 4대강 사업은 이상하게 종교계에서도 문제가 되고 있다. 피조물은 주님의 자녀가 나타나기를 간절히 기다리고 있습니다. 4대강 사업을 그냥 바라만 볼 수는 없다는 뜻으로 한 조 에노스 수녀의 말이다.[275] 그런데 이 말은 순정한 마음으로 강을 고쳐 주려는 주님의 자녀에게도 통하는 말이다.

성 아우구스티누스는 창조된 것들이 감히 창조하려 들어서는 안 된다고 했는데, 이는 예술가에 대한 질책이 아니라 요즘 같으면 자기 창출self-origination에 대한 부르주아의 위대한 신화라 부를 만한 것을 경계하는 말이다. 스스로를 만들어 낸다는 생각은 부르주아적 환상의 전형이다.[276] 그저 고치고 다듬어 나갈 뿐이다. '질량 불변의 법칙'이란 것이 있지만 말을 조금 바꾸면 '만물 총량 불변의 법칙'이다. 우리가 발명이라고 부르는 것들은 모두가 주어진 것들의 변형과 변질에 지나지 않는다. 좋은 쪽으로 바꾼다면 참으로 인간적인 일이 될 수 있다.

속담이나 금언金言 중에도 이중적인 것은 얼마든지 있다. 당시 마을에 편의점이 없다고 불평을 호소하는 아이는 아무도 없었습니다. 태어났을 때

207

275 조 에노스, "생태 위기에 대한 그리스도인의 응답", 《녹색평론》 113호, p. 86.
276 테리 이글턴 지음, 강주헌 옮김, 《신을 옹호하다》, 2010, 모멘토, pp. 29~30.

부터 없었으니까요. 텔레비전에서 바비 인형이 나와도, 그건 본 적이 없는 인형인지라 갖고 싶다는 아이는 없었습니다. 그보다 우리에게는 프랑스 인형이 더 중요했죠. 그러나 마을에 공장이 생기고부터 우리들 사이에 이상한 감각이 형성되기 시작했습니다. 에미리를 포함한 도쿄에서 전학 온 아이들을 통해 당연하다고 여겼던 우리들의 일상이 꽤 불편하고 뒤처진 것임을 서서히 깨닫게 된 것이죠.[277] 모르는 게 약이라는 말의 한 전형이다.

이런 모든 문제들 중에서도 우리가 적응하지 않으면 안 되는 것이 죽음이다. 피할 수도 없고 알 수도 없다. 언제인지는 모르지만 인간은 무차별적이고 무한 평등하게 죽음을 맞아야 한다. 죽음을 말하지 않는 자는 이미 죽음을 알고 있다. 죽음을 말하는 자는 아직 죽음에 대해 아무것도 모른다.[278] 죽음을 경험한 사람이란, 즉 죽음을 아는 사람이란 이미 죽은 사람이니 죽음을 말할 수 없고, 죽음을 말하는 사람은 말을 하니 살아 있을 것이며 그러므로 죽음을 알 리가 없다.

어떠한 의약醫藥도 죽음과 대항하지 못했으며 앞으로도 그럴 것이다. 고통스러운 죽음의 수수께끼는 늘 존재할 것이다. 자연은 이처럼 엄청난 힘으로 우리 앞에 버티고 서 있다. 자연은 웅장하고 잔혹하고 냉정하게 우리의 약함과 무기력함을 상기시킨다.[279]

이처럼 분명한 것이 죽음인데도 대부분의 사람들은 그것을 모르는 것으

277 미나토 카나에 지음, 김미령 옮김, 《속죄》, 2009, 학산문화사, pp. 14~15.
278 존 바우커 지음, 박규태, 유기쁨 옮김, 《죽음의 의미》, 2005, 청년사, p. 5.
279 존 바우커 지음, 박규태, 유기쁨 옮김, 《죽음의 의미》, 2005, 청년사, p. 40.

로 하고 살아간다. 죽음에 인식의 차이가 있다는 것도 특이하다. 무한 평등의 현상인데도 그렇다는 것은 매우 이상하다. 언젠가부터 사람들은 강남이란 말을 부유의 대명사로 사용했다. 죽음과는 전혀 어울리지 않지만 강남을 비난하는 한편으로는 그를 향한 선망의 감정도 있다. 이 또한 특이하다. 작가는 강남인들의 자본이 단순히 경제적 자본만이 아니라 예술을 향유할 수 있는 '문화자본', 명문대학이라는 '학력자본', 인맥 중심의 '사회관계 자본'등 세 가지 모두를 충족시켜 줄 수 있는 사람들임을 확인시켜 준다.[280]

내면의 목소리는 영혼의 언어다. 이 목소리는 조용하고 고요하며, 감정을 객관적으로 나타내주는 신호기의 역할을 한다. 이 목소리는 열광적이거나 들떠 있지 않다. '직관적'이라는 말은 '충동적'이라는 말과는 엄연히 다른 것이다. 내면의 목소리를 듣기 위해서는 진심으로 '귀 기울여' 그 목소리를 들을 수 있는 여력을 확보해야 한다. 내면의 목소리를 최대한 잘 듣기 위해서는 모든 생각과 감정, 희망과 기대를 잠재워야 하지만, 그러한 이상적인 상태에 도달할 수 있는 사람은 현실적으로 매우 드물다.[281]

에베레스트를 오르는 전문 산악인들을 TV로 보며 "거기를 왜 그렇게 올라가나, 미친 녀석들." 너무 화내지 마시기를. 아흔 되셨고, 치매 증세가 있으신 어머님의 말씀이니까.

치매임에도 불구하고 어머니는 가끔 일의 핵심을 꿰뚫는 요약을 하실 때

280 김미현 평론, "웰컴 투 강남", 이홍 지음, 《성탄 피크닉》, 2009, 민음사, p. 219.
281 엘프리다 뮐러-카인츠, 크리스티네 죄닝 지음, 강희진 옮김, 《직관의 힘》, 2004, 시아출판사, p. 30.

가 있다. 〈노잉〉이라는 지구 최후의 날을 다룬 영화를 보시다가는 "난리 났네"라고 하신다. 명쾌한 주제 파악이다. 평화방송 케이블 TV를 보시다가는 "공부 많이 했구나"라고 하신다. 젊은 신부의 강론을 보고 하신 말씀이다. 가톨릭 신자이신 분치고는 과한 표현이기는 하지만, 사실이 아닌 것은 아니다.

9. 자애성自愛性 : 내가 중심이다

이렇게 특별한 우주에 137억 년의 과정을 통해 태어난 우리. 우주에 있는 1,000억 개의 은하 중 하나인 우리 은하. 우리 은하에 있는 1,000억 개의 별 중 그저 한 별인 태양. 그리고 그 안에서 동시대를 살고 있는 66억 명의 인구 중 하나인 나. 하찮아 보이는 나를 위해 거대한 우주가 한 일을 생각해 보면. 나는 얼마나 특별한 존재인가.[282] 우리는 이토록 소중한 존재다. 거의 기적처럼 나타난 존재다. 그러니 자중자애自重自愛하지 않을 도리가 없다.

이게 지나치다 보면 세상에 나밖에 없는 것처럼 느끼기도 한다. 동서양을 불문하고 나만 생각하다 보면 아무 관계도 없는 남을 시기하는 일도 많다. 결코 있어서는 안 되는 것이지만 마음대로 되는 것도 아니다. "샤덴 프로이데Schaden-freude." 남의 불행을 고소하게 여긴다는 뜻의 독일어. 사촌이 논을 사면 배가 아프다는 속담도 있다.

기껏해야 등산. 기껏해야 만년 처녀들의 노스탤지어와 자폐, 혹은 자연 회귀라는 시시한 환상이 집적된 것에 불과한 등산의 세계에 있는 것은, 모리 요시타카에게는 잘 설명할 수 없었지만 실은 폐쇄된 개개인의 적나라하고 비루한 에고였다. 그래도 적어도 조직이라는 복잡하고 때로는 이해

---

282 이석영 지음,《빅뱅 우주론 강의》, 2009, 사이언스북스, p. 295.

안 되는 세계와는 무엇보다 거리가 먼 세계이기 때문에 경찰이라는 조직에 종사하게 되고 나서도 틈만 나면 산을 탄 것이다.[283] 자기애自己愛는 간혹 스스로를 고립시키기도 한다. 독립 산행은 전문 산악인에게는 의미가 있는 일일 수 있지만 일반인들이 따라서는 안 된다. 고립을 자초한다면 반사회성이란 덫에 치일 수 있기 때문이다.

사람들의 현실 감각을 흐리게 하고, 불안하게 하고, 혼란스럽게 하며, 스트레스를 주는 연인, 배우자, 친구, 동료, 직장 상사, 가족 등이 있다. 나는 이러한 고통스러운 상황을 오래된 영화 〈가스등Gaslight〉의 이름을 따 '가스등 이펙트Gaslight Effect'라고 부르게 되었다.[284]

로빈 스턴은 이런 상황에서 벗어나는 방법은 쉽지는 않지만 의외로 간단하다고 말한다. 바로 자신이 이미 유능하고 사랑스럽고 좋은 사람이므로 상대방의 인정을 받을 필요가 없다는 것을 깨닫는 것이다. 상대방이 어떻게 생각하든 스스로 사랑받을 자격이 있는 훌륭한 사람이라는 정체성을 형성할 때, 우리는 자유를 향한 첫발을 내딛게 된다.

우리 몸 중에는 재미있는 명칭들이 있다. 인체에서 '리'자로 끝나는 대표적인 기관은 머리, 허리, 다리다. 머리는 하늘에 가깝고 다리는 땅에 닿으니 이상과 현실, 계획과 실천, 형이상학과 형이하학은 다 머리와 다리 하기에 달렸다. 하지만 허리가 없으면 두 기관은 따로 놀 수밖에 없다. 이처럼 하늘과 땅 사이에 있는 인간, 그 일직선상에 놓인 머리, 허리, 다리 가운데 허리

283 다카무라 가오루 지음, 정다유 옮김, 《마크스의 산 1》, 2010, 손안의책, p. 395.
284 로빈 스턴 지음, 신준영 옮김, 《가스등 이펙트》, 2008, 랜덤하우스, p. 29.

는 아무 역할을 하지 않는 듯하면서 실상은 결정적인 역할을 하고 있다.[285]

자애성은 이런 식으로도 나타난다. 분명히 부富가 어느 정도면 충분한 때가 있을 것이다. 그러나 현자들은 반대라고 말한다. 부는 충분한 것이고, 그 충분한 것이 아주 조금일 수도 있다고 말이다. 가난해도 만족스러운 사람은 누구보다도 부유한 사람이다.[286] 명당이란 것도 자신이 지금 서 있는 바로 이 땅에 만족하면 그만이다. 자애란 항상 주관적이기에 스스로 만족하지 못하면 천하 없는 명당이라 할지라도 명당일 수가 없다. 자신이 아니라고 믿는데 무슨 소용이 있겠는가. 이런 믿음에도 정당한 것과 부당한 것이 있다.

피아제jean Piaget가 유아幼兒에 대해 '세계와 자기는 하나다.'라고 말했을 때 그가 의미하는 세계는 기본적으로 물질적 세계다. 그러나 수많은 연구자들은 이에 대해 혼동했다. 그 세계가 '신비적' 상태 혹은 최상의 합일合一처럼 들리기 때문이다. 그러나 신비가神秘家가 '최상의 상태에서 세계와 자기는 하나다'라고 말했을 때 그가 의미하는 세계는 모든 수준에 걸쳐 있는 세계다. 그러므로 유아가 첫 번째 수준과 하나라면, 다시 말해 전前 주체 객체라면 신비가는 모든 수준에 걸친 것과 하나, 즉 초超 주체, 객체인 것이다. 용어가 서로 비슷한 것처럼 보이기 때문에 이런 차이를 구분하지 못함으로써 신비가들은 퇴행退行하는 듯이 보였고, 반대로 유아와 여명黎明의 인간은 일종의 삼매三昧라는 신비적, 초월적 상태에 있는 것처럼 보였다.

213

285 성석제 지음, 《인간적이다》, 2010, 하늘연못, "허리의 성자" 부분.
286 A. C. 그레일링 지음, 윤길순 옮김, 《새 인문학 사전》, 2010, 웅진지식하우스, p. 209.

(중략) 우로보로스(uroboros: 자신의 꼬리를 먹고 있는 원시적이고 신화적인 뱀의 상징으로, 자기 소유적인 모든 것을 담고 있지만 자기애적自己愛的인, 낙원적이지만 파충류적인 것 또는 낮은 생명 형태에 매몰된 것을 의미한다.)와 자연 숭배적 합일을 신비적 일체감과 혼동하지 말라.[287]

또한 그 내용의 중요성이 객관적으로 이루어지지 않는다는 점도 주의가 필요하다. 일종의 뇌의 책략에 말려들지 말라는 경고다. 이 책은 합리적 마음이 얼마나 숨겨진 뇌의 교묘한 책략을 감당해 내기가 어려운지를 보여 주고 있지만, 또 이성이 편향을 극복할 수 있는 우리의 유일한 보루라고 주장하는 책이기도 하다. 우리의 숨겨진 뇌는 언제나 피부색을 이유로 특정 범죄자들을 더 위험하게 보이게 만들고, 특정 대통령 후보를 신뢰할 수 없는 인물로 보이게 한다. 테러리즘, 사이코패스, 그리고 살인은 언제나 우리에게 비만이나 흡연 그리고 자살보다 더 무섭게 느껴질 것이다.

바다에서 길을 잃은 한 마리 돌고래에 관한 가슴 저미는 이야기는 말라리아로 사망한 백만 명의 아이들에 대한 건조한 설명보다 더 우리를 눈물짓게 만들 것이다. 이 모든 경우에, 이성은 무의식적 편향이라는 조류에 맞서는 유일한 암벽이다. 이성은 우리의 등대이며, 우리의 구명조끼이다. 이성은 양심의 목소리이다. 그게 아니면, 양심의 목소리여야만 한다.[288]

하늘이 내린 시운時運은 땅으로부터 얻은 이익보다 못하고 그 이익은 사람들 사이의 조화와 화목만 못하다.天時不如地利 地利不如人和 ─《맹자孟子》

287 켄 윌버 지음, 조옥경, 윤상일 옮김,《에덴을 넘어Up from Eden : A Transpersonal View of Human Evolution》, 2009, 한언, p. 83.
288 샹커 베단텀 지음, 임종기 옮김,《히든 브레인The Hidden Brain》, 2010, 초록물고기, p. 448.

공손축 하公孫丑下에 나오는 말이다. 즉 이 세상을 이루는 세 가지 근본 요소 중에 사람이 가장 중요하다는 말이다. 지금 우리가 이런 논의를 할 수 있는 것도 사람이기 때문이다.

그런데 사람들은 저마다 개성이 있다. 그 개성을 살려야 천시天時도 지리地利도 인화人和도 얻어진다. 그러니 사람보다 더 중요한 것이 있을 수 없고 특히 자기 자신이 가장 중요하다. 노래방은 평소 회의나 강의실에서 상사나 강사가 발표를 시킬까 봐 무서워서 쉬지 않고 상대의 눈길을 기술적으로 피하는 사람들이 더욱 편안해하는 곳이다.[289]
그곳은 자아도취, 자아만족, 자기애自己愛의 넝쿨이 뻗나.
범위를 좀 넓히면 자기는 이웃이 되고 국민이 된다. 거의 모든 나라는 한 가지 이상의 문화의 본고장이며, 이것만으로도 민족주의가 인위적 구성물이라는 것은 충분히 증명된다. 민족주의는 다른 누구보다도 정치 선동가와 분리주의자에게 유용한 개념이다.[290] '우리 민족끼리'라든가 '우리끼리'라는, 구호에 가까운 표현은 문제가 있다.

최고의 명당은 어디일까? 자기가 가장 중요한 것이니 무엇보다 장소 선정에서 중요한 것은 자기 보호가 되는 곳이다. 아버지께서 말씀하셨지. '어떤 장소에 처음 가거든 제일 먼저 몸을 숨길 곳부터 찾아야 해'라고.[291]

자기의 중요성을 깨닫고 보면 죽은 자들을 위한 음택풍수는 자연스럽게

215

---

289 A. C. 그레일링 지음, 윤길순 옮김, 《새 인문학 사전》, 2010, 웅진지식하우스, p. 193.
290 A. C. 그레일링 지음, 윤길순 옮김, 《새 인문학 사전》, 2010, 웅진지식하우스, p. 199.
291 가이도 다케루 지음, 지세현 옮김, 《의학의 초보자》, 2010, 들녘, p. 55.

뒤로 밀려날 수밖에 없다. 지주地主는 내심 그곳에 묘지를 세운 것을 후회하고 있었다. 그 멋진 전망을, 즐길 수도 없는 죽은 자들에게 내 주다니 말이다.[292]

자기애를 강조하다 보면 인간만이 주인공으로 되고 만다. 그런데 최근의 유전학의 발달은 그런 사고가 편협한 것임을 깨닫게 한다. 분자생물학자들은 우리와 가까운 친척인 침팬지의 유전자가 인간과 98.4%가 동일하다고 계산한 바 있다. 이 수치는 활성 유전자만 계산할 경우 99.6%로 올라간다.[293]

생물학의 연구 결과는 놀랍다. 인간은 다른 동물과는 뭔가 큰 차이가 날 줄 알았는데 고작 그 정도일 줄은 몰랐다. 인간중심적 사고는 서구西歐나 유대-기독교 전통에만 있는 것은 아니다. 우리도 '천지 만물 중에 인간이 가장 귀하다天地之間 萬物之衆 唯人最貴'고 하는 가르침이 있어 왔다. 이것은 결과적으로 인간의 자기애自己愛를 낳는다. 그리하여 다른 생물은 물론 자연까지도 인간에 귀속되는 것으로 착각해 왔다. 작물과 가축을 길러 먹고 (물론 인류 초기에는 수렵 채취였지만), 자연을 공생의 동반자로 보는 것이 아니라 이용 대상 정도로 여기는 사고방식은 기실 여기서 비롯되었다.

자기애를 잃었을 때 가장 우려스러운 일은 자살의 발생이다. 그런데 그가 자살한 이유가 흥미롭다. 삶의 가치를 느끼지 못하거나, 죄의식이 강렬해지고 우울함이 극에 달해서 그런 것이 아니라 거꾸로 자신의 죽음을 통

292 파울로 코엘료 지음, 이상해 옮김, 《악마와 미스 프랭》, 2003, 문학동네, p. 133.
293 레너드 쉴레인 지음, 강수아 옮김, 《자연의 선택, 지나 사피엔스》, 2004, , 들녘, p. 38.

해 상대방이 죄책감을 느끼고 평생 미안해할 상처를 주겠다는 것이 목표였으니 말이다.[294] 자살 동기는 밝히기 어렵다. 뻔한 것 같지만 실은 그렇지 못하다. 누구를 겨냥한 자살도 많다.

자살은 전염병과 같습니다. 예컨대, 어느 호텔방에서 누군가가 자살을 하면 그 건물에는 눈에 보이지 않는 표식이 남습니다. 그리고는 또 다 다른 누군가가 동일한 장소에서 자신의 목숨을 끊지요. 결국 그 방은 죽음의 안식처가 돼 버립니다.[295]

이런 사례는 우리나라에는 흔하다. 자실 명소名所라는 밀이 있을 징도다.

그릇되니 허망한 명당: 주관적 명당론의 맹점盲點

임철우의 소설 《幼年의 삽화》 마지막은 이렇게 맺는다. 동네 아이들에게 마귀할멈으로 불리는 함평댁에게는 원양 어선 선원인 칠만이라는 아들이 있다. 고생 끝에 돌아온 아들이 장가를 들려던 하루 전날 밤 친구들과 함께 읍내에 술을 마시러 나갔다 돌아오다가 새벽녘 집 바로 앞에 있는 철도 건널목에서 기차에 치어 죽는 사고를 당한다. 집에 거의 다 와서 당한 끔찍한 사고였다. 함박눈이 내리는 새벽 철길 모퉁이 건널목에서 이제 스무 걸음만 더 가면 제 집인 장소에서 당한 것이다. 기관사의 증언에 의하면 그가 그 자리에서 쭈그려 앉아 뭔가를 찾고 있는 것 같았다고 한다.

그가 왜 하필이면 눈이 그리 쏟아지는 날 하필이면 그 자리를 골라 쭈그

---

294 A. C. 그레일링 지음, 윤길순 옮김, 《새 인문학 사전》, 2010, 웅진지식하우스, p. 128.

295 파블로 데 산티스 지음, 조일아 옮김, 《파리의 수수께끼》, 2010, 대교출판, p. 26.

려 앉았을까? 조금만 더 가면 어머니가 계시는 내 고향, 내 집. 소담스럽게 세상을 덮고 있는 하얀 눈. 그가 그곳에서 물리적인 고향일 뿐 아니라 마음의 고향에도 도달했다고 믿어 버린 것은 아닐까? 그렇다면 그 장소는 그에게 명당이었다. 그릇되고 헛되어 죽음을 부르는 명당이었던 셈이다. 전혀 합리적이지 못하고 다른 사람까지 불쾌하게 만드는 그런 곳이 왜 그에게는 명당으로 받아들여졌을까? 그의 주관이 오도誤導한 명당관明堂觀 때문이었다.

  죽음 저 너머에 영원한 평온을 주는 어떤 곳이 있을 것이라는 생각은 많은 사람을 죽음으로 몰아넣었다. 그런 장소들은 생각보다 많다. 바닷가 절벽 위의 자살바위, 한강대교의 교각 어느 지점, 고무신 벗어놓고 들어가는 저수지 수변水邊 어느 지점. 스스로 죽음을 향하는 사람들이 찾아가는 틀에 박힌 장소가 있는 것은 사실이다. 그런 곳에 가 보면 삶의 허망함, 어지럼증, 고통으로부터의 어긋난 탈출 등을 유도하는 느낌이 온다. 그것이 도깨비장난이든, 물귀신이 불러서이든 그런 현상이 있다는 것을 부인하기는 어렵다. 하지만 이것은 잘못된 것이다.

  영혼이 육체보다 오래 산다는 교의敎義는 결코 옳지 않다. 죽음이 문제를 해결할 수 없는 이유이기도 하다. 그런 생각은 필연적으로 삶을 무가치하게 만든다. 수잔 스미스는 어린 두 아들을 호수 바닥에 던질 때 "우리 아이들은 가장 좋은 곳에서 살 자격이 있고 이제 그렇게 될 것"이라는 합리화로 자신의 양심을 속였다. '행복하리라는 사후세계死後世界' 관념은 부모가 자식의 생명을 빼앗으면서 남기는 최후의 편지에 단골로 등장하는 메뉴다. 최근에도 그런 사고는 자살 폭탄 테러범과 공중 납치범에게 용기를 돋우어 준다. 자살을 부추기는 터가 명당일 수 없는 까닭이 바로 여기에 있다. 살아가는 사람들에게 사후세계의 미점美點을 강조하는 것은 죄악이 될 수 있다.[296]

생명은 왜 죽음을 추구하는가? 그것은 평화를 위해서다. 그런데 에로스는 한편으로 부단히 평화를 어지럽히고 교란하는 방해자다. 죽음의 본능은 이런 갈등의 해결사이다. 〈시편〉 127장 2절에 보면, '주님은 사랑하는 자에게 잠을 내리신다'라는 구절이 나오는데, 기록에 의하면 이 성서 구절은 빅토리아 시대의 많은 사람들에게 큰 영향을 끼쳤다고 한다.[297]

《애도하는 사람》을 한창 번역할 때, '삶과 죽음은 자연의 한 조각 아니겠는가!'라는 유서를 남기고 노무현 전 대통령이 유명을 달리했다. 일손을 놓고 아이처럼 엉엉 울면서 텔레비전을 지켜보았다. 텔레비전에서는 네모 상자 밖으로 쏟아질 듯 많은 사람들이 고인을 '애도'했다. 그리고 목소리 좋은 아나운서는 그분이 누구에게 사랑받고, 누구를 사랑하고, 어떤 이들이 고인에게 감사를 표하고, 또 고인은 누구에게 감사했는지 친절히 설명해 주었다. 사카쓰키 시즈토처럼 꼬치꼬치 묻지 않았음에도 말이다. 그분을 보낸 아픔이야 무엇에도 비유할 수 없을 정도이지만, 다시 일상으로 돌아와 이 작업을 마칠 때쯤 마지막 장의 한 대목을 읽으며 큰 위로를 받았다. 앞서도 말했지만, 사카쓰키 시즈토의 어머니 준코는 말기 암 환자다.

219

---

296 최창조의 《닭이 봉황되다》(2005, 모멘토)에서 재인용.
297 존 바우커 지음, 박규태, 유기쁨 옮김, 《죽음의 의미》, 2005, 청년사, p. 38.

그리고 시즈토의 여동생 미시오는 새 생명을 잉태하고 있다. 그런데 공교롭게 세상을 떠날 날짜와 세상에 나올 날짜가 비슷한 두 사람은 똑같이 구토를 하고, 똑같이 변비의 고통을 겪는다. 다음은 그 사실에 대해 준코가 위안을 받는 대목의 일부다.

'준코는 죽음을 앞둔 엄마와 새 생명을 낳으려는 딸이 먹는 것은 물론 배설 문제에서도 똑같이 어려움을 겪고 있다는 사실이 신기했다. 그리고 생과 사가 비속하다고 할 수 있는 생리적인 차원에서 이웃하고 있다는 현실이, 자칫 과민반응을 보이기 쉬운 죽음에 대한 공포를 조금이나마 덜어 주었다.'

이 마지막 장의 주제야말로 '사람과 죽음은 자연의 한 조각 아니겠는가!'라고 생각한다.[298]

자살한 사람에 대해서, 그를 좋아하던 사람들은 극도의 슬픔과 당혹 속으로 흘러들었고, 그를 싫어했던 사람들은 할 말을 잃고 말았다. 자살에 대해서 개신교 목사 한 분이 자살이 죄악임을 어느 케이블 종교방송에서 언급하는 것을 흘낏 보기는 했지만, 누구도 그 점을 제대로 지적하지는 못했던 것 같다.

제대로 된 모든 기성종교는 예외 없이 자살을 죄악으로 지목하고 있다. 사람이 자신의 삶을 선택할 수는 없으나, 죽음은 그것이 가능하다. 방법은 단 하나, 자살뿐이다. 그러나 분명한 사실이 하나 있다. 스스로에게 벌을 주기 위해 죽는 사람은 드물다. 누군가에게 벌을 주기 위해 자살한다[299]는 점이다.

298 텐도 아라타 지음, 권남희 옮김, 《애도하는 사람》, 2010, 문학동네, pp. 646~647. 옮긴이의 말에서.
299 기리노 나쓰오 지음, 권일영 옮김, 《얼굴에 흩날리는 비》, 2010, 비채, p. 121.

그렇다면 장수長壽하는 사회에는 어떤 문제가 있을까? 노령화 사회는 차마 말은 못하지만 많은 사정이 있다. 치매 노인 보호시설의 관리부장인 성실한 중년 여성의 말이다. 전 이렇게 생각합니다. 생활하면서 우리는 자기가 사는 곳을 정리하죠. 그런 일을 가사家事라고 하지요. 그리고 다음 세대를 기릅니다. 이걸 양육養育이라고 합니다. 그리고 앞선 세대의 죽음을 지켜본다는 의미에서, 노인 간호를 해야 합니다. 이런 과정을 거치지도 않고 하지 않아도 되는 사람이라면 오로지 어린아이밖에 없지 않을까요? 물론 생활을 지탱하기 위해서는 돈을 벌어야 하죠. 그것 또한 정말 힘든 일이기는 합니다. 그렇지만 그건 사는 장소를 정리하는 가사의 절반 정도에 지나지 않고, 양육이나 간호는 또 다른 문제입니다. 일만 하면 그만이라는 것은 어린아이가 밖에서 열심히 놀고, 집에 돌아와서는 모든 것을 어머니에게 맡기는 것과 별 다를 바가 없습니다. 정말 어른이 해야 할 절실하고 중요한 일은 양육과 노인 간호라고 생각합니다. 그러나 나이만 먹었다고 누구든 다 어른인 것은 아닙니다. 우리들이 사는 현실 세계에서, 어른이 된 사람이 과연 얼마나 되겠습니까? 나 역시 아버지를, 어머니를 잘 모시지 못했다는 자괴감 때문에 이 일을 시작하게 되었는데, 이런 나를 어른이라고 하기는 어렵겠죠. 정말 멋진 어른을 찾아보기 힘든 세상이라고 할 수 있습니다. 그래서 아직 어린 사람들끼리 협력하고 서로를 도울 필요가 있지 않을까요? 바로 그게 희망이 아닐까 생각합니다. 개개의 인간에게 억지로 자립을 강요하는 것이 오히려 많은 사람을 어린아이의 세계로 퇴행시키는 결과가 되고 있는 것 같은 생각이 듭니다.[300]

300 텐도 아라타 지음, 김난주 옮김, 《영원의 아이 下》, 1999, 살림, pp. 110~120.

노인 병동의 수간호사로 일하는 주인공 유키의 말이다. 하루라도 빨리 공공시설이나 외부시설을 이용하세요. 가족 일이라고 안에서만 해결하려고 하면 안 돼요. 부인(며느리)이 아무리 애를 써도, 자칫하면 효도하려다가 오히려 정반대의 결과를 낳을 수도 있으니까요. 폐쇄적이 되어서는 안 됩니다. 어린아이는 사회의 재산이니까 동네 사람들끼리 연대하고 학교와 보호자 간에 네트워크를 형성해 함께 돌보고, 교육을 시키는 경우가 많잖아요. 나이 드신 분들도 같은 사고방식으로 대해야 할 필요가 있어요.[301]

2008년 보건복지부가 시행한 유병률有病率 조사에서 2010년 현재 우리나라 65세 이상 노인 11명 중 1명이 치매로 추정됐다. 인구수로는 약 48만 4000명에 이르고, 이들을 부양하는 가족까지 함께 생각한다면 치매와 전쟁 중인 국민은 이미 400만 명을 상회할 것으로 보인다. 서울대 신경정신과 김기웅 교수는 우리 치매 환자들이 조기에 진단과 치료를 받지 못하고 방치되는 데는 전문적인 치매 진료기관의 부족과 높은 진단, 치료비용이 한몫하고 있다는 사실을 알면서도, 전국 보건소와 적절한 보험이 그를 방지할 수 있으며, 따라서 치매의 조기 진단과 치료를 가로막고 있는 유일한 장벽은 국민 상당수가 아직 떨치지 못하고 있는 '치매는 진단해도 해 줄 것이 없다'는 근거 없는 무력감뿐이라고 단언한다.[302] 과연 그럴까? 국가의 조력을 받기 위한 장벽이 얼마나 높은지는 눈감고, 제도만 예를 들고 있기에 나온 얘기다. 소득이 기준을 넘었다거나, 현장 실사를 나와서 치매 정도가 너무 낮다거나 하는 등의 이유로 그런 고마운 조력을 받을 수 없는

301 텐도 아라타 지음, 김난주 옮김, 《영원의 아이 上》, 1999, 살림, p. 351.
302 김기웅, "치매 잡는 지름길", 《중앙일보》 2010년 9월 7일자, 37면.

경우가 얼마나 많은지 잘 모르는 모양이다.

20년 뒤에는 65세 이상 인구가 10억 명에 육박할 것이다. 특히 많은 나라에서 85세 이상 초고령자가 급격히 늘어난다. 이 같은 '연령 파동Age Wave' 현상이 한국을 비롯한 모든 선진국에서 쓰나미처럼 몰아닥칠 것이다.

대부분의 노인은 시설에서 타인에 의해 여생을 연장하기보다 가정에서 본인의 삶을 적극적으로 살기를 원한다. 따라서 노인 케어care는 현재의 시설 중심에서 가정과 지역사회 중심으로 바뀌어야 한다.

노인은 소외받은 계층이 아닌 동반자이며 이들이 머물 곳은 시설이 아닌 집이다.[303]

보건복지부가 26일, 제2차 저출산低出産 고령사회高齡社會 대책의 일환으로 고령 친화親和 사업에 나서기로 했다고 밝혔다.

고령화에 관해 항상 눈여겨봐야 할 곳은 일본이다. 9월 15일 현재 일본의 65세 이상 인구 비중은 23.1%에 달한다. 특히 80세 이상이 처음으로 800만 명을 넘어서(826만 명) 전체 인구에서 차지하는 비중도 6.5%에 이르렀다. 고령화 관련 산업(운동 신경, 시력, 청력 등의 저하를 막기 위한 장치 등) 측면에 눈을 돌린 일본의 독보적 장점을 우리도 생각해야 할 시점이다.[304] 이건 노인을 경제적으로 활용할 비책秘策일까, 아니면 여기까지 왔다는 위험신호일까? 십수 년 전만 해도 지구가 포화상태에 이르는 '인구 폭발'이란 말을 자주 들었다. 실제로 지구의 인구 포용력은 이미 한계를 넘어선 지 오

223

303 고종관, "미국 시니어 케어 전문가 나카지마 씨 인터뷰", 《중앙일보》 2010년 9월 27일자, S 5면.
304 박대욱, "실버산업, 우리에게도 좋은 기회", 《중앙일보》 2010년 9월 27일자, E 4면.

래다. 그런데 지금은 출산을 장려한다. 대부분의 선진국에서는 그렇다. 우리나라도 여기에 속한다. 얼마나 이기적인가. 내 나라만 잘되면 그만이란 생각 아닌가. 어떤 경제학자는 저출산, 초고령사회를 '인구 지진'이라고 표현한다. 폭발과 지진. 어느 쪽도 위험하다. 막무가내로 낳는 것도, 대책 없이 오래 사는 것도, 너무 적은 것도 문제다. 그래서 문제는 더욱 복잡해진다.

이를 해결하기 위해서 단일민족이란 좀 이해하기 어려운 자부심을 버려야 할 때가 올지도 모른다. 우리보다 못사는 나라 사람들이 노동력으로 이주해 온 것은 이미 현실이다. 농림 및 어업 종사자 중 기혼 남성의 36%가 외국인 여성과 결혼한 것이다. 이제 농어촌 집안 새색시의 3분의 1은 외국 여성이라는 말이다.[305]

영국 금융가의 경제학자 조지 매그너스는 한국에 대해 이런 지적을 했다. "노동력을 보충하기 위해 이민을 적극적으로 받아들이는 방법도 있다. 그러나 한국 사회에선 비현실적이다. (중략) 2050년께 한국의 60세 이상 인구 비율은 41.2%에 이를 것으로 예상된다. 만약 한국이 이민을 받아들이려면 인구 대비 30~40%는 돼야 한다. 전체 인구의 열 명 중 서너 명은 외국인으로 채워져야 한다." 평자評者의 말대로 충격적이다 못해 섬뜩한 얘기다.[306]

노인 인구(65세 이상)는 2009년 519만 명으로 전체인구의 10.7%를 기록한 데 이어, 올해는 536만 명으로 11%에 이를 것으로 추정된다. 요양시설은

305 하지현 지음, 《도시 심리학》, 2009. 해냄, p. 36.
306 김필규, "고령화 시대의 경제학", 《중앙일보》 2011년 1월 8일자, BOOK 23면.

'사각지대'에 놓여 있다. 자식들은 노부모를 맡길 요양시설이 마땅치 않아 전국을 헤맨다. 김진수 연세대 사회복지학과 교수는 '이런 상황이 계속되면 결국 대한민국은 늙기 두려운 사회가 될 것'이라고 지적했다.[307]

저출산 고령화라는 인구 지진 사태를 맞은 정부는 지금 출산 장려정책을 쓰고 있다. 사회 분위기도 '아기 없는 세상'을 염려하며 그에 적극 동조하는 분위기다. 지구는 인구 과잉으로 몸살을 앓는데 선진국은 출산을 권장하는 현상은 불합리하다. 생명의 샘이라는 뜻을 지닌 '레벤스보른lebensborn'은 미혼모가 아기를 낳게 하기 위해 만들어진 조직이다. 나치 SS 최고 지휘자인 하인리히 힘러 장관이 낸 아이디어였다.

이곳에서 태어난 아기는 어머니가 키울 수 없을 경우 부속시설에서 키우다가 나중에 양자를 원하는 SS 대원 가정으로 보낸다. 독일 국내는 물론 수많은 독일 관할 지역에서 레벤스보른이 생겨났다. 총통은 국가의 아기를 간절히 원했다. 정절은 당국에 의해 이미 미덕이 아닌 관념이 되고 말았다. 부총통 루돌프 헤스는 '여성의 첫째 의무는 건강하고 순수한 혈통을 지닌 아기를 국가에 제공하는 일이다'라며 결혼제도에 구속되지 말고 출산하기를 공공연히 권장하고 있다. 넷에서 여섯이나 되는 아이를 낳은 어머니에게는 청동십자훈장, 일곱에서 여덟을 낳으면 은십자훈장, 아홉 이상이면 금십자훈장. 훈장 뒤에는 '아기는 어머니를 귀족으로 만든다'는 밴드가 매달려 있다. 사람들은 이것을 '토끼훈장'이라고 놀린다.[308]

225

---

307 특별취재팀, "늙고 병든 몸, 쉴 곳이 없다.", 《조선일보》 2010년 9월 28일자, 1면.
308 미나가와 히로코 지음, 권일영 옮김, 《죽음의 샘》, 2009, 시작, 재인용.

늙은 베르타는 거의 15년 전부터 매일 자기 집 문 앞에 나와 앉아 있었다. 베스코스의 주민들은 노인들이 그렇게 하염없이 앉아 무엇을 하는지 잘 알고 있었다. 그들은 과거를, 젊음을 꿈꾸고, 더 이상 그들의 것이 아닌 세상을 바라보고, 이웃들과 나눌 얘깃거리를 찾는다.[309]

이 문제를 매우 심각하게 받아들이는 것은 대체로 현실이다. 그런데 더 무섭게 만드는 주장도 있다. "대부분의 사람들이 범죄를 저지르지 않는 이유는, 그것으로 그 사회에서 불리한 대접을 받기 때문입니다. 하지만 그건 사회의 규칙을 따르기만 하면 정당한 대접을 받는다는 전제하에만 성립되는 이야기예요. 우리 세대에는 그런 전제가 깔려 있지 않아요. 규칙을 지키던 지키지 않던 우리는 불리한 대접을 받을 수밖에 없어요."

"왜 그렇게 생각하지?"

"우리는 소수집단이니까요."

"소수집단?"

"늙은이들이 너무 많아졌어요."

료지는 빨간 고추를 접시 구석으로 밀어내며 말했다.

"앞으로 자꾸자꾸 더 많아지겠죠. 이제 소수파인 우리 젊은이들은 그 늙은이들을 부양해야만 해요. 싫던 좋던 군말 없이. 유감스럽게도 우리는 민주주의 사회에 살고 있단 말입니다. 이 사회에서는 다수집단의 의사가 존중되지요. 다수파인 늙은이들에게 알랑거리는 정치가가 선거에 이겨서 국회의사당에 모이고, 늙은이들을 위한 정책을 계속해서 입법화할 겁니다.

226

---

309 파울로 코엘료 지음, 이상해 옮김, 《악마와 미스 프랭》, 2003, 문학동네, p. 7.

그 말은요, 결국 그 법을 따르는 한, 우리는 앞으로도 줄곧 늙은이들이 하라는 대로 살아가야만 한다는 뜻이에요. 배고프다, 밥을 달라. 허리가 아프다, 병원에 보내 달라. 심심하다, 노인들을 위한 놀이시설을 만들라."

료지는 어깨를 으쓱했다.

"우리는 늙은이들의 응석을 받아 주기 위해 언제까지나 착취당하면서 살게 될 겁니다. 숭고한 민주주의의 위대한 다수라는 미명 아래. 그게 얼마나 지긋지긋한 일인지 선생님도 알잖아요? 지금도 그래요. 적자 국가 채무라는 그 방대한 빚을 누가 갚는 겁니까? 정치가요? 기업가? 정말 웃기지 말라 그래요. 그 책임이 드러날 즈음이면, 그 작자들은 이미 관에 들어가 있겠죠."[310]

일본 어느 지방의 옛 풍습에 고려장이 있었다고 한다. 그런데 할머니는 제외가 되지만 할아버지는 그게 아니었다. 남녀 차별이란 문제와는 관계가 없었다. 즉 집집마다 대문 안 마당에 감나무를 심었는데, 이것이 자살용이란 뜻이다.

"왜 할아버지는 버리지 않는 거죠? 불공평해."

주인공 타에코의 물음에 귀농歸農한 도예가 쓰쓰미는 이렇게 설명한다.

"할머니야 손자를 돌보거나 부엌 준비를 하거나 이것저것 허리를 펴지 못할 정도로 도울 일이 많지만 나이 든 남자는 성가실 뿐이죠. 아들들이 자신의 뒤를 잘 이어가면 이제 자신의 시대가 끝났다고 깨닫고 냉큼 목을 맨대요. 그런 담력도 없는 남자는 이런 곳에 들어와 사는 거죠."[311] 결국 모든

227

---

310 혼다 다카요시 지음, 이수미 옮김, 《Alone Together》, 2010, 소담, pp. 167~169.

311 시노다 세츠코 지음, 김성은 옮김, 《도피행》, 2008, 국일미디어, p. 215.

인간이란 쓸모 여부에 따라 그 생명이 결정되는 것인가.

앞으로 우리나라도 남성들(1971년생 기준)도 절반이 90세 이상 산다고 한다. 50대 이하 한국인은 절반 가까이가 100세를 바라보는 나이까지 생존할 것이라는 예측도 나왔다.[312] 자고로 장수長壽는 커다란 복이었다. 앞으로도 그럴 것이라는 보장은 없다. 오히려 개인적으로나 사회적으로 재앙이 될 가능성이 훨씬 높다.

치사성 가족성 불면증Familial Fatal Insomnia. 이 병의 특징은 진행성 불면, 야간 흥분, 환각, 기억력 저하 등이다. 결국은 고도의 기억 장애, 운동 실조 같은 것이 겹치다가 발병한지 1년 이내에 혼수상태에 빠진다. 유전병, 프리온 단백질 유전자의 코돈 178에 이상이 있는 가계에서 볼 수 있다.

시상視床이라고 하는 뇌가 침범 당한다. 우선 불면증이 생기고 그게 점점 심해진다. 그다음 환각 증상이 나타나고, 기억력이 나빠지다가 결국에는 치매가 되어, 경련 상태를 일으키고 발병한 지 1년 정도 되면 누워만 있는 상태. 발병 후 2년 이내에 전신쇠약, 호흡마비, 폐렴 등으로 사망.[313]

오랜 시간이 지나 내가 나이 들어
머리숱이 없어져도
발렌타인데이나 생일에 축하주를 보낼 건가요.

1960년대 초반에 비틀스의 폴 매카트니는 〈내가 예순네 살이 된다면

312 특별취재팀 "100세 쇼크 축복인가 재앙인가", 《조선일보》 2011년 1월 3일자, A1면.
313 기시다 루리코 지음, 오근영 옮김, 《천사의 잠》, 2006, 대교베텔스만, p. 260. pp. 302~303.

When I am Sixty-four〉이라는 노래를 불렀다. '내가 늙고 병들어도 나를 사랑해 줄 것이냐'며 말이다. 하지만 1942년에 태어난 폴은 예순네 살이 되던 2006년, 연인에게서 사랑을 확인하지 못했다. (중략)

조너선 스위프트의 《걸리버 여행기》 3편을 보면 '러그내그'라는 나라가 나온다. 그곳에는 '스트럴드 브러그'라는 늙기만 하고 죽지는 않는 존재가 살고 있다. 이들은 불멸不滅이지만 젊은 모습은 유지하지 못한 채 나이가 들면서 점차 추해지고 약해지며 쭈글쭈글해진다. 스위프트는 '모든 사람은 오래 살기를 갈망하지만 아무도 나이를 들고 싶어 하지는 않는다'고 하기도 했다.[314]

영화 〈베니스에서의 죽음Morte a Venezia〉에 대한 영화평에서 유종호는 아센바흐의 말을 이렇게 인용한다. 노년이 이 세상 불순물 가운데서 가장 불결하다.[315]

노인은 인간의 막장, 누구나 언젠가는 쓸모없는 쓸쓸한 존재(죄송하지만, 사실이다.)가 된다.[316]

조금 긍정적인 추정도 있다. 그리고 이성적 낙관주의자들은 여기서도 독자들이 마음을 놓을 수 있는 근거를 또 다시 제시할 수 있다. 아주 최근의 연구 결과, 두 번째 인구학적 천이遷移가 드러났다. 가장 잘사는 국가들의 경우 일단 번영이 특정 수준을 넘어서면 출산율이 미세하게 증가한다는 사

229

---

314 하지현 지음, 《도시 심리학》, 2009, 해냄, pp. 83~84.

315 유종호 지음, 《내가 본 영화》, 2009, 민음사, p. 166.

316 다카하시 겐이치로 지음, 양윤옥 옮김, 《겐지와 겐이치로 B》, 2007, 웅진지식하우스, p. 290.

실 말이다. 예컨대 미국의 경우 1076년 쯤 최저 출산율을 기록했다. 인간 개발 지수가 0.94를 넘는 24개국 중 18개국은 출산율이 높아졌다.

흥미로운 예외는 출산율 하락이 계속되는 일본이나 한국 같은 나라들이다. 미국 펜실베이니아 대학의 한스 피터 콜러는 그 이유가 다음과 같은 데 있다고 믿는다. '국가가 부유해짐에 따라 여성들이 일과 생활의 균형을 더 잘 맞출 수 있게 해 줘야 하는데, 이들 국가에서는 그것이 지체되고 있다.'

대체로 보아 세계 인구에 대한 소식은 더할 나위 없이 좋다. 인구폭발 가능성은 소멸하고 있고, 출산율 저하는 바닥을 쳤다. 사람들이 더 부유하고 자유로워질수록 출산율은 여성 한 명당 두 명 근처에서 안정된다. 강요할 필요 없이 말이다. 이것이 좋은 소식이 아니고 무엇이란 말인가![317]

그렇다면 적극적으로 개입해 환자가 죽는 것을 돕는 문제는 의사들이 마땅히 적극 관심을 기울여야 할 중요한 문제일 것이다. 결국 의사의 첫 번째 의무는 언제나 가능하면 생명을 구하고 상처를 치료하고 병을 고치고, 아니면 고통이라도 덜어 주는 것이기 때문이다. 따라서 어쩌면 의학의 한 분과로서 죽음을 전문적으로 다루는 '죽음학'(죽음과 그 고통을 회피함으로써가 아니라, 정직한 대면을 통해 근원적인 삶에 대해 질문하는 학문. 한국의 죽음학회는 2005년 창립되었다.)을 도입하는 것이 현실적 대안일지도 모르며, 만일 도입한다면 마취학의 하위 분과로서 도입하는 것이 가장 좋을 것이다.[318]

산행山行에서 배운 것 중 한 가지. 계곡의 바닥에 닿으면 올라가는 일밖

317 매트 리들리 지음, 조현욱 옮김, 《이성적 낙관주의자》, 2010, 김영사, p. 323.
318 A. C. 그레일링 지음, 윤길순 옮김, 《새 인문학 사전》, 2010, 웅진지식하우스, pp. 79~82.

에 없다. 정상에서는 내려갈 일밖에 없다. 인생에서 절망의 나락에 떨어졌다면 희망을 향한 여정이 있을 뿐이다. 아니면 죽든가. 기쁨의 절정에 닿았다면 그것이 옅어져 가는 것을 볼 일밖에 없다. 아니면 죽든가. 명심하자. 계곡에서 죽든, 정상에서 죽든 죽음은 산행을 끝마치지 못했다는 얘기이다. 누구도 별 의미가 없는 대미大尾를 장식하고 싶지는 않을 것이다. 그러니 죽음은 결코 해결책이 될 수 없다. 그저 나아갈 뿐이다.

죽은 뒤에는, 알 수 없다는 것이 상식의 답변이지만 세상은 그렇게 간단하지 않다. 조선 중기의 한 유자儒者가 이런 글을 남겼다. 동기감응설同氣感應說이 설령 아닌 것이라 하더라도 죽은 자를 샘물 질퍽한 모래와 자갈밭 속에다 버려 땅강아지와 개미 떼가 우글우글 보여 파먹게 한다면 사람 마음이 어찌 유쾌하겠는가. 이것이 풍수설이 하나의 기술로 성립된 까닭이다. 비록 옛 성인들도 일찍이 말을 하지 않았고 후세에 와서 정직한 선비들이 더러 금하기도 했으나 온 천하가 모두 거기에 휩쓸려 아직까지도 고쳐지지 않고 있는데, 따지자면 그것이 물정이 그렇고 사리가 그래서 그런 것이다. (중략)

요약하면 그저 편안하면 그뿐이었지, 예제禮制를 무시하고 신도神道를 범하면서까지 화복禍福을 따지고 이달移達을 추구하는 일 따위는 군자는 하지 않았던 것이다.[319]

이 문제는 결코 단순치 않다. 조선 중기 효종, 현종, 숙종 3조에 걸친 대신이며 박세당의 영향을 받은 것으로 알려진 약천 남구만에 대해서 이런

231

---

319 윤휴 지음, 《백호전서》 제33권, 한국고전번역원, pp. 14~28.

기록이 남아있다. 공이 지조를 지킨 것을 말하면 세속에서 풍수설에 혹하여 선대의 묘를 자주 이장해서 후손들의 복을 구하는 것을 크게 경계할 일로 여겼다.[320]는 기록이 있는 반면, 같은 《약천집》에 수록된 서공徐公 묘갈명墓碣銘에는 공은 처음 결성현結城縣 지석리支石里에 있는 선영의 아래에 장례하였는데, 풍수지리風水地理가 좋지 못하다 하여 다시 결성현의 은화봉銀華峰 아래 곤좌坤坐의 산에 이장하고 의인을 부장하였다.[321]

뿐만 아니다. 이런 기록도 있다. 풍수를 매우 중요한 일로 여겨서 상소하여 장릉(長陵: 인조와 그 비인 인렬왕후의 능)을 옮길 것을 청하기가지 하였고, 자손들이 선도를 이장한 것이 또 몇 번인지 알 수 없는데 그 집안에 초상이 이와 같으니 선인善人에게 복을 내리는 이치가 이미 아득하며 지리地理는 억지로 힘을 써서 구할 수 없음을 여기서 징험徵驗할 수 있다.[322]

심리학에서 바넘 효과barnum effect라 불리는 이 현상은 19세기 말 미국의 유명한 서커스 흥행사였던 바넘의 이름을 딴 것이다. '모든 사람에게 해당하는 무언가a little something for everyone'와 '잘 속아 넘어간다'는 것이 바넘 효과의 핵심이다. 사람들은 자신에게 유리한 내용이나 모호하고 추상적인 내용은 그것이 사실과 맞지 않더라도 자신의 이야기로 받아들이는 것이다. (중략)

이런 바넘 효과의 예는 우리 주위에서 심심치 않게 볼 수 있다. 길거리에서 흔히 볼 수 있는 사주 카페나 타로 점, 관상이나 궁합 등을 보는 철학관

320 "낭선군 효민공 신도비명", 남구만 지음, 《약천집》 제17권, 한국고전번역원, pp. 3~5.
321 "가승家乘", 남구만 지음, 《약천집》 제17권, 한국고전번역원, pp. 3~5.
322 "가승家乘", 남구만 지음, 《약천집》 제17권, 한국고전번역원, p. 1.

등에서 우리는 자기 자신에 대한 이야기를 듣고 그것이 들어맞는다고 생각하는 경우가 많다. 그러나 대부분의 심리 테스트나 성격 분석의 경우, 누구에게나 들어맞을 법한 말을 써 놓으면 사람들은 자기 자신의 성격과 일치한다고 생각하기 마련이다. 이런 일들은 모두 세상의 중심이 '나'이기 때문에 일어난다. 세상의 모든 이야기가 마치 자신의 이야기인 것처럼 들리게되는 것이다.[323] 이런 모든 일들이 인간은 결국 죽는다는 사실Memento Mori로부터 기인된다.

게다가 사람들은 선입관을 갖고 있는 경우가 많다. 어쩌면 죽음에 대한 상념도 선입관이 크게 작용하고 있는지도 모른다. 심리학에 후광 효과halo effect라는 용어가 있다. 이것은 어떤 대상을 평가할 때 그 대상에 대한 일반적인 견해나 평가가 다른 특성을 바라보는 데 영향을 미치는 현상을 말한다. 학력에 따라 상대방의 능력을 검증도 해 보지 않고 높게 평가하는 것이 바로 그런 예이다.[324]

예컨대 사람의 정신 상태를 치료해야 할 정신과 의사들도 그들을 언제나 신뢰하기 힘든 경우가 있다는 생각을 하면 좀 걱정이 된다. 그가 지금까지 만나 본 정신과 의사들은 예외 없이 자신만의 문제를 지니고 있었다.[325] 자신만의 문제를 지니고 있다는 것은 어느 정도 정상에서 일탈되어 있다는 뜻을 지닌다. 이건 문제가 되지 않는다. 너무나 정상적인 사람이 정신과 전문의가 되었다면, 그는 환자들을 인간미 있게 대하는 게 어려울 것이다. 현

233

323 EBS 제작팀 지음, 《인간의 두 얼굴》, 2010, 지식채널, pp. 44~46.

324 EBS 제작팀 지음, 《인간의 두 얼굴》, 2010, 지식채널, pp. 114~115.

325 하지현 지음, 《도시 심리학》, 2009, 해냄, pp. 51~52.

실을 잘 모를 테니까. 그러나 자신이 그런 경험을 했다면 얘기는 달라진다.

의사까지 못 믿는다면 문제는 심각하다. 연구에 의하면 신뢰는 아주 어려서 형성된다고 한다. 그러니까 아기 때 그런 신뢰감을 갖추지 못한 사람은 평생을 불신 속에서 살아야 하는 끔찍한 상황이 될지도 모른다. 믿음이란 자기 존재에 대한 확신과 타인에 대한 예측 가능성 속에 만들어지는 것이다. 에릭슨은 인생 발달 여덟 단계를 얘기하며 0세에서 1세 사이의 과제를 '신뢰와 불신(trust vs. mistrust)'이라고 했다. 즉 신뢰의 문제는 인간의 삶에 있어서 가장 기본적이며 첫 번째 발달 과제로 인생의 첫 단추에 해당된다.[326]

하기야 믿음을 비틀어 보는 사람도 있기는 하다. 버나드 쇼는 '우리 사회에서 위험한 것은 불신이 아니라 믿음'이라고 했다. 맹목적 믿음의 위험성을 지적한 것이다. 이는 사회뿐 아니라 한 개인의 심리에도 적용 가능하다.

믿음을 강조하며 반복해서 얘기하는 사람일수록 '자신의 존재와 삶에 대한 근본적 믿음'이 약하고 그마저도 흔들리고 있을 가능성이 높다.

일이 힘들거나 하는 일마다 꼬이면 우리는 '괜찮아. 별일 없을 거야'라고 주문을 외듯 되뇐다. 닥쳐올 좌절의 폭풍이 눈앞에 보이지만 인정하기 싫을 때, 그 고통에 대한 예기 불안anticipating anxiety을 잠재울 유일한 진통제는 '난 괜찮아'라고 거꾸로 생각하는 것이다.[327]

326 하지현 지음, 《도시 심리학》, 2009, 해냄, pp. 51~52.
327 하지현 지음, 《도시 심리학》, 2009, 해냄, pp. 52~53.

10. 상보성相補性 : 인간도 주인이고, 자연도 주인이다

  환경에 대한 의무는 최소한 18세기 이래로 이른바 '후견자의 관념'에 기초하여 등장하였다. 세계를 보호해야 한다는 공공연한 권고의 기초가 되는 것은 능력과 취약성 사이의 구별이라는 전제였다. 능력을 지닌 존재는 취약성을 지닌 존재를 원조할 의무를 지닌다. 인간은 환경에 영향을 미칠 수 있는 강력한 능력을 지니고 있다는 점이 증명되었으므로 인간은 환경을 보호하고 유지할 의무를 지닌다. 간단히 말하자면 인간은 지구 전체를 돌보는 의사로서 행위해야 할 의무를 지닌다는 것이다.(Lovelock, 1987) 이러한 돌봄의 영역과 관련된 현실적인 주제들과 인간이 상황을 더욱 악화시킬 가능성에 대하여 많은 공적인 논의가 이루어졌지만 과연 이런 의무들의 근거가, 설령 이것이 손실을 최소화하여야 한다는 소극적인 의무라 할지라도, 무엇인지에 대한 논의는 철학적 주제와는 무관한 주제로 간주되기도 하였다.[328]

  사실 지금까지 우리들은 너무하다 싶을 정도로 환경에 관한 비관적 견해들을 접해 왔다. 비판주의의 끊임없는 북소리는 지금까지 내가 이 책에서 표현해 온 승리주의의 모든 노랫소리를 들리지 않게 만든다. 혹시 당신이 세상은 점점 좋아져 왔다고 말한다면, 순진해 빠졌고 둔감한 사람이라는 비판을 면할 수도 있다. 하지만 만일 세상이 지금까지와 같이 앞으로도

---

[328] 롬 하레 지음, 김성호 옮김, 《천년의 철학One thousand years of Philosophy》, 2006, 서광사, p. 379.

점점 좋아질 거라고 말한다면 당황할 정도로 '미친 사람' 취급을 당할 것이다. (중략)

반면, 파국이 임박했다고 말한다면 당신은 맥아더 천재상이나 심지어 노벨평화상을 기대할 수도 있다. 서점들은 비관주의의 신전에 깔려 신음하고 있으며 공중파 방송은 파멸의 소식으로 초만원을 이룬다.[329]

상보성이란 문제에서 가장 신경을 써야 할 부문은 본성과 경험에 대한 해결이다. 진화론을 부인하는 문제에 관하여, 의견이 분분한 본성nature(유전자) 대 양육nurture(경험) 논쟁을 먼저 중화시키고자 한다. 환경에 따라 변할 수 있는 유전적 특징은 없다. 마찬가지로 환경의 영향을 극복할 수 없는 유전자 구성도 사실상 없다. 이 두 요인은 서로에게 영향을 미치고 서로를 바꾸어 놓을 수 있다. 인간은 '미완성'인 상태로 세상에 태어난다. 변덕스러운 인생에 사람이 반응하는 방식은 때로 그 사람이 속한 문화나 환경에 의해 더 많이 결정되기도 하고, 또는 그가 물려받은 유전자들에게서 더 많은 영향을 받기도 한다. 본성과 양육은 양자택일의 이분법적 관계가 아니라, 오히려 서로를 필요로 하는 보완성을 띤다.[330]

풍수는 이처럼 어느 한 가지 논리에 귀착하는 경우가 거의 없다. 양자를 통합하여 판단해야 한다. 그 과정은 불명不明이기에 그것은 블랙박스로 받아들인다. 투입input이 있고 산출output이 있지만 그 전개 과정은 블랙박스 속처럼 알 수 없는 곳이다.

329 매트 리들리 지음, 조현욱 옮김, 《이성적 낙관주의자》, 2010, 김영사, pp. 419~420.
330 레너드 쉴레인 지음, 강수아 옮김, 《자연의 선택, 지나 사피엔스》, 2004, , 들녘, p. 20.

마음은 갈겨 쓴 낙서와 같다. 예측도 단정도 할 수 없는, 갈겨 쓴 낙서 자국 말이다.[331]

사람들이 삶터 주변의 풍토에 적응하기 위한 자연적, 인식론적 의미를 부여하는 것은 마치 물리학에서 말하는 공명共鳴 현상과 비슷하다. 1950년대 중반 내 이모님 댁은 강원도 원주 피난민촌에 있었다. 서울에 살던 나는 형들과 누나를 따라 몇 번 그곳을 찾은 적이 있다. 청량리역에서 중앙선을 타고 가는 그 길은 끔찍한 여정으로 기억된다. 그때 이미 20대를 바라보던 누나의 기억도 그런 걸 보면 이런 일은 어렸던 탓만은 아님을 증명한다. 기차는 시커먼 연기를 내뿜는 증기기관차였다. 정량리를 출발하사마자 망우리 터널이다. 그리고 무수한 터널을 지났다. 모든 승객이 석탄가루를 뒤집어 쓴 채 시커멓게 되어 버렸다. 타는 일도 고역이기는 마찬가지였다. 창문으로 타는 사람도 무척 많았다. 누나와 형들이 어린 동생을 데리고 타는 것은 전쟁이었다. 당시는 그게 별로 이상하게 느껴지지 않았다. 지금 그런 일을 하라면, 도저히 할 엄두가 나지 않는다.

그곳에서 이모부는 도저히 이해할 수 없는 방법으로 생계를 꾸려 가고 계셨다. 얇고 구멍이 숭숭 뚫린 누런 갱지에 조잡한 표지를 단 얄팍한 이야기책을 노점에서 팔아 살아간다는 것은 어린 나이에도 신기함을 넘어 기괴하게 느껴졌다. 《춘향뎐》,《심청뎐》,《장화홍련뎐》, 거기에 제목이 기억나지 않는 여러 책들도 있었다. 당장 끼니가 어려운 것은 물론, 아직도 끝나지 않은 전투가 벌어져 아침 길바닥에 전날 사살한 공비 시체가 놓여

237

331 레너드 쉴레인 지음, 강수아 옮김, 《자연의 선택, 지나 사피엔스》, 2004, , 들녘, p. 129.

있던 상황인데 어떻게 이야기책을 보는 사람이 있었던 것인지 알 수가 없었다. 지금은 이해한다. 사람들은 어떤 상황에서도 꿈을 놓지 않는다. 현실도피라고 해도 좋다. 여하튼 허구의 세계는 필요했다.

그런 책 중에, 아마도 조선시대 소설이었을 그 내용 중에 이런 것이 있었다. 어린아이가 어떻게 그런 걸 기억하고 있는지 알 수 없지만 나는 기억하고 있다. 세상에는 어린이에 대한 편견이 의외로 많다. 나는 초등학교 입학하고 나서 폐결핵 판정을 받았다. 당시 대학병원 의사는 내가 어리다고 나를 없는 셈치고 어머님께 "이 아이는 얼마 살지 못할 것"이라는 끔찍한 선언을 아무렇지도 않게 하는 정도였으니 말해 무엇하겠는가. 그러니 시체가 놓여 있던 바로 옆자리에서 이모부가 팔던 옛날 이야기책의 일부가 기억에 남아 있다는 것이 전혀 이상한 일이 아니다.

공명 얘기로 돌아가자. 활을 쏘는 사람은 과녁의 중심을 노린다. 화살은 과녁의 중심을 향하여 날아간다. 이때 사람과 화살과 과녁 사이에 공명이 일어나면 그 화살은 과녁에 적중한 게 된다. 즉 명중이다. 이게 바로 적응의 원초적 예이며, 지금 나는 이 명중命中을 명당明堂으로 이해한다. 사람이 자기가 살고 있는 장소와 공명을 일으키는 곳이 명당이란 주장이다.

사람은 모든 것과 공명을 일으킬 수 있다. 그래야 서로 돕고 같이 사는 세상이 만들어질 수 있기 때문이다. 나自와 남他 사이에 벽을 쌓고 단절되면 쌍방 모두 존재할 수 없다. 여기서 남에는 사람뿐만이 아니라 이 우주 만물 모두를 포함시킬 수도 있다. 모두가 그물망network으로 구성되어 있다고 믿는 것이 중요하다. 왜 믿음이란 표현을 썼냐 하면 눈에 보이지도 않고 아직은 그 존재 여부도 알려지지 않았지만, 그래야 그것으로 이해할 수 있는 부분이 많기 때문에 우리들 마음속의 문제로 바꿔 표현한 것이다.

상보성 문제는 꿈과 현실을 조화시켜야 한다는 점에서도 중요하다. 동물도 꿈을 꾸는지 모르지만, 나의 한 제자는 이와 관련하여 이런 속담을 말해 주었다. '거위는 무슨 꿈을 꾸는가? 옥수수 꿈을 꾼다.' 이 두 문장 안에 꿈은 소망의 충족이라는 이론이 담겨 있다.[332]

구속이란 공간적인 제한이며 명당은 좋은 공간을 의미한다. 공간과는 불가분의 관계에 있는 시간은 어떨까? 마찬가지로 시간을 강제로 조정한다는 것은 구속과 같은 것이 되고, 시간의 사용이 자유로운 것은 명당과 마찬가지로 사람들이 원하는 것이 된다.

북부 카메룬 팔리 족과 말리 도곤 족의 아프리카 문화는 독특한 신인 동형론적神人同形論的 상징주의에 기반을 두고 있다. 팔리 족의 경우 마을의 배치는 땅의 형상을 본 따 이루어진다. 윗부분은 머리, 아랫부분은 손발, 중심의 곡창지대는 성기를 상징한다. 곡창지대는 다시 사람의 형태에 따라 머리, 몸, 팔과 다리를 지닌다. 도곤 족 문화의 우주론적 상징주의에서 조물주인 암마는 우주와 양성兩性을 지닌 놈모라는 원시 쌍둥이를 잉태하기 위해 땅과 결혼한다. 이들로부터 네 명의 남자 조상과 네 명의 여자 조

239

---

332 톰 버틀러 보던 지음, 황정은 옮김, 《내 인생의 탐나는 심리학50 Psychology Classics》, 2008, 흐름출판, p. 285.

상이 탄생했으며, 이들은 스스로 수태하여 도곤 족의 조상을 잉태했다. 이 조상들이 바로 놈모의 화신들이었다. 이들 중 한 명이 세계를 조직하고 인류를 창조하기 위해 천상의 삶을 포기했고, 인류에게 8개의 관절을 주었다고 한다. 이 관절들은 두게dougue석(우주적 창조의 씨앗들), 인간의 정신, 최초의 조상에 해당한다. 어깨와 엉덩이의 관절 두 쌍은 남성, 팔꿈치와 두 무릎의 관절 두 쌍은 여성을 의미하며, 각각의 종족을 상징한다. 혼인은 서로 다른 성性을 지닌 종족끼리만 이루어질 수 있었다. 도곤 족 마을의 배치는 이러한 구도를 반영하고 있다. 개인 주택은 가슴과 복부에 해당하는 지역을 차지하고, 공동체 영역은 발 부분에 해당한다. 월경을 하는 여자들의 집은 윗다리에 해당하고, 토구나(마을 회관)는 머리에 해당한다. 심지어 주택 자체도 신인 동형론적 상징주의를 내포하고 있다. 즉 부엌은 머리를 상징하고, 입구는 성기를, 식료품 저장실은 팔을 의미한다. 토구나 지붕 위의 필라스터는 팔을 들고 있는 인간 형상에 해당한다.[333] 사람과 자연 역시 상보성의 입장에서 보아야 한다.

21세기가 미래에 남겨 줄 유산은 인류의 미래가 고독의 시대가 된다는 것뿐일 것이다. 이 시대를 시작하면서 우리가 남길 유언은 다음과 같은 것이리라.

'여기저기 사용하지 않고 남겨 놓은 얼마 안 되는 야생 환경과 함께, 하와이의 합성 정글, 그리고 한때는 삼림으로 울창했던 아마존 잡목지대를 우리는 당신들에게 유산으로 남깁니다. 당신들이 할 일은 유전공학으로

333 마르코 부살리 지음, 우영선 옮김, 《세계 건축의 이해Understanding Architecture》, 2009, 마로니에북스, pp. 26~28.

새로운 종류의 동식물을 창조하고 이들을 독립적인 인공 생태계에 적응시키는 것입니다. 우리는 이 임무가 불가능할지도 모른다는 사실을 이해합니다. 당신들 다수가 그런 일을 할 생각조차 혐오할지도 모른다는 사실을 우리는 확신합니다. 부디 행운이 있기를. 그리고 기술 발전 덕분에 그 시도가 성공한다고 해도 당신이 만들어 내는 것이 원래 창조되었던 것처럼 성공적일 수 없다는 사실을 유감으로 생각합니다. 과거에 존재했던 놀라운 세계를 보여 주는 시청각 자료를 받아 주십시오.'[334]

대부분의 환경 과학자들은 그 대체가 너무 많이 이루어지면 '어머니 자연에 메스를 가하지 말라'라는 사람들의 명령이 힘을 얻게 된다고 믿고 있다. 자연은 물론 우리의 어머니이자 또한 천부적인 힘이다. 자연은 30억 년 이상 진화해 왔고, 진화적 시간으로 보면 눈 깜짝할 기간인 불과 100만 년 전에야 우리를 낳았다. 원시적이면서 상처를 받기 쉬운 자연은 다 큰 자식들의 제멋대로인 입맛을 더 이상 참아낼 수 없을 것이다.[335]

어머니인 땅, 지모地母 사상, 대체로 인류 공통의 사고방식이었다. 여기엔 오해의 소지가 있다. 어머니는 자애慈愛의 표본이다. 언제나 그런 것은 아니지만. 땅에는 엄부嚴父라는 아버지의 성격도 가지고 있다. "땅은 거짓도 없고 용서도 없다"는 풍수 금언에서처럼 용서 없이 벌을 내리기도 한다.

334 에드워드 윌슨 지음, 전방욱 옮김, 《생명의 미래》, 2005, 사이언스북스, p. 134.
335 에드워드 윌슨 지음, 전방욱 옮김, 《생명의 미래》, 2005, 사이언스북스, p. 174.

점점 드문 곳이 되고 있는 야생자연은, 자연과학과 생명공학을 통해서 객관적인 인식만을 획득하려는 인간에 예속되지 않고 독자적으로 존재한다. 오랫동안 인위적으로 제어될 수 없었던 신비로운 야생자연은, 마치 맹수를 길들이는 사람과 한 마리 맹수의 관계처럼, 자연을 지배하려는 인간의 상상력을 자극했다. 그리하여 인간은 야생자연을 그것이 나타내는 그대로 이용하기도 하고, 간혹 상징적이고 미학적인 특성을 그 자연에 부여하면서 길들이기도 했다.[336]

정원과 공원에서 맛보는 야생상태는 일찍이 경험해 보지 못한 낯선 것이 아니다. 한때 장원은 나무들이 우거진 상징적인 공간을 만들어 내고, 그 극치인 희귀한 황홀경을 제공해 주었다. 범속하게는 한 공원 내의 모든 공간이 세심하게 관리되고 보존되었기 때문에 그곳에서 특정한 부분은 상대적으로 더욱 야생적으로 변했다. 게다가 윌리엄 로빈슨William Robinson과 거투르드 지킬Gertrude Jekyll 같은 조경가는 한여름의 이국적인 식물 대신에 생명력이 강한 다년생 식물을 활용하면서 정원 안에서 많은 창작의 자유를 구현했다. 그러므로 이 정원들은 충분히 그들을 만들어 낸 예술가들이 사용하는 관례적인 은유인 '야생적'이라는 형용사로 표현될 자격이 있다.[337]

카타르시스는 동조(同調, synchronicity)로도 설명할 수 있다. 무주에 가면 반딧불이의 군무群舞를 볼 수 있다. 수천 마리의 반딧불이가 처음에는 두서없이 반짝이다가 어느 순간부터는 몇 초 간격을 두며 똑같은 리듬으로 반짝

336 피에르 도나디외, "가꾸어진 자연, 야생의 자연", 베어드 캘리콧 외 지음, 윤미연 옮김, 《자연은 살아 있다》, 2004, 창해, p. 104.

337 피에르 도나디외, "가꾸어진 자연, 야생의 자연", 베어드 캘리콧 외 지음, 윤미연 옮김, 《자연은 살아 있다》, 2004, 창해, p. 110.

이는 것을 목격할 수 있다. 동조 현상이다. 또 같은 직장에 다니는 동료나 친한 친구 사이인 여성들 사이에 월경 주기가 비슷해지는 현상도 동조로 설명할 수 있다.

이런 동조가 갖는 힘은 크다. 어느 순간 주파수가 같아지는 동조 현상은 공명共鳴을 일으켜 혼자서는 절대 이루어낼 수 없는 강력한 힘을 형성한다. 이 힘은 다리를 무너뜨리기도 한다. 1940년 11월 미국 워싱턴의 타코마 해협의 철제 다리가 산들바람에 의해 공명이 일어나며 어이없이 무너져 버린 일이 그 예다.[338]

바보가 되려면 두 가지 방법이 있다. 하나는 진실이 아닌 것을 믿는 것이다. 다른 하나는 진실을 믿기를 거부하는 것이다.
— 철학자 키에르케고르[339]

위에서 제기한 수많은 문제들을 상보성의 관점에서 받아들인다면, 그것이 사실이냐 아니냐의 문제를 떠나서 마음 편하게 살 수 있도록은 해 준다.

338 하지현 지음, 《도시 심리학》, 2009, 해냄, pp. 49~50.
339 그렉 브레이든 지음, 김시현 옮김, 《디바인 매트릭스Divine Matrix》, 2008, 굿모닝 미디어, p. 75.

妄想録

넷. 맺음말

결론을 대신하여: 서울과 개성의 예

나는 자생풍수의 맥脈을 팩션(fact+fiction) 수준에서 이렇게 본다. 도선-묘청-신돈-무학-이의신-홍경래-전봉준 등으로 이어졌다고 보는 까닭은 나의 다른 글에서 주장한 바 있기에 여기서는 생략한다[340]. 그리고 개성과 서울은 그런 사람들에 의하여 이루어졌다고 보기에 예로 들기로 한다. 개성은 도선의 제자들에 의하여, 서울은 무학에 의하여 사실상 결정되었다고 주장했고 지금도 그 생각에 별 변화는 없다.

개성은 왕건의 근거지였다. 그곳을 수도로 정한 것은 그의 뜻이었다. 이성계가 서울을 염두에 둔 것은 실록의 기록을 보면 분명하다. 처음 계룡산을 간다며 공사까지 벌였으나 실은 공사에 힘을 쓰지는 않았다. 주춧돌만 가져다 놓고 실록에는 기록이 전혀 나오지 않다가 1년도 못되어 하륜의 반대 의사를 받아들여 서울로 수도를 정한다. 그리고 실록에 처음 수도로 거론된 곳도 계룡산이 아니라 서울이었다. 주관적인 결정이었다.

247

340 나의 글 모음은 《최창조의 새로운 풍수 이론》(2009, 민음사) 뒷부분에 수록하였다.

완벽한 명당이 없는 것처럼 개성도 그러했다. 이곳은 분지 W형으로 풍수에서는 장풍국藏風局으로 명당 규모가 작았다. 게다가 주산土山인 송악산이 달아나려는 형국이라 오수부동격五獸不動格이라 하여 다섯 짐승이 서로 견제하여 개성을 떠나지 못하게 하는 방책을 세웠다. 쥐는 고양이를, 고양이는 개를, 개는 호랑이를, 호랑이는 코끼리를, 코끼리는 쥐를 두려워한다. 이 다섯 짐승의 석상石像을 세워 안정을 도모했다.

서울은 주산인 북악산이 서쪽으로 너무 치우쳐 있다. 게다가 인왕산과의 적격성適格性 논란도 있었다. 그래서 정궁(正宮: 대궐인 경복궁)을 중앙이 아니라 서쪽에 가깝도록 배치했다. 둘 다 명백한 비보책을 썼다.

새로운 왕조는 천도遷都를 필수조건으로 삼았다. 당연하다. 이것은 기존의 정치적 기반을 와해시킬 수 있는 아주 좋은 방법이기 때문이다. 또한 자신의 새로운 정치적 기반을 닦기에도 적합하다. 마다할 이유가 없다.

개성과 서울은 천도 당시의 현실을 반영한다. 정치적인 효과와 함께, 지금 이곳에서 무엇이 필요한지를 판단하면 답은 간단하다. 우선은 새로운 왕조의 기반을 다지기 위해 천도를 해야 한다. 개국조開國祖가 아니면 일은 복잡해진다. 2, 3대만 지나도 성사가 어렵다. 철저히 개국을 한 현재 시점에서 천도를 단행해야 효과가 크다.

그런데 누군가 요즘 식으로 말해서 합리적이고 타당한 천도의 이유를 조목조목 따지고 들면 일은 복잡해진다. 그를 막기 위해 각종 신비스럽고 불분명한 이유들을 만들어 낸다. 불분명한 이유는 상징성을 띠면서 신왕조에 좋은 명분을 줄 수 있다. 그들이 이런 점을 놓칠 리는 없다.

개성과 서울은 한반도의 중심이다. 육지부를 통할統轄하기 쉬울 뿐 아니라, 예성강이나 한강을 통해서 수운水運도 확보할 수 있다. 편의성의 문제라면 이의異議가 있기 힘들다.

기득권층은 천도를 당연히 문제 삼을 것이다. 하지만 여론은 점차 신왕조 편으로 돌아서기 마련이다. 힘을 가진 세력, 그러니까 신왕조의 새로운 권력에 백성들은 따를 개연성이 높다는 뜻이다.

한 번 천도하면 얼마 지나지 않아서 백성뿐 아니라 지배층도 적응한다. 현실 적응력은 인간의 본성이기 때문이다.

여기에 스스로를 돌보기 위한, 즉 자기 스스로의 이익을 위한 노력으로 새 수도는 그 지위를 확고히 한다. 이제 그 수도는 왕조가 존속하는 동안 변화 없이 존속할 수 있다. 물론 왕조 중간에 개성에서 평양으로, 한양에서 교하로 천도를 하려는 움직임이 있었다. 아직 그럴 시기가 아니라면 이는 이루어지지 않는다. 자기애自己愛는 현상 유지를 원한다. 변화는 기본적으로 자기애에 반反한다. 그러니 수도는 왕조와 함께 운명을 같이하게 된다.

그리고 완벽하지 못한 풍수적 조건은 우리 자생풍수의 가장 큰 특징인 비보로 보완한다. 그리고 그런 방책은 백성들에게 잘 먹혀든다. 내가 자생풍수의 특성으로 제시한 열 가지 특성 즉 주관성, 비보성, 정치성, 현재성, 불명성, 편의성, 개연성, 적응성, 자애성 등 아홉 가지는 사실 서로 긴밀히 연관되어 있다. 서로를 보완하는 관계다. 바로 상보성이다.

하나 마나 한 나의 망상은 이로써 끝났다. 마치 내 타고난 성격처럼.

부록

풍수의 기원과 역사

1. 풍수의 연구 동향과 기원에 관한 연구

풍수사상이 대학과 학계에서 본격적인 연구 대상이 된 것은 10년을 넘지 않는다. 다른 전통사상과는 달리 여러 학문 분야에서 접근이 이루어지고 있다는 특징은 있으나, 한편으로는 그렇기 때문에 집중적이고 일관성 있는 연구가 이루어지지 못한다는 단점도 지니게 되었다. 게다가 연구량도 아직은 미미한 단계다.

현재 한국의 풍수사상에 관한 논점은 대체로 다음의 세 가지로 요약이 되는 듯하다. 첫째는 풍수사상이 과연 우리 민족의 지혜냐 아니면 쓸모없는 미신에 지나지 않는 것이냐 하는 문제이고, 둘째는 그것이 민족의 지혜라는 것을 인정했을 때 그가 지닌 사상성이 어떤 것이겠느냐 하는 것이다. 셋째는 풍수가 지니고 있는 땅에 대한 여러 가지 논리들이 과연 오늘날에 있어서도 계속 유효할 수가 있겠느냐의 문제인데, 이 점은 풍수의 사상성과도 결부되어 논의되어야 할 성질의 것이다. 예컨대 풍수가 아무리 훌륭한 민족의 지혜라는 것이 판명된다 할지라도, 그러니 그것으로 그냥 무조건 돌아가자는 식의 주장은 전혀 설득력이 없을 것이다.

위 세 가지 문제에 대한 학계와 일반인들의 견해는 어떤 점에서는 일치하고, 어떤 점에서는 상반되는 경우가 있다. 대체로 풍수가 우리 민족이 지녀온 전통적인 지리관으로서 그에 내포되어 있는 지혜로움은 오늘에 되살려도 좋을 것이라는 견해에는 이론이 없게 된 듯하나, 일반인들이 주로 산소자리 잡기의 음택풍수陰宅風水에 거의 전적인 관심을 보이고 있는데 대해서, 학계의 관심은 고을이나 마을의 터 잡기 풍수인 양기, 양택풍수(陽基, 陽宅風水)에 주로 관심을 보이고 있다는 것은 상반된 점이다.

이런 문제들이 현재 지리학을 비롯하여 건축학, 조경학, 국사학, 철학, 인류학, 국문학, 민속학, 심리학, 동양미술 등의 분야에서 혹은 많게 혹은 적게 이루어지고 있다. 그러나 풍수에 대한 관심이 전에 없이 커지고, 그에 따른 연구의 양이 적지 않게 늘어난 것은 사실이지만 아직도 풍수 연구의 인력과 수준은 출발에 지나지 않는다.

　　게다가 풍수사상의 전체적인 내용이 제대로 정리되지도 않은 상황에서 대부분의 연구들이 주로 어떤 구체적인 사례들을 철저히 케이스 스터디case study식으로 진행하고 있기 때문에, 풍수사상 자체에 대한 새로운 해석이 아닌 왜곡과 변질이 벌어지고 있는 측면들이 많다는 점을 먼저 연구자들이 인식하여야 할 것이다.

　　그런 중에 구체적 풍수의 사실史實이 논란의 대상에 오른 것은 그 기원에 대한 논의일 것이다. 논란의 골자는 풍수가 중국으로 부터 수입된 것이냐, 아니면 자생의 것이냐로 좁혀진다. 이 경우 문제는 풍수상의 용어들이 역사기록에 등장하기 시작한 시점을 기원으로 잡을 것이냐, 아니면 풍수의 본질인 지기地氣를 알고 기감氣感을 한 시점을 기원으로 잡을 것이냐가 되는데, 후자 즉 자생설의 가장 대표적인 예는 박시익부터일 듯하다.

　　그에 의하면 한반도는 지형적인 구조에 있어서 산이 많은 까닭으로 산악과 산신에 대한 숭배가 구석기 시대부터 전해져 내려 왔으며, 산신과 산악의 숭배사상은 한반도를 중심으로 하여 독특한 지석묘문화를 형성하였다고 한다. 즉 우리 풍수는 산악지의 지리적인 환경조건과 산악숭배사상, 지모사상, 영혼불멸사상 및 삼신오제사상 등에 의하여 자연적으로 발생하게 되었으며, 단군의 신시 선정, 왕검의 부도 건설, 지석묘의 위치 선정 및 신라 탈해왕의 반월성 선정 등은 우리 고대에 풍수사상이 직접적으로 건축에 적용된 실례라고 주장하였다.

　또한 그에 의하면 음양오행설은 그 사상의 발생 배경을 삼신오제사상에 두고 있으며, 삼신오제사상은 풍수지리설이 발생하게 된 모체적 사상이 된다는 것이다. 그러다가 신라 말기에 활발해진 중국과의 문화교류로 더욱 풍수가 발전하게 되었다는 것이 그의 주장의 골자다.

　박용숙의 주장도 이와 유사하며, 김득황은 약간 시기를 뒤로 끌어내린 것이기는 하지만 역시 자생설을 주장하고 있다. 그런데 한 가지 신기하면서도 불유쾌한 사실은 모든 현대 지관들의 풍수저술들이 한결같이 철저하게 중국으로부터의 도입설을 기정사실로 받아들이고 있다는 점이다.

　한편 풍수를 연구하는 역사학자들과 인류학자들의 경우는 역사적 사실들을 실증적으로 제시하며 중국으로부터의 도입을 주장하는데, 그들 사이의 차이는 도입 시기가 삼국 시대냐 아니면 신라통일 이후냐의 시대 간격 차이뿐이다.

　필자는 전래의 자생 풍수지리가 이미 이 나라에 있어 오다가, 백제와 고구려에 중국으로부터 이론이 확립된 풍수가 도입되면서 서서히 알려지게 되었고, 결국 신라 통일 이후에는 신라에도 전해져 전 한반도에 유포되었을 것으로 추정한다. 신라에 풍수가 늦어졌다고 보는 이유는 신라의 왕릉 터가 유독 풍수적 지기와는 관련이 없는 자리를 차지하고 있는 것으로 판단하였기 때문이다. 즉 우리나라의 풍수 기원은 우리 국토가 지니고 있는바 독특한 지기를 파악할 수 있었던 자생풍수에 중국으로부터 유입된 이론풍수가 혼합되어 완결된 것으로 보며, 이것이 전국적으로 퍼진 것은 신라 통일 무렵으로 생각하고 있다.

2. 풍수의 역사

2-1 신라 말, 고려 초의 풍수사상

풍수 기원에 대한 문제가 불분명하기는 하지만 우리나라에서 풍수가 본격적으로 역사의 전면에 떠오른 것이 신라 말엽부터라는 것은 분명한 사실인 듯하다. 그렇다면 이 시기에 왜 갑자기 풍수가 중요성을 갖고 떠오르게 되었는지가 먼저 밝혀져야 할 것이다.

신라 말 불교는 화엄종의 한계를 극복하는 사상 체계로서 선종을 받아들이는 한편 유교와 노장사상도 별 모순 없이 흡수하는 사상적 복합화가 이루어지고 있었는데, 이것은 다름 아닌 중앙의 진골귀족들의 독점적인 지배체제와 그들의 고대적인 사유방식에 반발하는 중간계층인 육두품 계열과 지방호족들에 의해서 추진되었다는 사실과 아울러, 경주 국도 중심, 진골 귀족 중심의 신라 고대문화를 극복하려는 사상운동으로서의 성격을 띠고 있었다.

특히 선종은 지배이념인 불교의 당면한 자체 모순을 스스로 인식하고 그 해결책을 구하려는 과정 중에 수립되었기 때문에 당연히 반지배 이념적 성격을 띨 수밖에는 없었다. 필자는 신라 말의 풍수사상 도입 및 정착 전개 과정에서 그것이 혁명과 개국의 이념적 바탕이 되고 있다는 사실을 감지할 수 있었다. 앞서도 살펴본 바와 같이 풍수가 우리나라에서 역사의 전면에 부각된 것은 9세기 초 신라가 쇠퇴의 길로 접어들 무렵이었다.

당시 신라의 지배 이데올로기는 교종이었는데, 이것은 다분히 불교경전에 의지하는 것이었기 때문에 문자를 모르는 민중들은 그로부터 소외될 수밖에 없었다. 물론 염불을 반복적으로 염송함으로써 제도된다는 타력불교가 없었던 것은 아니지만, 그 정도 수준의 신앙을 가지고 신라 말의 타락한 시대상을 박차고 벗어나 새로운 세계에 대한 지평을 열어 주는 진보적 이념 역할을 기대할 수는 없었다.

게다가 왕조 말기에 드러나기 마련인 지배층의 학정과 부패는 개벽을 요구하는 민중들의 마음을 더욱 북돋우게 된다. 이런 시점에서 중국으로 부터 유입된 선종은 반지배反支配 이데올로기적인 의미를 지닌 채 유포되기 시작한다. 선종은 마음에서 마음으로 내적 성찰에 의하여 불성을 찾고, 설교나 문자를 떠나 즉시 불심을 중생에게 전하는 종파이며, 게다가 사람이면 누구나 불성을 지니고 있다는 일체평등의 사상을 내포하고 있던 만큼, 빠른 속도로 당시 민중들의 마음 속에 자리할 수 있었으리라는 것은 쉽게 짐작할 수 있는 일이다.

선승들의 좌선은 목적이 본질적으로 견성이나, 그 과정에서 호흡법과 같은 기의 운용에 관한 술법이 깊이 있게 인식되며, 무념무상의 경지에서 천기와 지기에 대한 감지 역시 심도 있게 이루어질 수밖에 없다. 그래서 그들은 자연스럽게 풍수술을 터득하고 이론을 확립해 갔다. 중국의 일행一行이나 우리나라의 도선 국사가 그 대표적인 예일 것이다.

게다가 풍수 역시 가문의 뼈대가 중요한 것이 아니라 인성이 운명을 결정한다는 반계층적 신분의식을 지닐 수밖에 없는 인식체계인 만큼 당시 민중들에게는 아주 쉽게 받아들여질 수 있는 사상이었을 것이다.

선승들은 자신의 수련과 중생교화의 방편으로 전 국토를 편답하며 지리 지식을 넓혔다. 그들은 신라의 서울인 경주가 국토의 동남쪽에 치우쳐 있어 적절치 못하다는 정치지리학적 이해를 갖출 수 있는 정도였다. 이런 것들이 중부지방을 거점으로 혁명과 개벽을 꿈꾸는 호걸들에게 받아들여졌고, 마침내 왕건에 의하여 고려가 개국이 된다.

이제 선종과 풍수가 지배이념이 되어버린 것이다.

풍수의 내용도 매우 건전하여 초기 풍수의 지리학적 접근성을 잘 보여 주고 있다. 처음에 사찰 입지 선정에 이용되다가 점차 왕궁 입지, 지배층의 양택 터 잡기 등 양적 풍수로 확장이 되고, 후삼국 시대에 이르게 되면 국도를 비롯하여 마을, 고을 등의 입지 선정 등 대표적인 지리학 이론으로 전개가 된다.

　고려가 개국한 이후에도 초기에는 그 건전성이 크게 와해되지 않고 유지되는 특징을 보인다. 우선 태조 왕건의 훈요십조 제2훈에서 그 일부를 짐작할 수 있는 부분이 있다. 훈요십조에 대해서는 그것이 정말로 태조의 유훈이냐에 대한 논란이 있으나 여기서는 그 진위는 별로 문제가 되지 않는다. 설혹 그것이 위작이라 하더라도 어쨌든 고려 초기 풍수사상을 어느 정도 반영하고 있을 것이기 때문이다.

　그 내용은, 모든 사원은 도선이 산수의 순역順逆을 살펴서 개창한 것이며, 도선이 이르기를 내가 점정한 곳 이외의 다른 곳에 함부로 사원을 지으면 지덕을 손상시켜 국운이 영구치 못할 것이라고 하였다. 후세의 국왕, 공후, 후비, 조신 등이 소원 성취를 위하여 사당을 창건, 증축하는 일이 있을까 봐 크게 염려가 된다. 신라 말에도 절을 다투어 많이 이룩하여 지덕을 쇠손衰損시킴으로써 나라가 망하게 된 것이니 경계를 게을리 말라는 것이다.

　위 내용은 항간에서 흔히 풍수비보설로 알려진 것이다. 그리고 단순히 고려왕실이 자신의 정통성을 보장해 주던 지배이념인 풍수를 사상으로서 강조하기 위하여 언급한 것으로 평가한다. 그러나 유심히 관찰해 보면 여기에는 간과할 수 없는 교묘한 정치적 배려와 국가 경영상의 속뜻이 숨어 있다는 것을 알게 된다. 고려는 철저히 무력으로 전 국토를 석권하고 나라를 세운 경우가 아니다. 여러 지방호족들을 혼인, 유인 등의 방법을 사용하여 거의 외교적 수완에 의하여 이룬 나라이기 때문에 어느 면에서는 대단히 취약한 체제였다고 할 수 있다.

　왕건이 전 왕조의 마지막 임금인 경순왕敬順王을 죽이지 아니하고 우대한 것도 결국은 그의 취약한 정권을 보호하기 위한 전략이었을 것이다. 그리하여 무력만이 가장 우월치 않다는 것을 불교를 통하여 가르치고, 한편으로는 아직도 여러 지방에서 그대로 세력을 유지하고 있던 호족들의 경제 및 군사적 거점이었던 사찰들을 중앙정부의 통제 아래 두기 위하여 풍수사상을 원용했다고 보인다.

어떤 이념의 배경 없이 막무가내로 사찰의 신축이나 증개축을 금지시켰다면 당연히 지방호족들의 격렬한 반발이 명약관화하였을 것이고, 취약한 권력으로 그것을 가라앉힌다는 것도 무망한 노릇이었을 것이다. 그래서 풍수를 이용한 것이다.

당시 거의 대부분의 사람들이 믿고 따르던 풍수 사상에 의하면 사찰이 일정 지점들을 벗어나 세워지면 지덕地德이 쇠퇴衰頹하게 되니 그러지 말라고 한다면 누가 그것을 아니라고 반대할 수 있겠는가. 참으로 교묘한 정치적 배려라 아니할 수 없다.

이것이 또한 국가 경영상의 지혜가 숨어 있는 전략이란 평가의 근거는 자연지리학적 설명이 길게 필요하나, 여기에 대해서는 이미 필자의 다른 논문에서 상세히 밝힌 바가 있기 때문에 간단히 말하자면, 자연재해의 피해가 예상되는 지점에 사찰을 건설해 두면 승려들이 항시 그곳에 대기 상태에 있는 셈이 되기 때문에 노동력 공급이란 측면에서 일리가 있고, 또 그들이 항상 감시 요원의 일도 수행할 것이기 때문에 일석이조의 이점이 있게 되는 셈이다.

이 당시의 풍수학인들을 일일이 열거할 여유는 없으나 ,대체로 이 시대에는 풍수를 업으로 하는 사람은 아직 나오지 않았던 듯하고, 처음에는 주로 선승禪僧들 사이에서 앞에 말한 이유로 그들의 종교적인 수련과 동시에 습득되었던 것 같다. 그 후 점차로 귀족 지배층과 일반 지식인 사이에 두루 퍼졌으나, 역시 전문 풍수가라 할 정도는 아니었다. 또 일부는 각 지방호족들 사이에서 군략가軍略家로 활약했던 사실이 기록에 남아 있다.

2-2 고려 시대의 풍수사상과 국도國都 풍수

고려는 풍수지리설을 지배이념으로 도입했고 또 그에 걸맞게 풍수를 신봉함으로써, 고려 시대의 풍수사상을 운위한다는 것은 사실상 고려 시대사 전체를 기술해야만 하는 번거로움이 있기 때문에 생략기로 하고, 여기서는 특징적인 몇 가지 흐름을 살펴보기로 한다.

왕건의 통일이 정권적 의미에서 볼 때는 대립되는 정권의 소멸 정도에 지나지 않는 것이었기 때문에 그를 보완 강화할 목적으로 풍수를 끌어들인 데 대해서는 앞서 지적한 바와 같거니와, 여러 반란과 소요를 진압하고 즉위한 정종定宗은 연약한 정권을 확고히 하기 위하여 서경西京에 천도하려 한다.

여기에는 태조가 훈요십조에서 강조한 바 있는 풍수지리설에 대한 신앙심도 작용하고 있었다. 그러나 그 이면에는 개경을 중심으로 세력을 뻗고 있는 개국공신들의 포위망 속에서 탈출하려는 의도가 강했던 것으로 생각된다. 여하튼 고려 왕권의 안정은 광종의 개혁을 기다려서 비로소 새로운 전망이 서게 되는 것이지만, 풍수사상은 이때부터 타락의 길로 접어들게 된다.

고이면 썩음이 천지의 상도常道이자 인간 역사의 따름인지라, 선종과 풍수도 개국 후 점차 타락의 길을 걷는다. 선종은 한때 정혜결사를 설립하는 등 부흥하였으나 그 뒤부터 승행僧行이 타락되면서 차차 쇠퇴하기 시작했다. 풍수 역시 개국 당시의 신분 타파나 국토 재편성과 같은 바람직한 경향성을 잃은 채 왕실과 귀족의 가문번성을 위한 터 잡기 잡술로 변질되어 버렸다. 그러한 역사적 사실 중에 지배 계층의 정략과 결부되어 반복적으로 풍수가 전면에 부각되었던 사건은 역시 서경 천도 운동이었을 것이다.

풍수 사상가들이 수도를 정할 때는 철저히 당시의 사회경제적인 조건과 국토 지리적인 배려를 종합한 끝에 결정하는 것이지, 결코 교조적인 풍수이론에만 치우치는 것은 아니라는 점을 간과해서는 안 된다.

삼국 시대에 고구려와 백제는 천도를 한 적이 있었고 신라는 그런 일이 없었다. 신라가 삼국을 통일한 것이냐에 대해서는 논란의 여지가 있을 것이지만 여하튼 가장 오래 살아남은 것은 사실이다. 고구려와 백제는 또한 남쪽으로 점점 내려오면서 천도를 했다는 공통점을 갖는다.

전에 행정수도(현재는 행정 복합도시, 줄여서 행복도시라 한다.) 이야기가 항간에 떠돌 때도 바로 그런 사례를 떠올리면서 충청지방으로의 수도 남천南遷을 반대했던 사람들이 있었다. 실제로 행정수도라는 이름의 남천은 사실상의 반영구 분단을 전제로 한 남북국 시대의 등장이기 때문에 수도권 집중 해소라는 실리가 있음에도 불구하고 대국적인 국가 경영책은 아니라는 것이 많은 사람들의 걱정이었다.

사실 삼국의 수도는 지역 국가라는 특성상 한반도의 중앙적 위치를 점할 수는 없는 일이었다. 그런데 문제가 그렇게 간단치 않은 것이 백제의 초기 수도가 오늘날의 서울 주변으로 중앙이기는 했지만 그곳을 고수하며 버틸 수는 없었으리라는 점이다. 백제의 국력이나 당시의 전술 전략, 그리고 병기 수준으로는 방어가 어려웠으리라는 예상이 들기 때문이다.

그 후의 신라는 알려져 있는 바와 마찬가지로 수도인 경주가 너무 동남쪽에 치우쳐 있어 국토 전체를 통치하는 데 실패하고 계속되는 반란과 지방호족들의 발호에 시달려야만 했다.

당연히 그 다음 왕조인 고려는 중부지방인 개성에 자리를 잡게 되었는데, 이 개성 입지의 선정부터는 철저히 풍수사상에 기반을 두게 된다. 그 이론적 논의는 풍수였지만 결정은 극히 현실적이었다는 데 풍수의 묘미가 있는 것이지만, 개성은 전형적인 장풍국藏風局의 땅이다.

장풍국이란 주산主山과 좌우의 용호龍虎, 주작사朱雀砂에 의하여 빈틈없이 둘러싸인 일종의 산간분지 지형에 해당된다. 그러기 때문에 방어에는 어느 정도 유리하지만 명당의 규모가 작고 물과 연료가 부족하며 더 이상의 발전이 제한을 받을 수밖에 없다는 한계가 있다. 그러나 그 시대의 정치, 경제, 사회적 배경을 살펴보면 오히려 그러한 위치가 넓은 들판이나 해안에 비해서 우월하다는 것을 인정치 않을 수 없다.

그러나 그렇다고 하여 문제가 없어지는 것은 아니니, 그 뒤로 여러 차례에 걸쳐 천도 논의가 이어진다. 평양, 한양, 연백, 장단 등 여러 후보지가 거론되고 어떤 곳은 구체적인 계획에 들어간 적도 있으나 실천에 이르지는 못하였다.

이것은 매우 중요한 시사를 던져주는 일이다. 수도의 이전은 한 왕조의 멸망을 전제로 하지 않고서는 성공할 수 없다는 풍수사상의 논리가 깔려 있음을 본다.

이것이 고려 풍수의 큰 특징 중의 하나인 지덕쇠왕설地德衰旺說로 정착이 된다. 지덕쇠왕설이란 지기地氣는 일정 기간이 지나면 그 기운이 쇠하고 또 일정 기간이 지나면 쇠했던 기운이 되살아난다는 관념이다.

개성의 지기가 쇠하였으니 수도를 옮겨야 한다는 것인데, 여기에는 피할 수 없는 논리의 허점이 있다. 즉 개성의 지기가 쇠하였다는 것은 결국 왕 씨들의 고려 왕조가 쇠하였다는 전제가 깔려 있는 것인데, 그것을 수도만 옮김으로써 해소하고자 한 것은 뿌리를 놓아두고 줄기만 잘라 나무를 이식하고자 하는 사고와 같아지기 때문이다. 그럼에도 불구하고 묘청妙淸이 생각한바 북방 진출로써 고토故土를 회복하고자 했던 명분은 적어도 비판의 대상은 아니라 할 수 있을 것이다.

이 외에도 많은 종류의 천도 논의가 있었으나 그 대개가 왕실의 연장을 획책한 소극적이고 이기적인 것이기 때문에 오늘에 그 문제를 되살릴 정도의 것은 되지 않는다는 것이 필자의 생각이다.

풍수사상의 타락은 음택풍수의 일반화에서도 찾아볼 수 있는데, 《고려사》에는 이와 관계된 수많은 사건 기록들이 수록되어 있는 형편이다. 과거시험에 있어서도 침鍼, 구(炙, 뜸), 경맥脈經은 물론 《명당경明堂經》, 《신잡지리경新集地理經》, 《지리결경地理決經》, 《지경경地鏡經》 등 각종 풍수지리서가 등장되는 것을 보면 이 역시 풍수의 일반화를 엿볼 수 있는 좋은 증거라는 생각이 든다. 그러나 그 책의 제목이 시사하는 바와 같이 중국에서 풍수의 경전이라고 생각하는 《청오경靑烏經》, 《금낭경錦囊經》, 《지리신법地理新法》, 《설심부雪心賦》 등의 책들이 끼어 있지 않은 것으로 보면, 당시까지는 수입된 중국의 풍수지리가 아닌 우리 고유의 풍수지리가 주도권을 행사하던 때가 아닐까 하는 짐작이 들기도 한다.

이 시기에는 수많은 풍수사들이 있었으며, 전문 풍수사도 있었으나, 이에 대해서는 본문에 있으므로 생략한다. 특히 이 시기에는 수입된 중국의 풍수에 대항하여 순수한 우리의 풍수를 확립하고자 하는 노력들이 있었던 것으로 판단된다. 그 대표적인 예가 우리 풍수서의 저술인데 현종 때 나온 《삼한회토기三韓會土記》, 문종 때 나온 《송악명당기松岳明堂記》, 숙종 때 나온 《도선기道詵記》와 《도선답산가道詵踏山歌》와 《삼각산명당기三角山明堂記》와 《신지비사神誌秘詞》, 예종 때 나온 《해동비록海東秘錄》, 충렬왕 때 나온 《도선밀기道詵密記》, 공민왕 때 나온 《옥룡기玉龍記》 등이다. 이것이 진적眞籍인지 아니면 후세인들이 고려 시대의 유명한 풍수학인들의 이름을 도용한 위작僞作인지는 분명치 않지만, 여하튼 자생풍수와 중국의 이론풍수와의 결합으로 주목되는 저작들이다. 다만 이들 거의 전부가 오늘에 전하지 않으므로 그 내용을 알 수 없는 것이 안타까운 일이며, 일부는 진적으로 믿기는 어려우나 현전하는데, 이에 대해서는 필자가 다른 글에서 발표한 바 있기 때문에 생략한다.

2-3 고려 말, 조선 초의 풍수사상

고려 시대에 천도 후보지로 가장 각광을 받은 서경 평양과 남경 한양은 득수국得水局이라는 특징을 갖는 장소다. 득수국이란 명당의 삼면 혹은 이면은 산으로 보호를 받는 지세이나 반드시 한쪽 면에는 큰 강을 끼고 있는 형세의 땅을 가리키는 말이다. 개성의 장풍국이 가지고 있는 결점을 보완하기 위해서는 득수국으로의 전환이 매우 바람직한 일로 여겨졌을 것이다.

묘청의 난이 일어나던 당시의 고려 대내외 정세는 금나라가 요와 송을 토멸하고 고려를 위압하고 있었으며, 이자겸, 척준경 등 권신들의 발호와 천재지변의 빈발로 소위 말세적 민심이 유포되고 있던 판이었다. 이에 술수가術數家들이 날뛸 수 있는 절호의 기회가 주어진 셈인데, 그들은 왕조 자체의 한계를 인정하고 기층민들의 절실한 욕구를 수렴하는 혁명을 이끄는 위험을 무릅쓰는 대신에, 오히려 풍수의 지기쇠왕설을 교묘히 윤색하여 천도를 진언함으로써 곡학아세하는 치사함을 드러내 버린 것이다.

그러니 왕실은 명맥을 유지했으나 그것은 명분상의 일이었을 뿐 실제 고려 왕실의 발언권은 사실상 끝장이 난 셈이었다. 그 와중에 모든 피해는 백성들에게 돌아가고 진정한 반지배 이념으로서의 풍수사상도 싹트게 된다. 즉 임금이나 명문거족의 뼈대가 따로 있는 것이 아니라 누구나 음덕을 쌓고 땅의 기운을 얻으면 그렇게 될 수 있다는 철저한 풍수적 평등사상의 발로가 바로 그것이다.

이 점 자생풍수의 명맥은 불교의 그것과 비슷한 데가 있다. 고려 때 서경 천도를 시도했던 묘청은 그 풍수적 주장이 자생풍수와 닮아 있는 것으로 추정되는데, 소설가 김성동은 묘청이 신라 화랑花郎으로부터 연원淵源된 선가仙家 쪽 곧 낭가郎家 냄새가 난다고 하면서 미륵 신앙과의 관련도 내비친다.[341]

풍수는 언제나 왕조 말엽에는 이와 같은 긍정적이고 대국적인 진정한 사상이

264

341 김성동, "마하 묘청보살 마하살(1, 2)", 《녹색평론》114호, pp. 178~188. 115호, pp. 166~181.

주류를 이루다가 일단 왕조가 안정이 되면 왕실과 귀족의 가문 영달에 이바지하는 이기적이고 소승적인 술수로 타락하는 과정을 밟는 역사를 걸어왔다. 그래서 풍수는 우리 역사에 있어서 혁명의 이념으로 작용한 적이 많았던 것이다. 고려의 왕건이 그랬고, 묘청이 그러했으며, 조선의 이성계도 고려를 뒤엎을 때는 역시 풍수를 그런 입장에서 받아들인 것이 사실이고, 조선 후기의 홍경래도 지관 출신임을 상기할 필요가 있다.

전봉준의 경우도 풍수에 일가를 이룬 사람으로 그는 구체적인 명당을 찾아 그곳에 거주한 적이 있을 정도의 인물이었다. 그가 구미성인출龜尾聖人出의 명당이라고 믿었던 곳은 당시 전주군 봉상면 구미리였으며, 그를 체포하기 위하여 대원군이 파견했던 박동진 역시 상복喪服으로 변장하고 지관인 전봉준을 만나러 가는 것으로 위장할 정도였던 풍수학인 출신이다.

풍수는 평등사상 외에도 지맥을 사람의 기맥과 동일한 것으로 보기 때문에 대부분 침술을 겸하여 가난한 병자를 도와줄 수 있었고, 죽은 사람에게는 후손의 발복을 모태로 하여 은혜를 베풀어 줄 수 있었으며, 또한 지리와 답사에 익숙하여 각종 정보에 밝다는 여러 가지 이점을 혁명가들에게 제공해 줄 수 있는 사상이었다.

13~14세기의 한반도 주변 정세로는 아직 평양이나 한양 같은 득수국의 자리보다는 개성 같은 장풍국의 땅이 국가 보위에 있어서 보다 유리한 위치였음을 부인할 수 없다. 고구려가 평양성에서 당나라 수군과 신라 육군의 협공으로 함락당한 것이 좋은 예인데, 대동강과 한강은 약세의 입장에서는 결정적인 취약점이 될 가능성이 있는 곳이다.

양 지방을 침산대수枕山帶水, 부강임수負岡臨水라고 표현하는 것에서도 그 특징은 잘 드러난다. 수리水理와 교통의 편의는 있으나 방어의 결점은 피할 수 없다는 뜻이다.

그러나 시대가 달라지면 입장은 바뀌게 마련이다. 15세기의 우리 사회는 좁은 장풍국의 개성으로는 더 이상 지탱할 수 있는 형편이 아니었고 그래서 여러 이론異論이 없었던 것은 아니지만 결국 오늘의 서울로 수도가 결정된다. 계룡산 신도안은 후보지 가운데 하나였지만 이곳은 개성과 마찬가지의 장풍국의 형세로, 달라진 세태와 시대상을 수용할 그릇이 아니었으므로 어차피 수도가 될 곳은 아니었다.

앞서도 말한 바와 같이 한양의 풍수지리를 논한다는 것은 그 자체가 하나의 독립된 글이 될 수 있는 것이고, 또한 그에 대해서는 필자의 다른 글이 있기 때문에 더 이상의 언급은 자제하기로 한다. 다만 한 가지, 이 시대에 이르게 되면 한반도의 수도 입지는 개성이나 경주와 같은 내륙분지상 지세에서 벗어나 한양과 같은 해안평야 지대로 진출할 수 있을 만큼 지리적 상황이 확대되었다는 점은 지적해 두고자 한다.

그 외에 국도를 제외한 모든 도읍들도 그 고을의 입지에 있어서는 철저히 풍수논리를 답습하는 경향을 보여주고 있다. 비단 도읍과 같은 고을뿐만이 아니라 일반 반촌班村인 마을에 있어서도 이 경향성은 어김없이 지켜지고 있을 정도로 중요한 지리 사상이었음을 지적해 둔다. 모든 고을과 마을에는 주산 혹은 진산鎭山이 있고, 그 좌우로는 청룡, 백호로 불리는 보호사保護砂가 둘러쳐져 있으며, 앞에는 안산案山과 조산朝山이 그쪽 방향의 허전함을 메워 주는 형식을 취한다.

이때 조선왕조는 유교를 지배 이념으로 삼게 되는데, 풍수는 유교의 기본 전제인 효 사상과 결합하여 어떤 면에서는 풍수가 이기적 속신이 될 수도 있는 씨앗을 심은 셈이 되어 버렸다.

그러나 세종 때 이론풍수가들이 서울의 주산을 편벽偏僻된 북악에서 도시의 중앙인 성균관 뒤쪽 산으로 옮기자는 논쟁에서 패한 후, 그리고 명당수인 청계천의 오염을 막아야 한다는 주장이 현실 정치가들의 반대로 실패로 돌아간 뒤부터는 철저한 타락의 길로 들어간다. 권부에 아첨하여 그 가문의 번성을 보장하는 자리를 잡아 줌으로써 호구지책을 삼는 졸개로 전락하여 버린 것이다.

그러나 이런 타락의 도정道程 중에도 풍수의 순수성을 지키겠다는 저항이 전무했던 것만은 아니다. 그 대표적인 예가 교하천도론交河遷都論이다.

문제의 발단은 한양이 수도로서 정말 괜찮은 곳이냐 하는 것이었다. 서울이 비록 좋은 산에 둘러싸이고 큰 강가에 위치하고 있다고는 하지만 위로는 북한산, 도봉산계에 가로막히고, 아래로는 한강에 폐색되어 더 이상 클 수가 없는 자연지리를 가지고 있기 때문에 언젠가는 성장에 한계가 올 땅이었다.

더구나 세상은 점차 국제 간의 교류를 원하게 되니, 이제 서해안 쪽으로 나아가, 보다 넓게 트인 수도가 요구되는 것은 역시 땅의 이치, 즉 풍수의 갈 길이었을 것이다. 이에 광해군 때에 이르러 드디어 그에 부합하는 천도 논의가 있게 되니, 이것이 바로 조선 중기의 교하천도론이다. 즉 오늘의 파주군 교하면으로 서울을 옮기자는 논의다.

이 주청奏請은 광해군의 찬동을 얻기는 했지만 보수적인 기득권층의 반대로 좌절되고 만다. 어쨌든 아직은 해안도시가 수도가 될 수 없는 시대였는데, 너무 시대를 앞선 풍수이론을 내세웠다가 왕의 신임은 일시 받을 수 있었으나 하마터면 목숨을 잃을 뻔한 사례인 것이다.

천시天時가 이르지 않으면 지리地理가 따르지 않음을 웅변으로 보여 주는 예이자 아마도 오늘날의 시점이라면, 그리고 아마도 남북통일이 된 다음이라면 훌륭한 국도경영책으로 받아들여질 수도 있는 생각이다. 그러나 당시는 20세기 후반이 아니라 17세기였음을 상기할 일이다.

참고로 조선 전기 사대부들은 풍수에 관해 대체로 이런 생각을 가지고 있었던 듯하다. "일반적으로는 풍수지리설이 잡술雜術이지만 사용한 지 오래되었고, 때문에 주자朱子와 정자程子가 규정한 한계 내에서 사용해야 한다는 인식이 공유되었다. 하지만 개인적인 삶에서는 풍수지리설에 의지하려 하기도 했고, 풍수지리설을 허망한 설로 비판하지만 어용御用 논리로 이용하기도 하는 인식의 측면이 전개 양상에 나타났다. 이처럼 조선 전기에 풍수지리설은 단선적 존재 양태가 아니라 중층적 인식의 모습으로 다양하게 전개되었다고 할 수 있다."[342]

2-4 실학자들의 풍수사상[343]

대체로 성종대를 고비로 하여 철저한 타락의 길로 접어들기 시작한 풍수사상은 본격적으로 그 본질적 실체가 의심되는 산소자리 잡기의 음택풍수로 일로 매진하게 된다. 그 폐해는 심한 정도를 넘어 망국병이라는 지칭을 받기까지 이르는데, 그 요체는 동기감응론同氣感應論 또는 친자감응설親子感應說로부터 비롯되는 것이지만, 이 역시 여기서 논의할 여유가 없어 필자가 쓴 다른 글에 미루기로 할 수 밖에 없다.

이런 망국적인 음택풍수는 결국 실학자들에 이르러 격렬한 비판을 받게 되는 것이기에, 조선 시대 풍수역사는 사실상 음택풍수와 실학자들의 반론으로 일관한다고 하여도 과언은 아닐 것이다.

실학자들의 가장 큰 특징은 풍수지리에서 그들이 알고 있었던 혹은 알지 못했던 간에 풍수와 지리를 이원적으로 이해하고 있었다는 사실이다. 그들은 택리擇里에서의 이중적 심리구조를 여실히 드러내고 있었는데, 즉 현실 참여적인 유교의 대對 사회관에 따라 합리적인 지리의 관점에서 살 만한 터를 논하면서도, 다른 한편으로는 당쟁으로부터 자유스럽고자 하는 현실도피적 풍수를 결코 도외시하거나 소홀히 하지 않은 것에서 잘 드러난다.

그들은 풍수지리에서 풍수와 지리를 분리하여 이해할 만한 지리학적 수준에

---

342 최전경, 〈朝鮮 前期 朱子學的 風水地理 認識의 形成과 展開〉, 2011, 경희대학교 교육대학원 석사학위 논문, p.62.

343 최창조, "조선 후기 實學者들의 風水思想", 《韓國文化》 11호, 1990, 서울대학교 한국문화연구소, pp. 469~504. 발췌 수록.

이르지 못했음에도 불구하고, 그러나 자신들이 체험했던 이기적 속신으로 타락한 풍수를 분리해 버리고자 하는 갈등을 겪었던 것으로 믿어진다. 이것이 그들에게 혼란스러운 이중 심리구조를 만들어 준 것이다. 어떤 면에서는 그들이 당시의 타락한 풍수를 매도한 것은 풍수의 본질, 즉 인간과 땅과의 조화로운 관계를 유지하자는 그것으로 돌아가고자 하는 의지일 수도 있다는 말이다.

실학자들은 모두 예외 없이 곤륜산崑崙山에서 발원하여 백두산에서 종宗을 일으킨 산맥세 체계의 가시적 정리에는 일치된 견해를 보이고 있으나, 산의 지중地中을 흐르는 지기地氣를 논함에 있어서는 그 존재 자체에 대한 가부가 엇갈리고 있다. 이것은 그들이 지리와 풍수를 혼동하고 있었다는 또 하나의 증거가 되는 것이기도 하지만, 어떤 면에서는 그들이 산맥을 외형에 의존하여 판단했을 뿐ㄱ 체계화에 있어서 지질구조 등 근대 지리학적 소양이 없었음을 드러내는 부분이기도 하다. 그들은 비합리를 배격하면서도 근대적 의미의 합리를 실증할 어떠한 수단도 개발해 내지는 못했던 것이다.

또한 그들은 택리의 조건으로 인심人心과 산수山水를 논함에 있어서 잘 드러나는 바와 같이 전혀 반주자학적反朱子學的이지도 않았고, 한국풍수의 한 전형이랄 수 있는 형국론을 도외시하는 데서 드러나는 바와 같이 사대부 출신다운 한계 그대로 전혀 민중적이지도 않았다. 적어도 그들의 지리 저술에 있어서는 그렇다는 것이다.

그들은 국토문제 논쟁에서 풍수의 용어와 논거를 가지고 토론을 벌여 나가지만, 실제 주장하는 바는 대단히 현실적인 입장을 취하고 있었다. 이미 그들은 분명히 의식하고 그런 것 같지는 않지만 풍수와 지리를 구분하여 쓰기 시작하였고, 쟁점도 주로 풍수논리의 유관적합성(有關適合性, relevancy) 파악에 주력하고 있었다.

그들에게 있어서 현실적이라는 것은 실증주의적 합리성과는 다르다. 현실 파악에 있어서는 그런 합리성뿐만이 아니라, 비실증적인 여러 가지 경험들과 정황, 상황의 추이 등이 복합적으로 어우러져 작용하는 것으로 판단했기 때문이다. 보다 분명히 말한다면 그들의 지리관은 풍수와 지리의 혼돈 상태이지만, 그것이 지리라고 해서 합리적이고 풍수라고 해서 비합리적인 것이 아니라, 요는 현실에서 그것이 어떤 의미를 지니고 있느냐에 중점을 두고 있더라는 뜻이다.

그들은 풍수를 잘 알고 있었다. 그러나 그들이 알고 있던 풍수는 타락한 곁가지 풍수라는 인식은 없었던 듯하다. 그들이 지리라고 생각했던 것이 오히려 본래의 풍수지리에 근접한 것이었다. 그러나 그들은 거기서 기氣의 개념을 빼어버림으로써 오히려 풍수를 풍수지리에서 제거해 버리는 우를 범하였다. 그들이 정성을 들여 논박한 것은 풍수라고도 할 수 없는 타락하고 천박한 이기적인 풍수였기 때문에, 그들의 주장은 오히려 풍수지리 본질로 돌아가자는 운동처럼도 여겨졌다.

그러나 풍수에서 가장 격심한 오해와 그로 인한 폐해를 끼쳤던 동기감응론에 대해서는 거의 예외 없이 논리적인 반론을 제기하고 있다.

담헌 홍대용洪大容은 중형重刑을 당한 죄수가 옥에 있을 때 겪는 고통은 견딜 수 없는 정도의 것인데도, 그것 때문에 밖에 있는 자식이 악질惡疾에 걸렸다는 말을 듣지 못했다고 하면서, 산 사람의 경우도 부모 자식 간의 동기同氣가 감응感應되지 않음이 그와 같은데, 어찌 죽은 사람의 기가 살아 있는 아들에게 미치겠는가라고 조소를 금하지 않았다.

성호 이익李瀷은 전주 경기전慶基殿 부근에 있는 산소들을 철거할 때 그 무덤의 풍수적 적부適否 여부와 그 자손의 길흉 여부를 살펴보니 제대로 부합되어 나타나지 않더라는 예를 제시하며 그 허망함을 지적하였다.

이런 예들 가운데 가장 설득력이 있고 재미있는 것은 초정 박제가朴齊家의 경우일 것이다. 그는 북학파北學派답게 "중국의 들녘을 보면 모두 다 밭에다가 장사를 지냈는데 한없이 넓은 들에 봉긋봉긋한 것이 서로 비슷하며, 당초부터 청룡 백호며 사격砂格 진혈眞穴 따위가 다를 것이 없다. 시험 삼아 우리나라 지사地師에게 이곳에 와서 묘터를 잡게 한다면 호호탕탕浩浩蕩蕩하여서 평소에 공부하였던 것을 바꿔야 할 것이니 장사葬事에 대하여 한 가지로만 논할 수 없음이 이와 같다"고 공박하였다.

그는 또한 도대체가 음택발복의 허망함이 말할 나위도 없는 것임을 이렇게 강조하기도 하였다. 즉 매장埋葬이 아니라 수장水葬, 화장火葬, 조장鳥葬, 현장懸葬을 하는 나라에도 사람이 살고 있고 임금과 신하도 있다. 까닭에 오래 살고 일찍 죽음과 팔자가 궁하고 좋음과 집안이 흥하고 망함과 살림이 가난하고 부함은 천도天道의 자연自然이고 사람의 행동에 관계되는 것이 아니다. 장사한 터의 좋고 나쁨에 관련시켜 논할 것은 아니라고 하였다.

필자는 여기서, 동기감응이 허무맹랑한 잡설이란 결론을 내릴 생각은 전혀 없다. 그러나 그들 실학자들이 음택풍수의 사회적 폐단을 지적한 것에 대해서는 한 치의 반대도 없이 수긍을 한다. 이것은 일면 필자의 태도가 이중적이 아니냐 하는 오해를 불러일으킬 소지를 안고 있다는 것을 인정한다. 그러나 그것은 필자가 본질적이고 긍정적이며 지혜의 집적이라고 생각하는 원래의 풍수지리와, 타락하고 이기적이며 부정적인 엉터리 풍수를 구분하는 입장을 취하고 있다는 것을 이해한다면 해소될 수 있는 문제라고 생각한다.

사실 그들 중 상당수는, 더구나 정통 유가儒家들조차도 음택발복설에서 자유롭지는 못했다. "그런데 성리학자를 자처했던 양반들이 《정감록》에 휘말려 든 것이 쉽게 이해되지 않을 수도 있겠다. 그러나 극소수의 골수 성리학자를 제외하면 그들의 지적 관심은 상당히 넓은 편이었다. 불교, 도교는 물론 풍수지리나 천문 또는 점복에 심취한 경우도 많았다. 이 점은 이름 난 양반들의 전기와 문집에서 얼마든지 확인된다." [344]

예컨대 조선의 거유巨儒로 '주자朱子의 화신'이라고까지 추앙받는 우암 송시

271

---

344 백승종 지음, 《정감록 역모사건의 진실게임》, 2005, 푸른역사, p. 298.

열이 풍수의 대가였다는 것은 잘 알려진 사실이다. 물론 그의 괴산 묘소 명당은 그의 7대손이 잡은 것이지만, 조선 시대 양반 가문의 전통을 생각하면 우암에게 그런 관심이 없었다고 할 수는 없다.

2-5 한말 이후의 풍수사상

조선왕조 말에 이른 19세기, 풍수는 또다시 혁명과 개벽사상開闢思想의 기반으로 기능하게 된다. 홍경래는 관서 일대에서 민심의 동향을 관찰하고 그들을 회유하며 또한 가산의 우군칙, 태천의 김사용, 곽산의 홍총각, 개천의 이제초 등 동지를 규합할 때 풍수지리설과 의술로 그 방편을 삼았다는 증거가 야사 등에 남아 있다. 전봉준 역시 풍수와 침술로 민중을 고치고 도우며 거사의 기반을 닦았다.

그러나 그들은 실패했다. 이때부터 우리의 정통풍수는 정치사회의 전면에서 사라져 《정감록》이라는 도참사상圖讖思想과 습합하여 민족적 신흥종교 속으로 자취를 감추어 버리고 만다. 동학과 천도교, 증산교, 원불교, 보천교, 갱정유도 등이 대부분 개벽과 그를 이룰 장소를 말한다. 한 위대했던 우리 민족의 전통사상이 외세의 침입과 때를 같이 하여 정신세계로 잠적하는 기묘한 역사의 순간이었다.

그리고 이제 사람들의 생활 속에는 껍데기 풍수, 가짜 풍수만이 남았다. 그 심오한 자연철학과 엄정한 윤리적 인간주의는 증발되어 버리고 몇 가지 허망한 땅을 보는 기술들만이 비술秘術인 양 위장되어 통용되고 있는 요즈음이다. 분명히 말할 수 있는 것은 사람이 사람다운 사람이 되지 못하는 한, 어떤 수단으로도 명당 길지를 얻지 못한다는 점이다. 이것이 풍수사상의 출발점이었다.

욕심으로 잡은 자리는 그 욕심만큼의 재앙을 땅 임자에게 주는 법이다. 그럼에도 불구하고 한말 이후 오늘의 풍수는 더 이상 볼 것이 없다고 할 만큼 타락해 버리고 말았다. 요컨대 좋은 묘터와 집터를 잡음으로써 나와 내 자식들이 음덕을 보자는 이기적인 목적의 잡술로 전락하여 버렸다는 뜻이다.

극히 최근에 이르러 학계에서 본래의 풍수지리가 지니고 있던 선인들의 지혜성을 찾아보자는 움직임이 일고 있는 것은 분명 사실이며 바람직한 일이기는 하지만, 아직도 일반인들의 절대 다수는 풍수를 산소 자리 잡기로만 이해하고 있는 실정이다. 학계에서의 노력의 결과가 비인간적 공간구조로 변질된 오늘의 땅을 인간적인 그것으로 전환하는 데 보탬이 되는 사상이 과연 풍수일 수 있는지에 대해서는 아직은 시간을 요한다. 그러나 이기적인 터 잡기 잡술로서의 풍수가 사라져야 한다는 당위에 대해서는 이론의 여지가 없을 것이다.

이런 와중이기는 하지만 소극적인 국역풍수國域風水가 없었던 것은 아니다. 그 대표적인 예가 한반도의 형세를 무엇에 비유할 수 있겠는가 하는 거시적 형국론이다. 일찍이 이중환이 조선의 형세를 노인이 중국을 향하여 읍揖을 하고 있는 자세라고 말한 바는 있지만, 그것은 일면 사대성의 발로와 다름 아닌 것이었다.

문제는 일본인 지리학자 고토小藤가 한반도의 생김새를 토끼에 비유한 데서 비롯된다. 이것이 명백히 한민족의 열등성을 강변하기 위한 술수라고 짐작한 최남선이 그에 반박하여 제기한 호랑이가 웅비하는 모양의 땅이라는 주장이 그런 것인데, 물론 이런 논의를 풍수라고 단정할 수는 없으나, 워낙 타락한 풍수의 시대인지라 한 가지 덧붙였을 뿐이다.

이 외에도 일본인에 의한 한반도 지세의 혈맥 끊기, 왕궁의 파괴로 인한 민족성의 말살정책이라는 사건들도 있었으나, 그것이 우리의 풍수사상이 아니라 졸렬하기 짝이 없는 외국인들의 짓이므로 거론은 삼가겠다.

앞서 지적한 바와 같이 최근 학계의 연구 성과는 좀 더 기다려 보아야 확실한 것을 알 수 있는 일이지만, "환경운동을 생명운동으로 바꾸어 부르기로 하자. 생명운동은 풍수학 등과 결합하여 지금 문명의 가장 초미한 문제인 에너지에 관한 원칙적 제안을 할 수 있다. 풍수와 과학, 풍수와 환경운동에 대한 연구와 활용이 본격화되기를 바란다. 환경운동과 과학계에 풍수운동이 일어났으면 한다. (중략) 풍수의 기본 원리에서 새 문명의 길을 찾아야 할 것이다"라는 김지하의 최근 주장은 풍수사상의 방향성 제시라는 측면에서 상당한 의미를 지니고 있는 것으로 판단된다. 그의 주장이 학자가 아닌 사상가 또는 운동가의 입장에서 나온 것이기는 하지만, 그래서 합리적 설득력에 문제가 있는 것은 사실이지만, 언제 풍수사상은 합리적인 것이었던가를 상기해 볼 일이다.

끝으로 현재 학계에서 다각적으로 이루어지는 풍수 연구는 일단 바람직한 것으로 여겨지며 또한 그 결과가 기대되지만, 그러나 일반인들이 그것만으로 이기적인 음택풍수의 발복론을 믿어 버리는 효과를 주어서는 아니 된다는 사실을 연구자들은 주의해야 할 것이다. 또한 이 사상이 생명운동의 사상적 배경이 될 수가 있다는 주장들에 계속 유의할 필요가 있다는 점도 첨언해 둔다.

자생풍수에 관한 학문적 접근은 다음의 글들이 참고가 될 것임.

ㄱ. 1988년 4월, "道詵國師의 風水地理思想 解釋",《先覺國師 道詵의 新研究》, 靈巖郡.

ㄴ. 1992년 8월,《땅의 논리 인간의 논리》, 민음사. 이 책은 1999년 7월 日本의 雄山閣出版社에서《風水地理入門》으로 번역 출간됨.

ㄷ. 1996년 7월, "韓國風水地理說의 構造와 理解―道詵風水를 中心으로",《道詵國師와 韓國》, 제12회 國際佛教學術會議, 大韓傳統佛教研究院.

ㄹ. 1997년 2월,《한국의 자생풍수》(전 2권), 민음사.

ㅁ. 1998년 9월,《최창조의 북한 문화유적 답사기》, 중앙 M&B.

3. 땅을 보는 전통적 이론 구조

3-1 전통 풍수의 논리구조

기본적으로 용혈사수(龍, 穴, 砂, 水), 이 네 가지가 골격을 이룬다. 용은 산山이다. 혈穴은 사람이 쓸 자리 그 자체다. 수水야 말하나 마나 물이다. 이 넷을 더욱 압축하면 결국 산과 물山水이다. 현대적 입장에서 보자면 명승지名勝地에서나 찾을 수 있는 내용이다. "산 좋고 물 맑은 곳"이면 명당이다. 그렇기도 하고 아니기도 하다. 천변만화千變萬化하는 산수를 어떻게 좋다 나쁘다, 맑다 흐리다고 단정할 수 있겠는가? 그러니 헤아릴 수 없이 많은 이론들이 나오게 되었다. 더구나 여기에는 모양뿐이 아니다. 어디서 흘러와 어디로 흘러가느냐는 문제가 들이와 얘기는 그 복잡성을 더한다.

이런 것까지 알아야 풍수를 아는 것인가? 아니다. 실은 알 수도 없다. 워낙 유파流波가 많고 내용 또한 복잡하여 전문가조차 헷갈리는데, 더 정확하게는 풍수 전문가들이 지기기 공부한 극히 일부를 풍수의 모든 것으로 믿고 그것만을 고집하는 상황에서, 어떻게 일반인들이 이해할 수 있겠는가. 게다가 현장에 나가면 이론이 어떻게 적용되는지도 알기 어렵다. 도안道眼에 이르러 책을 펼치면 산이 떠오르고 산을 보면 글이 읽히는, 이론과 현장이 합치하는 논지부합論地附合의 단계에 이르렀다면 좋겠지만, 현실적으로 불가능에 가깝다. 이를 아니라 한다면 매우 의심스럽다. 그 주장이 자신만의 고집일 뿐인지 누가 알겠는가? 당연히 나 자신도 예외는 아니다. 그래서 책 제목에 망상이라 하지 않았는가. 풍수의 논리 구조에 관해서는 이미 참고할 책이 많이 나왔다.[345] 이 책에서 나는 그런 일반인에게는 불필요한 내용은 건너뛸 생각이다.

---

345 최창조의 《韓國의 風水思想》(1984, 민음사), 《좋은 땅이란 어디를 말함인가》(1990, 서해문집),
무라야마 지준의 《朝鮮의 風水》(최길성 옮김, 1990, 민음사) 등이 참고가 될 것이다.

풍수의 기본 구조

간룡법 看龍法
지기地氣의 원천이 우리나라의 경우 백두산에 있다고 보아, 그 지기가 산룡山龍을 타고 해당 명당이 맺어지는 지점까지 이르는 산의 형세形勢를 판단하는 법.

장풍법 藏風法
명당이 형성되었을 때 그 주변을 둘러싸고 있는 산세山勢를 살피는 방법. 좌청룡左靑龍, 우백호右白虎하는 식으로 일반에 가장 잘 알려진 용어가 여기 들어 있다.

득수법 得水法
물길의 형세와 그 들어오고 나가는 방위方位를 판단하는 법.

정혈법 定穴法
명당 중에서도 가장 지기가 집중된 곳을 찾는 방법. 예컨대 음택陰宅에서라면 시신屍身이 놓일 자리를 정하는 법이다.

좌향론 坐向論
정혈을 하고 나서 그 주된 방향을 어디로 할 것인가를 결정하는 방법. 매우 어려운 술법術法이다.

대략 위와 같은 풍수 방법들이 유파流波와 지관地官에 따라 천차만별이라 할 수 있을 정도로 많고 복잡하다.

이를 바탕으로 하여 비유법을 써서 풍수의 자리 잡는 방법을 묘사하면 이렇게 된다.

간룡법에 따라 백두산의 정기를 받아 흘러내려오던 산의 맥세脈勢가 명당을 만날 즈음 주산主山이라 부르는 어머니를 만든다. 그 어머니는 양 팔을 벌려 세상에서 가장 안온安穩한 품 안을 이루게 된다. 이때 어머니의 오른팔이 우백호가 되고 왼팔이 좌청룡이 된다. 그런데 그것만으로는 안정을 제대로 이루었다고 보기 어렵다. 그래서 앞에 유모乳母를 앉힌다. 이게 안산案山이다. 그리고 또 그 앞에는 병풍을 두른다. 이름하여 조산朝山이다. 이렇게 사방이 산으로 감싸이니 사신사四神砂에 의한 장풍법이 완성된다.

그 안에는 물그릇도 있고, 요강도 있고, 걸레도 있다. 득수법으로 판단하면 된다. 이제 아기는 엄마의 젖을 찾아야 한다. 엄마의 젖무덤은 혈장穴場이다. 그것만으론 안 된다. 젖꼭지를 찾아야 젖을 빨 수 있다. 이곳이 혈처穴處로 지기地氣가 집중된 곳이니 정혈법이다. 엄마는 남향南向을 향하여 따뜻하고 온화한 기운을 풍겨야 한다. 좌향론이란 것이다.

어머니의 인품과 자태는 어떠해야 하며, 팔은 어떻게 해야 아기를 편안하게 해 줘야 마땅한지, 물그릇과 요강 배치는 어떤 곳으로 정해야 할지, 어머니는 어디를 향해야 좋은지를 판단하는 방법이 바로 풍수 방법론이다. 여기에 무수한 이론이 붙어 일반인들은 도저히 알 수 없게 만든 것이 알려진 풍수법이다. 알고 보면 상식인데 어려운 이론을 붙였으니 문제가 생기게 된다. 누구나 아는 것이니, 상식을 벗어난 이론이 필요할 까닭이 없지 않은가. 땅을 보는 법이 사람을 보는 것과 같다는 말은 그래서 나온 것이기도 하다.

그런데 왜 산을 용이라 했을까? 간단하다. 풍수에서 산을 용龍으로 보는 것은 모든 풍수 전적典籍이 지적하는 바다. 또 그것을 아니라고 할 이유도 근거도 없다. 그런데 어딘가 좀 모자란다는 생각이 드는 것도 사실이다. 그토록 천변만화千變萬化하고 변화무쌍變化無雙하며 변태무궁變態無窮한 용인데 어떻게 변화가 매우 느린 산으로 표현될 수 있을까? 산등성이에서, 들판에서, 누워 하늘을 보면 문득 구름이 바로 용이 아닐까 하는 막연한 느낌을 갖게 된다. 바람이 날려 모이고 흩어지는 구름 떼를 보면 분명 용의 상징성을 찾을 수 있다. 풍수에서 바람은 기후와 풍토를 의미하지만 문자 그대로 풀면 구름 머금은 바람이기도 하다. 그러니 구름을 용으로 보아도 크게 망발은 아니다.

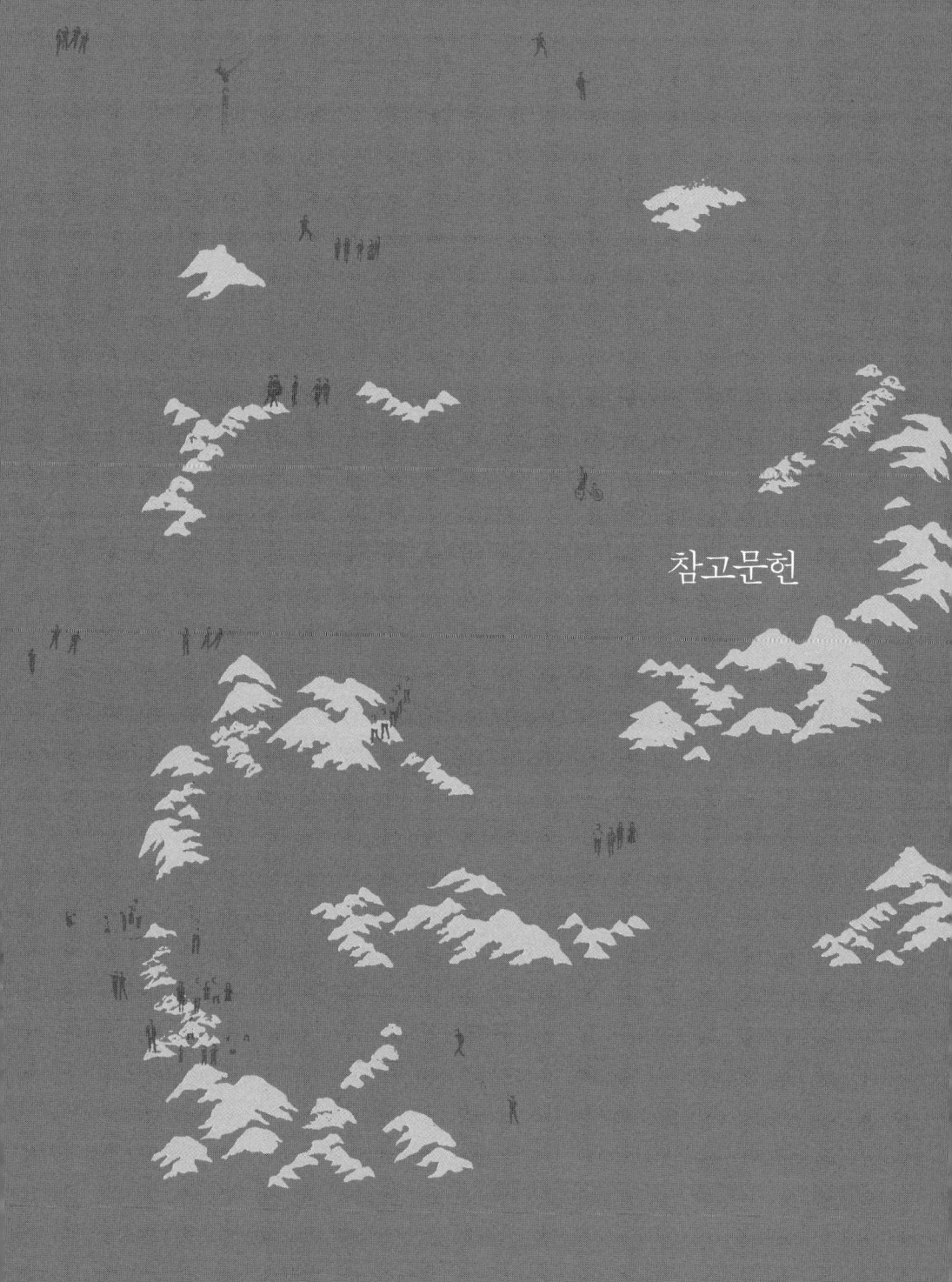

참고문헌

단행본

- A. C. 그레일링 지음, 윤길순 옮김, 《새 인문학 사전》, 2010, 웅진지식하우스.

- EBS 제작팀 지음, 《인간의 두 얼굴》, 2010, 지식채널.

- EBS 지식프라임 제작팀 지음, 《지식 프라임》, 2009, 밀리언하우스.

- Mary Lambert, 《Clearing the Clutter, 風水, for good feng shui》, 2001, Barnes & Noble.

- Matt Ridley, 《The Origins of Virtue》, 1996, Allen Lane.

- R. Dawkins, 《The Selfish Gene》, 1976, Oxford University Press.

- Sarah Rossbach, 《Interior Design with Feng Shui》, 2000, Penguin.

- W. 워런 와거 지음, 이순호 옮김, 《인류의 미래사 A SHORT HISTORY OF THE FUTURE》, 2004, 교양인.

- 가이도 다케루 지음, 지세현 옮김, 《의학의 초보자》, 2010, 들녘.

- 강지영 지음, 《심여사는 킬러》, 2010, 씨네21.

- 《국조보감》 제39권, 1659, 한국고전번역원.

- 그렉 브레이든 지음, 김시현 옮김, 《디바인 매트릭스 Divine Matrix》, 2008, 굿모닝 미디어.

- 그리오 드 지브리 지음, 임산. 김희정 옮김, 《마법사의 책》, 2004, 루비박스.

- 기리노 나쓰오 지음, 권일영 옮김, 《DARK》, 비채.

- 기리노 나쓰오 지음, 권일영 옮김, 《얼굴에 흩날리는 비》, 2010, 비채.

- 기시다 루리코 지음, 오근영 옮김, 《천사의 잠》, 2006, 대교베텔스만.

- 김곰치 지음, 《빛》, 2008, 산지니.

- 김두규 지음, 《풍수학 사전》, 2005, 비봉출판사.

- 김두규, 안영배 지음, 《권력과 풍수》, 2002, 장락.

- 김상섭 외 지음, 《하늘이 무너져도》, 1998, 건강신문사.

- 김윤영 지음, 《내 집 마련의 여왕》, 2009, 자음과모음.

- 김진규 지음, 《저승차사 화율의 마지막 선택》, 2010.

- 나카지마 라모 지음, 한희선 옮김, 《가다라의 돼지》, 2005, 북스피어.

- 나카지마 라모 지음, 한희선 옮김, 《오늘 밤도 모든 바에서》, 2009, 북스피어.

- 남구만 지음, 《약천집》 제17권, 한국고전번역원.

- 다구치 란디 지음, 오희옥 옮김, 《콘센트》, 2001, 한숲.

- 다카노 가즈아키 지음, 전새롬 옮김, 《그레이브 디거》, 2007, 황금가지.

- 다카무라 가오루 지음, 정다유 옮김, 《마크스의 산 1》, 2010, 손안의책.

- 다카하시 겐이치로 지음, 양윤옥 옮김, 《겐지와 겐이치로 B》, 2007, 웅진지식하우스.

- 데이비드 미첼 지음, 《유령이 쓴 책》, 2009, 문학동네.

- 라즈 파텔 지음, 유지훈 옮김, 《식량 전쟁Stuffed and Starved》, 2008, 영림카디널.

- 레너드 쉴레인 지음, 강수아 옮김, 《자연의 선택, 지나 사피엔스》, 2004, 들녘.

- 레오나르도 고리 지음, 이현경 옮김, 《신의 뼈LeOssa Di Dio》, 2008, 레드박스.

- 로빈 스턴 지음, 신준영 옮김, 《가스등 이펙트》, 2008, 랜덤하우스.

- 롬 하레 지음, 김성호 옮김, 《천년의 철학One thousand years of Philosophy》, 2006, 서광사.

- 마루야마 겐지 지음, 김춘미 옮김, 《물의 가족》, 2005, 현대문학.

- 마르코 부살리 지음, 우영선 옮김, 《세계 건축의 이해Understanding Architecture》, 2009, 마로니에북스.

- 매트 리들리 지음, 조현욱 옮김, 《이성적 낙관주의자》, 2010, 김영사.

- 미나가와 히로코 지음, 권일영 옮김, 《죽음의 샘》, 2009, 시작.

- 미나토 카나에 지음, 김미령 옮김, 《속죄》, 2009, 학산문화사.

- 박광수 지음, 《악마의 백과사전》, 2010, 홍익출판사.

- 박진규 지음, 《내가 없는 세월》, 2009, 문학동네.

- 백승종 지음, 《정감록 역모사건의 진실게임》, 2005, 푸른역사.

- 베어드 캘리콧 외 지음, 윤미연 옮김, 《자연은 살아 있다》, 2004, 창해.

- 사라 로스바하 외 지음, 최창조 편역, 《서양인이 본 생활풍수》, 1992, 민음사.

- 사라 로스바하 외 지음, 최창조 편역, 《터잡기의 예술》, 1992, 민음사.

- 사토 겐이치 지음, 김미란 옮김, 《카르티에 라탱》, 2004, 문학동네.

- 샘 해리스 지음, 김원옥 옮김, 《종교의 종말THE END OF FAITH》, 2005, 한언.

- 샹커 베단텀 지음, 임종기 옮김, 《히든 브레인The Hidden Brain》, 2010, 초록물고기.

- 설이강 지음, 문성자, 이기면 옮김, 《잃어버린 천국失樂的上帝》, 2008, 플래닛.

- 성석제 지음, 《인간적이다》, 2010, 하늘연못.

- 수전 그린필드 지음, 전대호 옮김, 《미래Tomorrow' People》, 2005, 지호.

- 스테판 클라인 지음, 유영미 옮김, 《우연의 법칙Alles Zufall》, 2006, 웅진지식하우스.

- 스칼렛 토마스 지음, 이운경 옮김, 《Y씨의 최후The End of Mr. Y》, 2010, 민음사.

- 스튜어트 서덜랜드 지음, 이세진 옮김, 《비합리성의 심리학Irrationality》, 2008, 교양인.

- 스티븐 킹 지음, 장성주 옮김, 《언더 더 돔Under the Dome》, 2010, 황금가지.

- 시게마츠 기요시 지음, 고향옥 옮김, 《졸업》, 2007, 양철북.

- 시노다 세츠코 지음, 김성은 옮김, 《도피행》, 2008, 국일미디어.

- 시노다 세츠코 지음, 김해용 옮김, 《가상 의례 上》, 2010, 북홀릭.

- 시미즈 히로시 지음, 박철은, 김광태 옮김, 《생명과 장소》, 2010, 그린비.

- 안정복 지음, 《동사강목》 제6 상, 한국고전번역원.

- 알렉스 로비라, 프란세스크 미라예스 지음, 박지영 옮김, 《아인슈타인, 비밀의 공식》, 2010, 레드박스.

- 알베르 자카르 지음, 장석훈 옮김, 《과학의 즐거움》, 2002, 궁리.

- 앤드류 스컬 지음, 전대호 옮김, 《현대 정신의학 잔혹사》, 2007, 모티브북.

- 앨리엇 애런슨, 캐럴 태브리스 지음, 박웅희 옮김, 《거짓말의 진화Mistakes were Made》, 2007, 추수밭.

- 에두아르 쉬레 지음, 진형준 옮김, 《신비주의의 위대한 선각자들》, 2009, 사문난적.

- 에드워드 윌슨 지음, 전방욱 옮김, 《생명의 미래》, 2005, 사이언스북스.

- 엔리케 호벤 지음, 유혜경 옮김, 《보이니치 코드》, 2010, 해냄.

- 엘프리다 뮐러-카인츠, 크리스티네 죄닝 지음, 강희진 옮김, 《직관의 힘》, 2004, 시아출판사.

- 오리하라 이치 지음, 김선영 옮김, 《원죄자》, 2010, 폴라북스.

- 《온전한 생활Living Sober》, 2004, A.A. 연합단체 한국지부.

- 윌리엄 포크너 지음, 이진준 옮김, 《성역》, 2009, 민음사.

- 유종호 지음, 《내가 본 영화》, 2009, 민음사.

- 유현산 지음, 《살인자의 편지》, 2010, 자음과모음.

- 윤휴 지음, 《백호전서》 제33권, 한국고전번역원.

- 이광준 지음, 《한방심리학》, 2002 학문사.

- 이나미 리츠코 지음, 이정환 옮김, 《명언으로 읽는 삼국지》, 2007, 까치글방.

- 이레내우스 아이블 아이베스펠트 지음, 이경식 옮김, 《야수 인간Love and Hate》, 2005, Human & Books.

- 이문열 지음, 《미로의 날들》, 1994, 둥지.

- 이병주 지음, 《그해 5월》, 2006, 한길사.

- 이석영 지음, 《빅뱅 우주론 강의》, 2009, 사이언스북스.

- 이홍 지음, 《성탄 피크닉》, 2009, 민음사.

- 장-디디에 뱅상 지음, 류복렬 옮김, 《인간 속의 악마》, 2002, 푸른숲.

- 정미경 지음, 《아프리카의 별》, 2010, 문학동네.

- 정재승, 진중권 지음, 《정재승＋진중권, 크로스》, 2009, 웅진지식하우스.

- 제인 구달 외 지음, 김지선 옮김, 《희망의 자연Hope for Animals and their World》, 2010, 민음사.

- 제임스 러브록 지음, 이한음 옮김, 《가이아의 복수The Revenge of Gaia》, 2008, 세종서적.

- 조디 피콜트 지음, 곽영미 옮김, 《19분Nineteen Minutes》, 2009, 이레.

- 조선희 지음, 《열정과 불안 1》, 2002, 생각의나무.

- 조선희 지음, 《열정과 불안 2》, 2002, 생각의나무.
- 조정래 지음, 《불놀이》, 2010, 해냄.
- 존 바우커 지음, 박규태, 유기쁨 옮김, 《죽음의 의미》, 2005, 청년사.
- 천상병 지음, 《천상병 시선, 주막에서》, 1979, 민음사.
- 최창조 지음, 《닭이 봉황되다》, 2005, 모멘토.
- 최창조 지음, 《도시풍수》, 2007, 민음사.
- 최창조 지음, 《최창조의 새로운 풍수 이론》, 2009, 민음사.
- 최창조 지음, 《풍수잡설》, 2005, 모멘토.
- 카를 구스타프 융 지음, 조성기 옮김, 《카를 융, 기억 꿈 사상》, 2007, 김영사.
- 켄 윌버 지음, 조옥경, 윤상일 옮김, 《에덴을 넘어Up from Eden: A Transpersonal View of Human Evolution》, 2009, 한언.
- 크리스토퍼 히친스 지음, 김승욱 옮김, 《신은 위대하지 않다》, 2008, 알마.
- 크리스티안 뫼르크 지음, 유향란 옮김, 《달링 집Darling Jim》, 2010, 은행나무.
- 클라이브 바커 지음, 정탄 옮김, 《피의 책Books of Blood》, 2008, 끌림.
- 타니 타다시 지음, 권서용 옮김, 《무상의 철학》, 2008, 산지니.
- 테리 이글턴 지음, 강주헌 옮김, 《신을 옹호하다》, 2010, 모멘토.
- 텐도 아라타 지음, 권남희 옮김, 《애도하는 사람》, 2010, 문학동네.
- 텐도 아라타 지음, 김난주 옮김, 《영원의 아이 上》, 1999, 살림.
- 텐도 아라타 지음, 김난주 옮김, 《영원의 아이 下》, 1999, 살림.
- 톰 버틀러 보던 지음, 황정은 옮김, 《내 인생의 탐나는 심리학50 Psychology Classics》, 2008, 흐름출판.
- 파블로 데 산티스 지음, 조일아 옮김, 《파리의 수수께끼》, 2010, 대교출판.
- 파울로 코엘료 지음, 이상해 옮김, 《악마와 미스 프랭》, 2003, 문학동네.
- 프레드 바르가스 지음, 김난주 옮김, 《4의 비밀》, 2009, 민음사.

- 필립 짐바르도, 존 보이드 지음, 오정아 옮김, 《타임 패러독스The Time Paradox》, 2008, 미디어 윌.
- 하지현 지음, 《도시 심리학》, 2009, 해냄.
- 한면희 지음, 《미래세대와 생태윤리》, 2007, 철학과 현실사.
- 헬무트 E. 루크, 루돌프 밀러 지음, 강대갑 옮김, 《심리학: 사진과 함께하는 깊은 이야기들》, 2005, 시그마 프레스.
- 혼다 다카요시 지음, 이수미 옮김, 《Alone Together》, 2010, 소담.
- 홍상화 지음, 《디스토피아》, 2005, 랜덤하우스중앙.
- 황석영 지음, 《강남몽》, 2010, 창비.

논문

- 최전경, 〈朝鮮 前期 朱子學的 風水地理 認識의 形成과 展開〉, 2011, 경희대학교 교육대학원 석사학위 논문.

정기간행물

- 《GOLD CLUB, HANA BANK》 February, 2010, Vol. 70.
- 《GOLD CLUB, HANA BANK》 January, 2011, Vol. 81.
- 《녹색평론》 113호.
- 《녹색평론》 114호.
- 《녹색평론》 115호.
- 《녹색평론》 116호.
- 《녹색평론》 2011년 1월호.

- 《녹색평론》 2011년 2월호.

- 《동아일보》 2011년 1월 31일자.

- 《동아일보》 2011년 2월 10일자.

- 《동아일보》 2010년 5월 25일자.

- 《동아일보》 2010년 8월 5일자.

- 《동아일보》 2010년 8월 12일자.

- 《동아일보》 2010년 8월 21일자.

- 《조선일보》 2010년 9월 28일자.

- 《조선일보》 2011년 1월 3일자.

- 《좋은생각》 2011년 1월호.

- 《중앙 SUNDAY》 2010년 10월 17일자.

- 《중앙 SUNDAY》 2010년 12월 12일자.

- 《중앙 SUNDAY》 2010년 12월 13일자.

- 《중앙 SUNDAY》 2011년 1월 30일자.

- 《중앙 SUNDAY》 2011년 2월 13일자.

- 《중앙일보》 2010년 4월 20일자.

- 《중앙일보》 2010년 7월 27일자.

- 《중앙일보》 2010년 8월 21일자.

- 《중앙일보》 2010년 9월 7일자.

- 《중앙일보》 2010년 9월 25일자.

- 《중앙일보》 2010년 9월 27일자.

- 《중앙일보》 2010년 10월 16일자.

- 《중앙일보》 2010년 10월 25일자.

- 《중앙일보》 2011년 1월 8일자.

- 《중앙일보》 2011년 1월 15일자.

- 《중앙일보》 2011년 2월 9일자.

- 《한국경제》 2010년 10월 29일자.

- 《韓國文化》 11호, 1990, 서울대학교 한국문화연구소.